Die Sinti / Roma-Erzählkunst im Kontext Europäischer Märchenkultur

Daniel Strauß (Hrsg.)

Die Sinti / Roma - Erzählkunst

im Kontext Europäischer Märchenkultur

- Berichte und Ergebnisse einer Tagung -

Schriftenreihe des Dokumentations- und Kulturzentrum Deutscher Sinti und Roma

1

Herausgeber der Schriftenreihe:

Dokumentations- und Kulturzentrum Deutscher Sinti und Roma
Zwingerstraße 18
6900 Heidelberg

Redaktionelle Bearbeitung dieses Bandes:
Daniel Strauß

1. Auflage, Oktober 1992

ISBN: 3-929446-00-6

Druck und Bindung: Weber Druck GmbH

Printed in Germany

Inhalt

I.

Vorwort

Die in diesem Band vorgelegten Beiträge entstammen der Tagung *Die Sinti / Roma- Erzählkunst im Kontext Europäischer Märchenkultur*, die der Verband Deutscher Sinti und Roma in Hessen und das Dokumentations- und Kulturzentrum Deutscher Sinti und Roma, Heidelberg zusammen mit dem Amt für Kunst und Wissenschaft der Stadt Frankfurt, vom 15. bis 17. Januar 1992 in Königstein / Taunus veranstaltete.

Die Tagung stellt einen Neubeginn in der Geschichte des Diskurses über die Kultur der Sinti und Roma und der Perzeption des kulturellen Beitrags der Minderheit durch die Mehrheit dar. Zum ersten Male ist es gelungen, die Beschäftigung mit dem Thema aus seiner Vereinahmung durch Forscher und Tsiganologen, in deren Arbeiten die Volksgruppe der Sinti und Roma zum Objekt der Betrachtung degradiert wurde, hinauszuführen - hin zu einem vorurteilsfreien, offenen, direkten und kritischen Dialog.

Mit der vorliegenden Publikation, in der die Beiträge von Fachleuten beider Seiten verzeichnet sind, möchte das Dokumentations- und Kulturzentrum Deutscher Sinti und Roma diesen Ansatz dokumentieren, ihm zu öffentlichem Bewußtsein verhelfen und ihn wirksam werden lassen.

Seit 600 Jahren leben Sinti und Roma in Deutschland.

Das öffentliche Bewußtsein aber ist ebenso lange bestimmt von Fremdbildern, Projektionen, Stereotypen. Auch mit der Edition von Märchen und Erzählungen, die in der Regel nicht das originäre Kulturgut sondern Fremdfassungen widerspiegeln, und über beigegebene 'Einführungen', 'Vorworte' oder wissenschaftliche Abhandlungen wurden und werden von den jeweils vorherrschenden Ideologien geleitete Auffassungen über den sogenannten 'Volkscharakter' von Sinti und Roma öffentlich verbreitet. Kollektive Vorurteile werden so bestärkt und reproduziert. Im Unterschied zu den gesellschaftlichen Bemühungen um die Aufarbeitung des Antisemitismus und des Holocaust an Juden wurde eine Aus-

einandersetzung mit dem Rassismus und den historisch tief verwurzelten Vorurteilsstrukturen gegenüber Sinti und Roma bis heute versäumt.
Die Geschichte der Sinti und Roma in Deutschland ist eine Geschichte permanenter Verfolgung und kultureller Unterdrückung, die ihren Höhepunkt im nationalsozialistischen Völkermord fand. Über 500.000 Sinti und Roma aus dem gesamten NS-besetzten Europa wurden damals allein aufgrund einer unterstellten 'Rasse' ermordet.
Die Entwertung der kulturellen Identität der Volksgruppe bereitete die späteren physischen Verbrechen an den Opfern auf kulturell-geistiger Ebene vor.
Maßgeblich beteiligt an der Erschaffung eines 'völkischen' Mythos waren die Geistes- und Naturwissenschaften. Eine ideologiekritische Aufarbeitung der nationalsozialistischen Rasselehre bezogen auf die Volksgruppe der Sinti und Roma und eine öffentliche Information ist bislang nicht geleistet worden. Bis heute ist auch (mit Ausnahme einiger philologischer Arbeiten) der Versuch unterlassen worden, das Kulturgut authentisch zu dokumentieren und einzuordnen. Feststellbar ist stattdessen eine Übernahme der kulturellen Errungenschaften der Minderheit bei gleichzeitiger Negierung des Ursprung. Anstelle ihrer eigenen Kultur wird die Minderheit mit einer Fremdsicht identifiziert und konfrontiert, die in den Projektionen der Mehrheit gründet und Vorurteile und den darin sich äußernden Rassismus reproduziert.
Es ist der grundlegende Anspruch der Arbeit des Dokumentations- und Kulturzentrum Deutscher Sinti und Roma, daß erst der gleichberechtigte Dialog zwischen Sinti / Roma und der Mehrheitsbevölkerung die Kontinuität von Fehlinformationen, Vorurteilen - bis hin zu rassistisch geprägter Diskriminierung selbst noch in vorgeblich wissenschaftlichen Darstellungen - aufzubrechen vermag. Diese historisch begründete Überzeugung und Aufgabenstellung bestimmte auch den Charakter der Tagung in Frankfurt.
Um die Komplexität der Problematik zu erfassen und darzustellen, gewährt die vorliegende Publikation sowohl einen originären Einblick in

die Erzählkultur und Erzählkunst der Sinti und Roma, in der mithin die inneren Verbindungen zu den historischen Erfahrungen der Minderheit sichtbar werden, wie auch einen historischen und aktuellen Einblick in die Bedrohung dieser Kultur. Des weiteren - und dies erscheint für ein zu schaffendes gegenseitiges Verständnis von besonderer Bedeutung - beschäftigen sich Mitglieder der Mehrheit mit der Entstehung und Tradierung von Fremdbilder, die im Bewußtsein der Mehrheit zu Lasten eines unvoreingenommenen Zugangs gegenüber der Minderheit wirksam sind. Die Perzeption dieses Außenbildes auf Seiten der betroffenen Volksgruppe wird ebenfalls zur Sprache gebracht.

Das Dokumentations- und Kulturzentrum Deutscher Sinti und Roma gibt hier den ersten Band einer Schriftenreihe heraus, die mit der Publizierung der Ergebnisse seiner Arbeit und seiner Projekte auch die Bedingungen ins Bewußtsein heben möchte, die einen gleichberechtigten Dialog zwischen Minderheit und Mehrheit konstituieren. Für Band 2 der Schriftenreihe sind die Beiträge und Ergebnisse der Tagung *Die justitielle Behandlung von NS-Völkermordverbrechen und ihre Bedeutung für Gesellschaft und Rechtskultur in Deutschland*, abgehalten vom 20. bis 22. Mai 1992 in der Evangelischen Akademie Bad Boll, in Aussicht genommen.

Heidelberg, im September 1992 *Daniel Strauß*

II.

Adam Strauß

Einführung in das Thema der Tagung

Geschichte und Kultur jeder Nation binden ihre Menschen und die Menschen binden sich mit ihrer jeweiligen Geschichte und der ihnen eigenen Kultur an sie. So wird das Leben der deutschen Sinti seit 600 Jahren und das der deutschen Roma seit 150 Jahren von der Ereignisfolge deutscher Geschichte und der kulturellen Entwicklung bestimmt. Aber auch die Geschichte und Kultur der Minderheit zeitigt Auswirkungen auf die Kultur aller und - was der Mehrheit selten bewußt, für die Minderheit jedoch stets erfahrbar ist - auch auf die der Mehrheit eigenen Kultur. Denn selbst noch das Sperren gegen die Kultur der Minderheit ist innerhalb der Mehrheit kultur- und geschichtsbildend. Und die Folgen dieses Vorgangs bringt die Mehrheit in die nationale Kultur wiederum (als Last) mit ein. Der Umgang mit der Minderheit ist Teil der Kultur der Mehrheit. Dies sind Bewegungen, die jeden betreffen, sei er Mitglied der Mehrheit oder Mitglied der Minderheit.

Dabei ist der prozentuale Anteil an der Gesamtbevölkerung (der bezogen auf Sinti / Roma 0,1% ausmacht) nicht entscheidend: Eine so kleine Volksgruppe wie die Sinti und Roma bewegt kulturell viel und ist gleichzeitig von den Bewegungen der Kultur (UND der Unkultur) betroffen.

Die Reaktion auf Sinti / Roma, das Verhältnis der Mehrheit zu ihnen, ist in Rechtssätze und Bestimmungen eingegangen, die vorrangig zwar diese Gruppe, direkt oder indirekt jedoch auch die Allgemeinheit betreffen. Als sogenannte 'Zigeuner' waren und sind Sinti / Roma ein Motiv im Denken und Empfinden, im Welt- und Menschenbild der Bevölkerungsmehrheit, welches in der deutschen und europäischen Kultur tiefe Wurzeln hat und über die unmittelbare Begegnung mit Angehörigen dieser Gruppe hinaus selbst wiederum kulturbildend wirksam ist.

Seit 600 Jahren leben Sinti und seit 150 Jahren leben Roma im deutschen Sprach- und Kulturraum. So, wie viele andere Völker über Jahrtausende hin im Zuge von Völkerwanderungen und Fluchtbewegungen in den mitteleuropäischen Raum einwanderten und hier Heimat gesucht und gefunden haben, so kamen auch Roma und Sinti vor bald 1000 Jahren nach Europa, um hier Heimat zu finden. Diese Volksgruppe verlor sich jedoch nicht in einer ethnischen und kulturellen Verschmelzung; hier verlief die Geschichte anders. Denn in allen Zeiten waren Sinti / Roma schweren Verfolgungen ausgesetzt, Verfolgungen bis hin zum Völkermord im nationalsozialistisch besetzten Europa allein aus Gründen ihrer Volkszugehörigkeit. Diese jahrhundertelange Verfolgung hat die Sinti / Roma-Kultur geprägt *und* immer auch in ihrer freien Entfaltung behindert. Diskriminierung und Verfolgung sind bis heute die bestimmenden Erfahrungen geblieben.
Gerade uns deutschen Sinti fällt es nicht leicht, uns nach den Verfolgungen im Dritten Reich zur Mehrheit hin zu öffnen und von uns aus den Dialog anzubieten. Sinti / Roma haben die Erfahrung gemacht, daß man in der Zeit kalter Menschenverachtung, in der Zeit nationalsozialistischer Verfolgung das üble Gemenge von Vorurteilen, von unverständigen Beobachtungen, von falschen Vorstellungen, halben Einsichten und tatsächlichen Erkenntnissen, die man über Sinti / Roma besaß, dafür eingesetzt hat, um sie zu erfassen, seelisch zu demütigen, kulturell zu zerstören und am Ende der Massenvernichtung zuzuführen. Wie sich bei der Vorbereitung dieser Tagung gezeigt hat, war selbst der Bereich der Märchendokumentation und -forschung hieran beteiligt.

Seit etwas mehr als 10 Jahren gibt es die Bürgerrechtsarbeit deutscher Sinti und Roma. Wir haben uns zusammengefunden, weil wir der Überzeugung waren, daß wir gegenüber den 500 000 Menschen, die Opfer des Völkermords an Sinti und Roma wurden, die Verpflichtung haben, für Rechte, die uns das Grundgesetz gewährt, einzutreten und jeglicher Diskriminierung zu begegnen. Wir sind überzeugt, daß der Weg in die

Anonymität, den viele gehen wollten und wollen, uns selbst zerstören würde, ja daß wir damit selbst an uns vollstrecken würden, was gesellschaftliche Kräfte um uns seit Jahrhunderten auf die eine oder andere Weise zu erreichen suchten: unsere Selbstaufgabe. Wir sind der Überzeugung, daß Sinti nicht länger schweigen dürfen, vielmehr mit der Autorität ihrer historischen Erfahrung für eine offene, kulturell plurale Gesellschaft, für Toleranz und Achtung von Unterschieden, für Friedensfähigkeit eintreten müssen.

Das Zustandekommen dieser Tagung verdanken wir nicht zuletzt der Förderung des Amts für Wissenschaft und Kunst der Stadt Frankfurt, welches sich in den letzten Jahren verstärkt für den öffentlichen Dialog mit Sinti und Roma und für die Aufarbeitung der Geschichte eingesetzt hat. Für dieses Amt wie auch für das Dokumentations- und Kulturzentrum und den Verband deutscher Sinti und Roma, ist dieses gemeinsame Vorhaben einer ersten Tagung über die Erzählkunst von Sinti / Roma im Kontext europäischer Märchenkultur eine neue Erfahrung und inhaltlich ein wichtiger Lernprozeß. Für uns selbst ist diese Tagung wie ein Tor, das, so hoffen wir, den Weg frei gibt für die weitere Spurensuche in der Beschäftigung mit dem Erzählen von Sinti und Roma. Wir wünschen uns und suchen auf diesem Weg reizvolle und fruchtbare Begegnungen mit interessierten Menschen, Begegnungen getragen vom Geist gegenseitiger Achtung.

Daniel Strauß

Schützt Sinti/Roma vor der 'Zigeuner'-Literatur!

Kritische Thesen zum Interesse von Literatur und Wissenschaft an der Minderheit

Seit 600 Jahren leben Sinti und Roma in Deutschland und in Mitteleuropa. Und seit beinahe 600 Jahren gibt es auch schriftliche Äußerungen über uns aus der Sicht der Mehrheit.

Roma und Sinti selbst haben nie Geschichtsschreibung betrieben. Romanes gab es nicht als Schriftsprache, und über Jahrhunderte bestand auch nicht das Bedürfnis, für unsere vielfältigen Romani-Dialekte eine gemeinsame Schriftsprache zu entwickeln. Dokumente und historische Quellen, in denen Erfahrungen unserer Vorfahren in den verschiedenen europäischen Gesellschaften auf Papier festgehalten wurden, wird man - abgesehen von einzelnen Zeugnissen der jüngeren Vergangenheit - daher vergeblich suchen. Alles, worauf sich also der historisch Fragende beziehen kann, sind Texte von Autoren der Mehrheitsbevölkerung.

Erste Hinweise auf Sinti finden sich um das Jahr 1417 in Rechnungs- und Urkundenbüchern der Städte und Klöster, die allerdings bis heute nicht dokumentarisch zusammengestellt und wissenschaftlich ausgewertet worden sind.[1] Zu diesem Jahr 1417 notiert auch der Chronist Hermann Cornerus in seinem ca. 1435 als Handschrift abgeschlossenen *Chronicon* die Ankunft einer Gruppe von ca. 300 erwachsenen Personen in Nord-

1 Martin Ruch weist auf die Bedeutung dieser Texte für das Verstehen der Einwanderungsgeschichte von Sinti und Roma in Mitteleuropa hin und publiziert im Anhang seiner Forschungsarbeit einige Beispiele. Vgl. Martin Ruch, Zur Wissenschaftsgeschichte der deutschsprachigen "Zigeunerforschung" von den Anfängen bis 1900, Dissertation, Freiburg 1986, S. 32 ff und S. 464 ff

deutschland, die außerordentlich häßlich und schwarz wie Tartaren seien. Nach seiner Darstellung lagerten sie draußen auf den Feldern vor den Toren der Stadt. Aus Angst, sie könnten festgenommen werden, weil, so die Begründung des Chronisten, vor allem die Frauen sich dem Diebstahl widmeten und wohl schon manche von ihnen auch aufgegriffen und getötet worden seien, zögen sie nur am Tage in die Stadt. Der Bericht des Chronisten Cornerus nennt dann als Grund für ihr Leben auf der Reise, sie seien auf einer siebenjährigen Bußfahrt, da sie nach ihrer Bekehrung vom Heidentum erneut vom christlichen Glauben abgefallen seien.[2]

An dieser Darstellung fällt auf, daß sie eine Fülle von Erklärungen, Deutungen und Fremdwahrnehmungen enthält, die sich bis hinein in einzelne Formulierungen decken mit einer Darstellung derselben Zeit in dem *Diarium Sexennale zum Jahr 1424* des Andreas von Regensburg, der die Fremden als "Cingari vulgariter Cigäwnar" bezeichnet.[3]

Besondere Neuigkeiten kursierten auch damals wohl schneller im ganzen Land, als die Einwanderer auf ihrem Weg es überhaupt schaffen konnten, sich in der Bevölkerung selbst einzuführen und bekannt zu machen. Was hat der Chronist also tatsächlich direkt erlebt und beobachtet? Hat er gar versucht, von den Fremden selbst etwas zu erfahren? Oder umgekehrt, wie weit ist der Bericht schlicht davon bestimmt, was es an Gerede, Gerüchten, Geschichten über Sinti / Roma gab und was somit längst schon als feststehende Vorstellungen die Fremdsicht über Sinti und Roma bestimmte und von dem Chronisten wie

2 Vgl. Abdruck des lateinischen Orginaltextes und Übersetzung in: Reimer Gronemeyer, Zigeuner im Spiegel früher Chroniken und Abhandlungen: Quellen vom 15. bis zum 18. Jahrhundert, Giessen 1987, S. 15 f.

3 Originaltext, Übersetzung und Kommentar in Gronemeyer (1987), S. 18ff. Den Begriff 'Cingari' oder 'Cigäwner' gibt es in unterschiedlicher Schreibweise im deutschen Wortschatz seit dem 15. Jh. als Fremdbezeichnung für unser Volk. Der ethymologische Ursprung dieses Wortes ist bis heute nicht eindeutig geklärt. Dieser Begriff soll ausschließlich zur Bezeichnung des Außenbildes von Sinti und Roma verwendet werden, wenn damit der in der Kultur der Mehrheitsbevölkerung historisch tief verwurzelte Mythos angesprochen wird, den man bis heute auf Sinti und Roma projeziert.

auch von vielen anderen für wahr genommen wurde?
Es finden sich jedoch auch überraschende Abweichungen von den gängigen Darstellungen. In der Chronik der italienischen Stadt Forli wird im Jahr 1422 über die Durchreise einer Sinti / Roma-Gruppe berichtet und in diesem Zusammenhang interessanterweise zur Herkunft dieser Menschen ausgeführt: "Und, wie ich es gehört habe, sagten einige, daß sie von Indien waren."[4] Der Chronist deutet hier an, daß er unmittelbar mit Leuten gesprochen und genaueres über die Herkunft der Fremden erfahren haben will. Diese Aussagen über die Herkunft der Sinti / Roma setzten sich gegen die vielfältigen Vorstellungen nicht durch, die vom kirchlich-religiös Weltbild des ausgehenden Mittelalters bestimmt waren. So entdeckten erst im 18. Jh. Sprachforscher die nahe Verwandtschaft des Romanes mit dem altindischen Sanskrit und werteten dies zu Recht als eindeutigen Hinweis auf die ethnische Herkunft von Sinti und Roma aus Nord-West-Indien.
Im Zusammenhang mit der hier diskutierten Thematik könnte man ironisch, vielleicht aber gar nicht so unrealistisch, fragen, wieviel Erzählbegabung von Kaufleuten, wandernden Gesellen, Söldnern, Predigern, Mönchen und sonstigem fahrenden Volk auf Märkten und in den Wirtschaften und Schänken damals wohl aufgebracht worden ist, bis die Phantasien vom ruhelosen, ewig wandernden, primitiven, naturhaften, heidnischen und mit den dunklen Mächten verbundenen Fremden auf die Sinti und Roma bezogen und an ihnen festgemacht war.
Von Chronik zu Chronik wird die Geschichte über die dunkelhäutigen Fremden weitergeleitet, bekräftigt und ausgemalt: So schreibt Sebastian Münster in seiner 1550 in Basel erschienenen *Cosmographei* im dritten Band unter der Überschrift "Von den Zigeunern oder Heiden":

4 Zitat entnommen aus Kirsten Martins-Heuß, Zur mythischen Figur des Zigeuners in der deutschen Zigeunerforschung, Frankfurt 1983, S. 104.

"Als man zählt von Christi Geburt 1417, hat man zum ersten in Deutschland gesehen die Zigeuner, ein ungeschaffen, schwarz, wüst und unflätig Volk, das sonderlich gerne stielt, und zwar allermeist die Weiber, die also ihren Männern zutragen. Sie haben unter ihnen einen Grafen und etliche Ritter, die gar wohl bekleidet sind und auch von ihnen geehrt werden. Sie tragen bei sich etliche Brief und Siegel, vom Kaiser Sigmund und anderen Fürsten gegeben, damit sie ein Geleit und freien Weg haben durch die Länder und Städte. Sie geben auch vor, daß ihnen zur Buße auferlegt sei, also umher zu ziehen in der Art der Pilger, und daß sie aus Klein-Ägypten gekommen seien. Aber es sind Fabeln. Man hat es wohl erfahren, daß dies elend Volk geboren ist zu seinem umherschweifenden Ziehen, daß es kein Vaterland hat. Es zieht also müßig im Lande umher, (...), lebt wie ein Hund, ist auch keine Religion bei ihnen, ob sie schon ihre Kinder unter den Christen lassen taufen. Sie leben ohne Sorg, ziehen von einem Land in das andere, kommen aber etliche Jahr herwieder"[5].

Nahezu alle zentralen Motive, die die Vorurteilsstrukturen und auch den Rassismus gegen Roma und Sinti bis heute bestimmen, sind in dieser Darstellung enthalten:
- er kennzeichnet diese Menschen als "ungeschaffen, unflätig und wüst", d.h. in den Augen der Mehrheitsbevölkerung sind die 'Zigeuner' ein kulturloses, ungebildetes, primitives Volk;
- er kriminalisiert Sinti und Roma und insbesondere die Frauen durch einen pauschalen Diebstahlsvorwurf;
- er spricht ihnen ihr Bekenntnis zum christlichen Glauben ab, grenzt sie aus der Religionsgemeinschaft der Christen aus, und dies gegen das Sakrament der Taufe;
- er bringt zum Ausdruck, daß ihre Aussagen keine Gültigkeit hätten, daß sie Zweckaussagen seien; in zentralen Bereichen persönlicher Wahrhaftigkeit wird 'Zigeunern' Unglaubwürdigkeit bescheinigt;

---

5 vgl. Orginalabdruck in Raimer Gronemeyer, 1987, S 34 ff

- er bezeichnet die den Sinti aufgezwungene Lebensweise, das ganze Jahr über, im Sommer wie im Winter mit Kindern, mit dem eigenen Hab und Gut ohne Obdach und festen Ort zu sein, als angeborenen Trieb und als Unfähigkeit zur Bindung an eine Heimat;
- und er unterstellt bei ihnen eine generelle Lebenseinstellung der Sorglosigkeit.

Der Chronist erwähnt in seiner Darstellung der 'Zigeuner' und ihrer angeblichen Wesensart allerdings nicht die Edikte, die ab 1497 in regelmäßiger Folge vom Reichstag und anderen regionalen Regierungsorganen beschlossen wurden mit dem Ziel, eine Ansiedlung der Sinti konsequent zu verhindern und darüberhinaus ihre regelmäßige Verfolgung oder auch Ermordung durch die gesamte Bevölkerung zu veranlassen. Sinti und Roma lebten damals nicht etwa sorglos und frei, wie es der Chronist seinen Lesern vermittelt, sie waren vielmehr vogelfrei.
Unter der Bezeichnung 'Zigeuner' bastelt die Mehrheit seither über die Jahrhunderte in sämtlichen Literaturgattungen, sei es Novelle oder Roman, Theaterstück, Gedicht oder Lied, Spruch oder Witz, weiter an einem Typus, der mit der Wirklichkeit dieser Gruppe nicht zusammenzubringen ist. In der Romantik macht dieser Typus als Kultfigur regelrecht Karriere. Der 'Zigeuner' wurde mit Hilfe von Oper und Populärwissenschaft, volkstümlicher Malerei und Literatur zu einem festen Bestandteil der abendländischen Kultur mit einer eindeutig bestimmten Rolle.
Manche Roma bzw. Sinti machten sich diese Rolle zu eigen, um in künstlerischen Berufen, d.h. insbesondere als Musiker und Tänzer, aber auch als Erzähler, im Volkstheater oder Puppenspiel das Publikum 'zigeunergerecht' anzusprechen. Offensichtlich war der (Unterhaltungs)-Wert für das öffentliche Publikum um so größer, je mehr die Sinti / Roma-Künstler dem Zigeuner-Klischee auch entsprachen. Für einzelne Familien konnte sich das lohnen, es verschaffte ihnen eine gute Einkommensmöglichkeit.

Gleichzeitig jedoch verstellte das Klischee, und zwar sowohl das historisch ältere negative, wie auch das romantisch verklärende die Chance offener Begegnung, verhinderte dauerhaft die Aufnahme (sprich Integration) unserer Volksgruppe im ökonomischen, kulturellen und sozialen Gefüge der Nation und lieferte darüberhinaus die Begründung für diskriminierende Sondergesetze und Ausgrenzungen aus bürgerlichen Rechten.

Die leider jung verstorbene Kirsten Martins-Heuß schreibt in ihrer Studie *Zur mythischen Figur des Zigeuners in der deutschen Zigeunerforschung*: "Der 'Zigeuner' (...) ist ein Phantom, das seit Jahrhunderten herumspukt und sich die Treue zu immergleichem Wesen bewahrt hat. Ein 'Zigeuner' ist ein dunkler, fremder Mensch, stets reisend, arbeitsscheu, planlos in den Tag lebend, den sinnlichen Genüssen allzusehr zusprechend, tierhaft vermehrungsfreudig. Die (...) [Mehrheits-]Bevölkerung ergötzt sich an seinen artistischen Darbietungen [und dem Temperament und der Romantik seiner Musik, *Erg. d.d.V.*], nutzt seine Zukunftsbeschwörungen und Dienstleistungen, weiß um seine heilkräftigen Arzneien (...), fürchtet das Abbrennen von Häusern und den Diebstahl jeglichen Besitzes, sei es Vieh, Geld, Kinder. 'Zigeuner' kann sein, auf wen eins oder viele der angeführten Merkmale passen. Ein 'Zigeuner' gleicht dem anderen, kennt man einen, kennt man alle."[6]

In ihrer Studie zeigt Kirsten Martins-Heuß auf, wie diese Vorurteilsmotive selbst noch von der wissenschaftlichen Beschäftigung mit Sinti und Roma aufgenommen und durch ihre sogenannten Forschungsergebnisse reproduziert und bekräftigt wurden.

Viele Ethnographen oder 'Zigeunerforscher' insbesondere des 19. Jahrhunderts waren zugleich 'Dokumentaristen' sogenannter 'Zigeuner-märchen'. Das lag damals im Trend eines neuerwachten Interesses an kultureller Selbstbestimmung und Abgrenzung des deutschen Volkes.

---

6 siehe: Martins-Heuß, 1983, S. 38

In der franzöischen Revolution von der Orientierung auf den absolutistischen Regenten befreit, hatte die Idee der Nation europaweit das Bürgertum erfaßt. Das *eine* Volk als Subjekt der Nation war jedoch mehr Ideal bzw. Ideologie als historische, soziale oder kulturelle Realität. Zu seiner Konstituierung suchte man vor allem anderen das Gemeinsame bzw. Verbindende in der Sprache, aber auch in der Pflege von Überlieferung, Brauchtum und Volkskunst.

Wenn die Gebrüder Grimm zu dieser Zeit die 'deutschen' Märchen sammelten und veröffentlichten, dann trugen sie mit ihrer Sammlung dazu bei, die Idee nationaler Identität zu stärken und zu fördern. Schwaben wie Bayern, Sachsen wie Friesen, Pfälzer wie Ostpreußen als einiges Kulturvolk und dementsprechend individuell als gute, als moralisch hochstehende Deutsche anzusprechen, wurde zur wesentlichen Aufgabe der Volksbildung. Viele Märchen behandeln Grundfragen des Lebens und zeigen Richtungen einer guten Lebensführung an. Märchen konnte man so aufbereiten, daß sie - befreit von störenden Widersprüchen und Brüchen - den damaligen Erziehungsidealen und christlichen Werthaltungen entsprachen. Auch die Brüder Grimm wollten in diesem Sinn Märchen als *deutsches* Kulturgut für die Erziehung und Volksbildung fruchtbar machen.

Bei den Sammlungen von 'Zigeunermärchen' zeigt sich nun ein anderes Interesse: zunächst entspricht der Bestimmung völkischer Identität auf Seiten der Mehrheit ein fragendes Interesse nach dem unterscheidbar Anderen. Bei vielen Sammlern und Editoren verdichtet sich dies chauvinistisch in dem Bedürfnis nach vollständiger Abgrenzung zu anderen Gruppen und Völkern, die die Tatsache wechselseitiger kultureller Druchdringung negiert. Der Idealisierung des eigenen Volkes, dem Interesse, dieses zum Guten zu erziehen und dadurch zu erhöhen, entspricht schließlich im extremen, leider jedoch nicht seltenen Fall das gegenläufige Motiv der Abwertung, ja sogar die geradezu abschreckende Beschreibung anderer Gruppen und Völker. Insbesondere Minderheitengruppen und unter ihnen vor allem Sinti und Roma wurden hierzu billig gebraucht.

Ich kann im Rahmen dieses einführenden Beitrags keinen Überblick über die wichtigsten Sammlungen von Roma / Sinti-Erzählungen und -Märchen geschweige denn eine Bewertung ihrer dokumentarischen Qualität geben. Hierzu darf ich auf den Beitrag von Frau Köhler-Zülch verweisen.

Die angerissenen Überlegungen will ich jedoch am Beispiel einer von Dieter Röth herausgegebenen und im Erich-Röth-Verlag unter dem Titel *Ilona Tausendschön* 1980 erschienenen Sammlung von 'Zigeunermärchen' aus Ungarn verdeutlichen. Ich wähle bewußt dieses heute noch im Handel zu erwerbende Buch. Denn über das Ansprechen historisch gewachsener Vorurteilsmotive hinaus soll deutlich werden, daß Literatur den alten auf uns rassistisch wirkenden 'Zigeuner'-Mythos bis zum heutigen Tag lebendig erhält, daß also gerade auch der Literatur-Betrieb immer wieder neu den Stoff formt, aus dem 'Zigeuner' in den Augen der Mehrheit geschaffen sind.

Im Klappentext wird dem Leser das Buch *Ilona Tausendschön* dadurch empfohlen, daß die besondere Vertrautheit des Dokumentaristen und Sammlers mit den von ihm aufgesuchten Roma angesprochen wird. Denn diese Märchen seien ausschließlich ihm erzählt worden. Damit wird er dem Leser als ein "Eingeweihter" vorgestellt. Dies ist übrigens ein sehr typischer, aber auch leicht zu behauptender Qualifikationsnachweis.

In der Absicht, dem Leser vorweg schon das rechte Verständnis für das Erzählen der Sinti und Roma zu vermitteln, wird im Vorwort zu dieser Sammlung von dem ungarischen "Experten" und Herausgeber der Sammlung József Vekerdi eine völlig verzerrte Charakterisierung der Sinti / Roma und ihrer Kultur angeboten, wie man mit wenigen aus dem Text beliebig entnommenen Zitaten zeigen kann:

"All dies [gemeint sind angeblich feststellbare Unterschiede zwischen europäischer Märchentradition und 'Zigeunermärchen', *d.V.*] läßt sich dadurch erklären, daß die Zigeuner als weitgehend traditionsloses Volk nicht durch die Gesetze der europäischen Überlieferung gebunden sind. Eigene Traditionen besitzen sie kaum, die Traditionen der Wirtsvölker übernehmen sie nicht. Die Kultur der europäischen Bauern bewahrt jahrhundertealte Überlieferungen auch im Märchenerzählen, die ihnen nicht erlauben, etwas am herkömmlichen Gang der Geschichten zu ändern. Dem Zigeuner bleibt der eigentliche Sinn der traditionellen Märchentypen fremd, so übernimmt er nur das Abenteuerliche, ohne sich um den logischen Verlauf der Ereignisse zu kümmern."[7] - Oder: "Die Anhäufung von bizarren Abenteuern ohne einen einheitlichen Zweck, ohne eine zentrale Logik befriedigt nur die Zigeuner-Zuhörer. (...) Dem Mangel an Märchenlogik ist der Mangel an Märchenmoral verwandt. In den ursprünglichen europäischen Märchen muß der Held gewinnen, seine bösen Gegner müssen ihre Schuld bereuen, die Gerechtigkeit muß siegen. In seinen Kämpfen darf der Held nur zu gerechten Mitteln greifen. Die Sittenwelt der Zigeunermärchen erlaubt auch andere Lösungen. (...) Die Altertümlichkeit ihrer Erzähltechnik läßt sich mit der Primitivität ihrer gesellschaftlichen Entwicklung in Einklang bringen: bis zu den letzten Jahrzehnten standen die wandernden Zigeunerstämme auf der Stufe der Urgemeinschaft."[8]

Selbst noch die Auswahl von Roma-Märchen für *Ilona Tausendschön* ist ein untersuchenswertes Beispiel, wie Erzählungen einer Roma-Gruppe instrumentalisiert werden können, um sich - unter dem Deckmantel der Achtung der Besonderheit und Originalität ihrer Menschen - die historisch längst zementierte Fremdsicht quasi im Original-Ton durch Angehörige der Minderheit selbst bestätigen zu lassen. So wird zur Methodik der Märchensammlung ausgeführt:

"Von 1939 bis 1943 studierte Csenki ungarische und französische Philologie an der Philosophischen Fakultät der Budapester Péter-Pázmány-

---

7 siehe: Ilona Tausendschön: Zigeunermärchen und -schwänke aus Ungarn, aufgezeichnet von Sándor Csenki, ausgewählt von József Vekerdi, Kassel o.J., S. 9

8 siehe: ebenda, S. 8ff

Universität. Dabei eignete er sich die philologische Sorgfalt an. Die Ferien während seiner Studienzeit verwendete er dazu, in seinem Heimatort das Märchengut der Zigeuner zu sammeln. Von 1941 bis 1943 zeichnete er in der Zigeunerkolonie dreiundsechzig Märchen auf. Er notierte die Märchen in der Zigeunersprache rasch mit dem Bleistift in Schulhefte mit quadrierten Blättern. Csenkis Aufzeichnungen sind sehr genau. Er beherrschte die Zigeunersprache damals schon vorzüglich und benutzte sie wie seine Muttersprache. (...) Csenkis bester Gewährsmann in der Zigeunerkolonie war der damals zweiunddreißigjährige Gyula Mágai; von diesem ließ sich Csenki zweiunddreißig Märchen erzählen."[9]

Zur Dokumentation des Märchenschatzes konkreter Personen ist eine sinn- und soweit möglich sogar wortgetreue Aufzeichnung unverzichtbar. Inwieweit bei dieser Sammlung Mitschriften und die darauf gestützten Aufzeichnungen den gesprochenen Erzählungen entsprochen haben, ist nicht nachprüfbar. Diese Schwierigkeit besteht generell bei dem Versuch einer Dokumentation mündlichen Erzählens durch Mitschreiben. Die weitergehende Frage ist aber, was dann mit solchen Aufzeichnungen geschieht, wie und auf der Grundlage von wievielen Aufzeichnungen eines Erzählstoffes eine Schriftfassung vorgenommen wird und mit welchen stilistischen Veränderungen und schließlich nach welchen Gesichtspunkten Texte für eine Märchensammlung ausgewählt werden. Hier drängt sich die Frage auf, ob nicht der beabsichtigte Nachweis einer den Sinti / Roma unterstellten Fremdheit, Primitivität, Exotik, Urtümlichkeit und Originalität die Feder beim Redigieren der Erzählungen geführt und die Zusammenstellung der Texte bestimmt hat.

Diese Märchen jedenfalls wirken, auch im Vergleich zu anderen Sammlungen, sprachlich besonders holprig, in der Verfolgung der Erzählhandlung inkonsequent und unlogisch. Und dies würde ja dem Bild vom 'echten Zigeuner' als einem Menschen auf 'primitiver Stufe', welches das Vorwort, wie oben zitiert, verbreitet, entsprechen. Ganz folgerichtig wer-

9 siehe: ebenda, S. 13

den die unter dem verkaufstaktisch geschickt gewählten Titel *Ilona Tausendschön* veröffentlichten Erzählungen nicht als individuell oder von einer sozialgeschichtlich spezifischen Gruppe von Roma geprägt, vorgestellt. Eine eingehendere Beschreibung der Erzählsituation zum Zeitpunkt der Aufzeichnungen fehlt, ebenso eine Offenlegung oder gar kritische Reflexion des eigenen Interesses und sozio-kulturellen Standorts. Immerhin erfolgten die Aufzeichnungen in den Jahren 1941 bis 1943 und damit in eine Zeit, in der andernorts Sinti bzw. Roma dem Völkermord zum Opfer fielen, zugleich auf Anweisung durch Heinrich Himmler Reste ihrer Kultur gesammelt werden sollte.[10] Solche Informationen aber könnten das Verständnis der hier zusammengestellten Märchen und Schwänke auf Seiten des Lesers tatsächlich unterstützen und böten die Chance, sowohl den Erzählern als auch der Minderheit als Ganzes durch Differenzierung Raum zu geben. Indem die hier zusammengestellten Märchen als besonders beispielhaft gekennzeichnet sind und durch volkskundliche, d.h. auf das gesamte Volk der Sinti und Roma bezogene Aussagen als 'zigeuner'-typisch qualifiziert werden, wird mit diesem Buch sehr lebhaft und ganz aktuell der klassische 'Zigeunermythos' auf einer Ebene angesprochen, die wir mit all unseren Aufklärungsbemühungen nur schwer erreichen können.

In der unter dem Titel *Taikon erzählt* erschienenen Märchensammlung des in Schweden lebenden Rom Johan Dimitri-Taikon ist Carl Herman Tillhagen auf die angesprochenen Schwierigkeiten der Aufzeichnung von mündlich vorgetragenen Märchen (ohne die Möglichkeit eines Mitschnitts per Tonbandaufzeichnung) und der Übertragung des mündlich dargebotenen Erzählstoffs in eine Schriftfassung ausführlich eingegangen und ermöglicht damit dem Leser, sich über die Beziehung zwischen originaler Erzählung und edierter Fassung eine differenzierte Vorstellung zu machen. Er schreibt im Nachwort:

---

10 siehe dazu den nachfolgenden Beitrag von Peter Heuß

"Die meisten Märchen habe ich nach Taikons Diktat aufgezeichnet. Das kann ein vortreffliches Verfahren scheinen, da der Schreibende das Märchen Wort für Wort aus dem Mund des Erzählenden überliefert erhält. In Wirklichkeit ist es aber recht unbefriedigend, und ich griff nur darauf zurück, weil ich kein besseres wußte, das die vorliegenden Schwierigkeiten hätte lösen können. Taikon erzählt diese Märchen ja im Kreise der Seinen auf Romani. Aus vielen Gründen aber - unter anderem aus Zeitmangel - mußte meine Aufzeichnung auf Schwedisch erfolgen. (...) Taikons Märchen sind also alles andere als ein mechanisches Wiedererzählen. Und das merkt man auch, wenn man zwei Aufzeichnungen von ein und demselben Taikon-Märchen miteinander vergleicht. Die verschiedenen Episoden erscheinen zumeist in der gleichen Reihenfolge, und insoweit ist es dasselbe Märchen. Und doch sind sie einander nicht gleich. Sie unterscheiden sich in kleinen Zügen, in einzelnen Akzenten und Beleuchtungseffekten (...). Für gewöhnlich begnügt Taikon sich mit solch kleinen Änderungen. Mitunter aber, wenn es ihm Spaß macht, kann er auch sehr merkbare Änderungen vornehmen und ganze Episoden in einem Märchen ausspinnen."[11]

Obwohl hier eine Sensibilisierung und Sensibilität spürbar scheint, macht sich zwischen den Zeilen des folgenden Zitats bemerkbar, wie stark Tillhagen gleichwohl Einfluß nahm. *Er* bestimmte, welches Märchen der Gefühlslage des Erzählers nun gerade am besten entspräche und gibt die Erzählsituation dennoch als für den Anderen völlig eigenbestimmt aus. Indem das Resultat, das Märchen, als ein gleichsam autonom Weiterklingendes, welches zudem mit dem Geist des Anderen nahezu von selbst in die Feder fließt, ausgewiesen wird, wird die eigene Beteiligung, die eigene Verantwortlichkeit minimalisiert: "Und dann wartete ich, bis mein Gewährsmann einmal in bester Erzähllaune war. Dann bat ich ihn, das Märchen zu erzählen, von dem ich meinte, es entspräche am besten seiner augenblicklichen Stimmung. Frei und ungehemmt konnte

11 Taikon, Johan D. : Taikon erzählt Zigeunermärchen. - Zürich. - 1948, S. 259ff

er dann sein Märchen gestalten. Bald hatte das Erzählen ihn gepackt, und alles, was ich tun konnte, war nur: mich aus dem Wege zu halten, wenn er im Zimmer 'umhererzählte', zuzuhören und zu schreiben. Sätze, Ausdrücke, Dialoge und alles, wobei ich nur irgend mitkam, zeichnete ich auf. Und sobald ich allein war, schrieb ich das Märchen in einem Zuge mit den Worten nieder, die mir noch in den Ohren klangen, und in dem Geist und Sinn, den Jahre der Zusammenarbeit mit meinem Gewährsmann mich als die seinen kennengelehrt hatten."[12]

Tillhagens Beschreibungen zeigen sehr plastisch, wie schwierig es ist, mündlich erzählten Märchen eine schriftliche Form zu geben. Die schriftliche Fassung entsteht aus der Kommunikation, vielleicht sogar der Zusammenarbeit wenigstens zweier Personen, einem sogenannten Gewährsmann und einem Schreiber oder Herausgeber. Deren Beziehung zueinander, ihre Möglichkeit, einander zu verstehen, entscheidet über das Ergebnis der gemeinsamen Bemühungen. Oft sind jedoch die Personen, die gesprochene Märchen aufzeichnen, nicht die gleichen, die sie später edieren und in diesem Zusammenhang redigieren. Letztere aber kennen die Gewährsleute nicht mehr. An Stelle der persönlichen Begegnung tritt die bloße Vorstellung, und das gegenseitige Verstehen wie auch die Grenzen des Verstehens zwischen Gewährsmann und Herausgeber werden nie erfahrbar. In jedem einzelnen Schritt von der gesprochenen Vorgabe bis hin zum gedruckten Text sind Verzerrungen vorstellbar. Tillhagen selbst reflektiert dies in seinen Beschreibungen. Merkwürdigerweise geht er jedoch nicht darauf ein, daß und wie seine Zusammenarbeit mit Johan Dimitri-Taikon seine Vorstellungen über Roma beeinflußt hat. Daß es sich bei den Personen des Gewährsmannes und des Märchensammlers um Personen mit ganz unterschiedlichem Hintergrund handelt, ja daß auch er, Tillhagen - ganz abgesehen von der Notwendigkeit der Übertragung vom Romanes in das Schwedische - möglicherweise einzelne Motive oder Wendungen in den Märchen an-

12 ebenda, S. 270f

ders aufnommen hat, als es dargestellt und gemeint war, wird ebensowenig erwähnt. Die historisch belastete Beziehung zwischen Angehörigen der Bevölkerungsmehrheit und Angehörigen der diskriminierten Minderheit thematisiert er nicht als eigene Herausforderung im Kontext der selbstgestellten Aufgabe. Solange diese Ausgangslage eines jeden Versuchs der Vermittlung nicht bewußt wird, solange besteht die Gefahr, daß wir willkürlich als sogenannte "Gewährsleute" für die Fremdsicht und das Profilierungsinteresse der Publizisten mißbraucht werden.
In diesem Zusammenhang möchte ich abschließend noch einen Blick über den Tellerrand des bei dieser Tagung gewählten Problemausschnitts in den weiteren Bereich literarischer Beschäftigung mit Sinti und Roma werfen. Das Beispiel der mit *Zigeunerballade* betitelten Erzählung von Wolfdietrich Schnurre zeigt, wie wir bis heute in der beschriebenen Form nicht zuletzt auch von Schriftstellern, die mit uns sympatisieren, in schlimmer Weise benutzt werden, sei es zur persönlichen Image-Pflege z.B. als besonders tolerant, liberal, humanistisch, anti-chauvinistisch, nächstenlieb oder moderner noch: interkulturell, sei es zur schriftstellerischen Profilierung an einem besonderen Stoff.
Wieder ist es die typische Formel persönlicher Freundschaft und Vertrautheit des Autors mit Angehörigen der Minderheit, mit der das Buch dem Leser empfohlen wird: "Wolfdietrich Schnurre erinnert sich hier an seine Freundschaft mit einem Zigeunerjungen und mischt Vergangenes mit Heutigem."[13]
Und weiter:
"Das Vergangene ist jedoch nur für uns - (...) die Nichtzigeuner - vergangen. Dem Sinte, der hier geschilderten Sippe, ist es gegenwärtig geblieben. Denn ausgestoßen, beargwöhnt ist der Zigeuner noch immer; und er weiß es und will es. Die Zigeunerballade ist ein Buch ohne Beschönigung, aber voller Toleranz und kenntnisreicher Nächstenliebe, die eine unsentimentale Wehmut nicht ausschließt; eine Wehmut, die

13 Wolfdietrich Schnurre: Zigeunerballade. Berlin, 1988, Klappentext

dem Nomadenleben einer fahrenden Zigeunertruppe am Rande unserer hochtechnisierten Zivilisation innewohnt. Denn eines wird hier deutlich: Dieses Leben, dieses Lebensgefühl, diese Gemütslage, sie alle sind heute provozierend anachronistisch. Sparsam, unverkrampft balladesk, mit viel Zurückhaltung und wenigen Worten entwirft Wolfdietrich Schnurre ein stimmiges, eindrucksvolles Bild dieser Welt, ohne dabei die Vergangenheit zu beschönigen."[14]

Ich bin nicht bereit, aus diesem Buch im Wortlaut zu zitieren, welches von Marina Schnurre zudem, wie ich es empfinde, entwürdigend bebildert worden ist. Vielmehr bitte ich meine Leser, mir nachzusehen, daß ich mich damit begnügen möchte, einige fast beliebig ausgewählte Stellen dem Inhalt nach korrekt wiederzugeben:

Ohnehin kein gängiges Klischee auslassend spricht Schnurre auch die 'Gabe' eines 'Zigeuners' an, "Flüchen Vollzugsgewalt angedeihen zu lassen". Um diese Aussage noch stärker ins Groteske zu verzerren, führt Schnurre aus, ein Gericht habe diesem Mann auferlegt, seine Verfluchungen einzustellen. "Noch am selben Tag ist der ermittelnde Staatsanwalt von einem Schlaganfall heimgesucht worden."[15] Bezogen auf behördliche Bemühungen, die "Zigeuner" seßhaft zu machen, formuliert Schnurre ein "zigeunertypisches" Sprichwort: "Ein sitzender Zigeuner ist nur am Lagerfeuer denkbar oder auf seinem Koffer". Es folgt die Bitte, nicht länger auf den Koffern sitzen zu müssen. "Seitdem reisen sie wieder."[16] Drei Seiten weiter wird die besondere Begabung der 'Zigeuner' im Verjüngen von Pferden beschrieben, verbunden mit dem Bedauern, daß in der Zeit des Autohandels diese Begabung leider brachliege und verloren gehe[17], und anschließend die Sucht eines Familienmitglieds, buchstäblich alles zu kauen und zu essen: Baumrinde, Knochen, Vögel jeglicher Art und Größe usw.: Der Mann war im Konzentrationslager gewe-

14 ebenda

15 ebenda, S. 18

16 ebenda, S. 20

17 ebenda, S. 23

sen, heißt es zur Erklärung.[18] Auch der, so Schnurre, "von wohlwollenden" Nicht-Sinti als "Hausierhandel" bezeichnete Hausbettel wird nicht ausgelassen und dazu noch - Kenntnisreichtum lediglich suggerierend - von ihm als "Findengehen" apostrophiert. Die Ausführungen gipfeln in der Aussage, es gäbe auch Sinti-Frauen, die Spitzen verkaufen. Das seien aber keine 'echten Zigeunerfrauen'. Eine echte Sintizza verkaufe nicht, denn: Verkauf sei immer Verlust. Es sei denn, man verkaufte, was man kann: Wahrsagen, Kartenlesen, Teufel austreiben, Stimmen hören usw.[19] Ich darf zurückblenden: Unmittelbar vor diesem 14. Abschnitt kam die Anspielung auf den Völkermord an Sinti und Roma, den seinerzeit die Nationalsozialisten gerade mit solchen die Volksgruppe pauschal kriminalisierenden Darstellungen zu legitimieren suchten! Am 10. November 1988 berichtete die Norddeutsche Rundschau von einer Autorenlesung mit Wolfdietrich Schnurre unter der Überschrift *Interessantes aus dem Leben der Zigeuner.*

Während wir Sinti und Roma in Deutschland nach dem Holocaust um das Überleben der eigene kulturellen Identität ringen, treibt das allgemeine Interesse an unserem Volk immer neue Blüten. Dies schlägt sich nieder in neu hinzukommenden Buchtiteln, in der Behandlung des Zigeunermotivs durch Kinder- und Jugendbuch-Autoren, in neuen Spiel- und Dokumentarfilmen. Wir könnten uns an diesem wiedererwachten Interesse freuen, wenn hier tatsächlich etwas Neues passieren würde, wenn es Ausdruck wäre für das Interesse und den Versuch, den Dialog zwischen Minderheit und Mehrheit und einen Prozeß der Verständigung in Gang zu setzen. Leider ist Schnurre kein Einzelfall. In extremer Form steht er für diese von dem immer gleichen Mythos angeregte, sich letztlich jedoch selbst genügende 'Zigeunerliebe', die unsere Ausgrenzung im

---

18 ebenda, S. 25

19 ebenda, S. 26

schlimmsten, leider durchaus wahrscheinlichen Fall um eine weitere Epoche verlängert.

Es muß uns endlich gemeinsam die Frage beschäftigen, ob und wie es eine andere Literatur geben kann, eine Literatur, die den 'Zigeunermythos' durchbricht, die die Geschichte der Minderheit aufnimmt und verarbeitet und die Eigenständigkeit der kulturellen Identität von Sinti und Roma achtet. Dies beinhaltet auch die Frage nach der Verpflichtung von Literaten zu Wahrhaftigkeit und Kenntnisreichtum, und die nach dem (unweigerlichen) Konflikt zwischen dem Recht von Minderheiten auf Schutz ihrer Integrität und Würde und der schriftstellerischen Freiheit des Autors bzw. der publizistischen Freiheit der Verlage.

Auf unserer Seite werden wir zu diskutieren haben, ob es nicht mehr als je in unserer Geschichte notwendig ist, uns selbst zu äußern und von uns aus offensiv und selbstbewußt die Diskussion mit der Mehrheit zu führen. Hier sehe ich mit der Einrichtung eines Dokumentations- und Kulturzentrums Deutscher Sinti und Roma nun - vormals nicht gegebene - Chancen und Möglichkeiten.

Literatur

Gronemeyer, Reimer: Zigeuner im Spiegel früherer Chroniken und Abhandlungen - Quellen vom 15. bis zum 18. Jahrhundert. - Giessen : 1987

Ilona Tausendschön - Zigeunermärchen und -schwänke aus Ungarn. Aufgezeichnet von Sándor Csenki, ausgewählt von József Vekerdi. - Kassel : s.a.

Martins-Heuß, Kirsten: Zur mythischen Figur des Zigeuners in der deutschen Zigeunerforschung. - Frankfurt : 1983

Ruch, Martin: Zur Wissenschaftsgeschichte der deutschsprachigen 'Zigeunerforschung' von den Anfängen bis 1900. - Freiburg, Univ., Diss., 1986

Schnurre, Wolfdietrich: Zigeunerballade. - Berlin : 1988

Taikon, Johann D.: Taikon erzählt Zigeunermärchen und -geschichten. Aufgez. von Carl Herman Tillhagen. - Zürch : 1948

Ines Köhler-Zülch

Die Heilige Familie in Ägypten, die verweigerte Herberge und andere Geschichten von 'Zigeunern': Selbstäußerungen oder Außenbilder?

I

Zum Anfang eine Geschichte:

Der persische König Bahram Gur wollte den Armen in seinem Land, die sich beklagt hatten, anders als die Reichen bei ihren Trinkgelagen keine Musik zu haben, eine Freude machen. Er schrieb einem indischen König und bat ihn, 10.000 Luri, Männer und Frauen, zu schicken, die des Harfespiels kundig seien. Als die Luri eintrafen, gab er jedem einen Ochsen, einen Esel sowie Getreide und wollte sie zu Bauern machen. Gleichzeitig sollten sie unentgeltlich für die Armen musizieren. Die Luri aßen das Getreide und die Ochsen in einem Jahr auf, und der König zürnte: "Solltet ihr nicht pflügen, säen und ernten? Eure Esel sind noch geblieben, so packt sie, richtet eure Harfen her und spannt die Saiten aus Seide". Und so schlagen sich - dem gerechten Befehl Bahrams entsprechend - die Luri bis heute durchs Leben; sie haben den Hund und den Wolf zum Gefährten und wandern unaufhörlich.

Dieses erzählte um das Jahr 1000 der persische Dichter Ferdousi im *Šāh-Nāme*, das Ereignis soll sich noch einmal 500 Jahre früher, zu Zeiten des Königs Bahram Gur (420-438 n. Chr.), abgespielt haben[1].

---

1 The Sháhnáma of Firdausí t. 7. Übersetzt von A.G. und E. Warner. London 1915, 148 f. (Kapitel 35, § 39); vgl. auch The Epic of the Kings. Sha-Nama the National Epic of Persia by

Die Geschichte Ferdousis - eindeutig ein Außenbild - mit dem Bericht über die Luri (Herkunft: Indien, Haupterwerbszweig: Musik, Wandern: aus Unfähigkeit Bauern zu sein) gehört seit der ersten Hälfte des 19. Jahrhunderts zum Standardrepertoire der zahllosen Bücher zum Thema Sinti und Roma. Kaum hatte sich die Erkenntnis durchgesetzt, daß Romanes eine eigene, mit dem Sanskrit verwandte Sprache und das Herkunftsland der Roma irgendwo in Indien zu suchen sei, tauchte diese Geschichte auf und wurde immer und immer wieder abgedruckt: in ethnographischen Werken mit Titeln wie 'Die Zigeuner' oder auch in Vor- und Nachworten von Büchern wie 'Die Märchen der Zigeuner', und zwar bis heute[2]. Die Geschichte wurde international zum Allgemeingut, auch Enver Hodscha z.B., das ehemalige Staatsoberhaupt Albaniens, erwähnt sie in seinen Memoiren als historisches Ereignis, von dem er in Büchern über Zigeuner gelesen habe[3].

Ferdowsi. Übersetzt von R. Levy. Chicago/London/Toronto 1967, 313 (nur Zusamenfassung); in beiden englischen Übersetzungen wird der Terminus Luri direkt mit Gipsies übersetzt. Unterschiedliche Versionen sind wohl nicht nur auf verschiedene Übersetzungen zurückzuführen, sondern auch auf unterschiedliche Fassungen des in zahlreichen Handschriften überlieferten Epos "Šāh-Name", welches auch von professionellen Rhapsoden vorgetragen wurde. So findet sich im Unterschied zur englischen Übersetzung z.B. in Aichele, W./Block, M.: Zigeunermärchen. Düsseldorf/Köln 1977, 346 der Schluß: "[...] daß die Luris [...] durch die Welt irren [...], um Tag und Nacht zu stehlen"; hier wurde auf die französische Übersetzung von J. Mohl (Le Livre des Rois par Abou'lkasim Firdousi. Band 6. Paris 1877, 60 f.) zurückgegriffen; zu dem Historiker Ḥamza al-Iṣfahānī, der ca 50 Jahre vor Ferdousi die Geschichte erwähnte, vgl. F. Rosenthal in: The Encyclopaedia of Islam 3. Leiden/London 1979, 156.

2 z.B. Aichele/Block (wie not. 1) 345 f.; Bonsack, W.M.: Weisheiten der Zigeuner. Sprichwörter, Schnurren, Bräuche südosteuropäischer Zigeuner. Wiesbaden 1982, 14 (= Lizenzausgabe von "Unter einem Regenbogen bin ich heut gegangen". Weimar 1976, [2] 1982); Uhlik, R./Radičević, B.: Zigeunerlieder. Leipzig 1977, 53; Clébert, J.-P.: Das Volk der Zigeuner. Wien/Berlin/Stuttgart 1964, 24 (Original: Les Tziganes. Paris 1961); Niemandt, H.-D.: Die Zigeunerin in den romanischen Literaturen. Diss. Göttingen 1954, 2.

3 Enver Hoxha: Vite të vegjëlisë, kyjtime për Gjirokastrën - Années d'enfance, souvenirs de Gjirokastë. 1983, zitiert nach Études tsiganes 30,1 (1984) 26-31, hier 30 (hiernach bittet Ferdousi selbst seinen König, die Musiker zu holen).

Die Luri in der vor fast 1000 Jahren erzählten Geschichte, die wiederum über ein Ereignis ein halbes Jahrtausend früher berichtet, wurden von nun an als direkte Vorfahren der Roma und Sinti oder aber als 'zigeunerähnliche Gruppen' angesehen[4]. Abgesehen von Donald Kenrick[5], der trocken kommentierte, es sei nicht verwunderlich, daß diese Luri meinten, keine Zeit für zwei Jobs auf einmal zu haben - also Bauern und Musiker zu sein -, wurde die Geschichte als solche je nach Interesse der Verfasser eingesetzt: als zusätzlicher Beleg für die indische Herkunft[6], für die Musikalität[7] oder für das unveränderliche Nomadentum der Sinti und Roma[8]. Dabei wird also meist von einer Verhaltenskonstanz von nahezu 1500 Jahren ausgegangen, in denen sich Sinti und Roma unveränderlich gleich geblieben seien. - Bücher mit deutschen Märchen müßten dann eigentlich analog jedesmal mit dem römischen Historiker Tacitus beginnen, der von dem unverdorbenen Naturvolk der Germanen berichtet, das halb nackt herumlaufe und, wenn es nicht gerade Krieg führe oder zur Jagd gehe, die Zeit mit Nichtstun, Schlafen und

4 z.B. Liégeois, J.-P.: Mutation tsigane. La révolution bohémienne. Bruxelles 1976, 18; ders.: Tsiganes et voyageurs. Données socio-culturelles. Données socio-politiques. Strasbourg 1985, 71 (engl. Fassung: Gypsies and Travellers. Straßbourg 1987); Vossen, R.: Zigeuner. Frankfurt (Main)/Berlin/Wien 1983, 19.

5 Kenrick, D.: Romanies in the Middle East - 1. In: Roma 1,3 (1975) 5 f.; vgl. ders./Puxon, G.: Sinti und Roma - die Vernichtung eines Volkes im NS-Staat. Übersetzt von A. Stegelmann. Göttingen 1981, 28-30 (Original: The Destiny of Europe's Gypsies. London 1972).

6 Pott, A.F.: Die Zigeuner in Europa und Asien 1-2. Halle 1844/45, hier t. 1, 62; Heister, C. von: Ethnographische und geschichtliche Notizen über die Zigeuner. Königsberg 1803, 137 f.; Hopf, C.: Die Einwanderung der Zigeuner in Europa. Gotha 1870, 31.

7 z.B. von Heister (wie not. 6) 137; Hopf (wie not. 6); Schwicker, J.H.: Die Zigeuner in Ungarn und Siebenbürgen. Wien 1883, 159; Kittlitz, R. Freiherr von: Die Zigeuner. In: Sammlung von Vorträgen für das deutsche Volk 14. ed. W. Frommel/F. Pfaff. Heidelberg 1885, 353-394, hier 377.

8 Block, M.: Zigeuner. Ihr Leben und ihre Seele [...]. Leipzig 1936, 25 f., 160; Mode, H./Wölffling, S.: Zigeuner. Der Weg eines Volkes in Deutschland. Leipzig 1968, 35 f.

Essen verbringe, Krieg dem Ackerbau vorziehe, Tag und Nacht durchzeche und der Spielleidenschaft ergeben sei[9].

II

Ferdousis Lurigeschichte ist eindeutig eine Erzählung von Fremden über ein anderes Volk - ein Außenbild. Komplizierter wird es mit einer anderen Geschichte, die in Europa jahrhundertelang als Selbstäußerung der Sinti und Roma tradiert wurde.

Die Zigeuner, so ist zu lesen, hätten bei ihrer Ankunft in Mitteleuropa selbst erzählt: Sie kämen aus Ägypten, und das Herumwandern sei ihnen als Buße auferlegt, weil ihre Vorfahren Maria und dem Jesuskind, als diese vor dem König Herodes nach Ägypten flüchteten, keine Herberge gegeben hätten.

Diese Geschichte erscheint in Texten des 16. bis 20. Jahrhunderts, weist also eine fast 500 Jahre lange Überlieferungsgeschichte auf. Von Anfang an wird sie als Lüge der Roma hingestellt, und dieser Vorwurf verstärkt sich später eher noch, als man wußte, daß Roma zu jener Zeit überhaupt nicht in Ägypten gewesen waren. Die Geschichte könne nicht stimmen, argumentierte z.B. 1697 Johann Christoph Wagenseil, da sie weder in der Heiligen Schrift noch in alten Kirchen-Historien zu finden sei; auch seien Maria und Jesus in Ägypten von überhaupt niemanden beleidigt worden, und außerdem wäre in solch einem Fall das Urteil damals und nicht "nach tausend und mehr Jahren" in der Welt bekannt geworden[10]. Die

---

9 Tacitus. Germania. ed. M. Fuhrmann. Stuttgart 1972, num. 6, 14, 15, 22, 23, 24; zur Gleichsetzung von Germanen und Deutschen und allgemein zur Tacitus-Rezeption siehe Nachwort.

10 z.B. Wagenseil, J.C.: De sacri Rom [...]. Von der Meister=Singer origine [...]. Altdorf 1697, 436; vgl. allgemein die Textzusammenstellungen bei Ruch, M.: Zur Wissenschaftsge-

Geschichte wandert von einem Buch zum anderen als eine Selbstaussage der Roma, und zwar als ein 'Märchen', eine 'Fabel', eine 'schamlose Erfindung' oder eine 'Lüge der Zigeuner'.
Gehen wir auf die Spurensuche. Ich fange im 19. Jahrhundert an und versuche zum Ausgangspunkt zu gelangen. Im Winter 1884/85 hält Herr Amtsgerichtsrat von Kittlitz einen Vortrag mit dem Thema *Die Zigeuner*. Auch er berichtet u.a.: "Die Zigeuner selbst verbreiteten bei ihrem Erscheinen Anfang des 15. Jahrhunderts in Mitteleuropa die Fabel, daß sie Pilger aus Kleinägypten und auf einer siebenjährigen Bußfahrt begriffen seien, weil ihre Ahnen in Ägypten das Christuskind nicht aufgenommen hätten, als dieses mit seinen Eltern vor Herodes floh"[11]. Eine Quelle für diese Aussage erfahren wir nicht. Dr. J.H. Schwicker publizierte zwei Jahre zuvor, 1883, ein fast 200 Seiten langes Buch *Die Zigeuner in Ungarn und Siebenbürgen* und behauptet gleich am Anfang: "Als die Zigeuner im ersten Viertel des 15. Jahrhunderts in Deutschland erschienen, verbreiteten sie sofort die Mär [...]"[12], und es folgt die bekannte Geschichte. Auch er sagt nicht, woher er es weiß. Der Kriminalrat Richard Liebich verfaßte 1863 das Buch *Die Zigeuner in ihrem Wesen und ihrer Sprache*; er schreibt: "Gleich bei ihrem ersten Auftreten in Deutschland behaupteten sie und behaupten es fast allenthalben auch jetzt noch, aus Klein-Ägypten zu stammen [...] Die einen sagen [...]"[13], und es folgt die Geschichte. Für das Erzählen in der Gegenwart, also ca 1860, gibt er keine Belege, für die Vergangenheit bezieht er sich bei dieser Passage auf das berühmte Werk von Heinrich M.G. Grellmann. 1835 veröffentlichte der Schuldirektor Theodor Tetzner eine *Geschichte der Zigeuner; ihre Herkunft, Natur und Art* und zitiert - das ist neu - den Geschichtsschreiber Aventin aus dem

---

schichte der deutschsprachigen "Zigeunerforschung" von den Anfängen bis 1900. Diss. Freiburg 1986, 359-457; Gronemeyer, R.: Zigeuner im Spiegel früher Chroniken und Abhandlungen. Quellen vom 15. bis zum 18. Jahrhundert. Gießen 1987.

11 von Kittlitz (wie not. 7) 354.

12 Schwicker (wie not. 7) 7.

13 Liebich, R.: Die Zigeuner in ihrem Wesen und in ihrer Sprache. Leipzig 1863, 11 f.

16. Jahrhundert, und zwar so: "Sie gaben fälschlich vor, aus Ägypten zu stammen. Jetzt müßten sie durch ihre Verbannung aus dem Vaterlande die Schuld ihrer Aeltervâter büssen, welche der Gottesgebärerin nebst ihrem Jesuskindlein Obdach und Herberge verweigert hätten", und Tetzner selbst fügt hinzu: "Das ist auch zum Theil noch die Antwort, welche die heutigen Zigeuner ertheilen"[14]. Woher er letzteres weiß, verrät auch er nicht; seine Zeitgenossen sagen von ihm, er habe nur aus Büchern abgeschrieben, besonders von Grellmann.

Der Göttinger Professor Grellmann hatte bereits 1783 das fast 300 Seiten umfassende Buch *Die Zigeuner. Ein historischer Versuch* [...] herausgebracht, das in seiner um 60 Seiten erweiterten zweiten Auflage von 1887 eine ungeheure Wirkung zeitigte - man kann geradezu von einer Vor- und Nach-Grellmannschen Ära sprechen. Natürlich bringt auch er die Beherbergungsgeschichte, doch mit Quellenangaben: Er nennt die drei Chronisten Andreas Presbyter, Aventin und Christian Wurstisen[15]. Ich komme auf diese später zurück. Für das 18. Jahrhundert zitiere ich aus der Karriere dieser Geschichte, die wahrlich Bestsellerqualität hat, nur drei weitere Werke, und zwar Lexika: Die Geschichte findet sich im 62. Band des berühmten *Grossen vollständigen Universal-Lexicons* von Johann Heinrich Zedler und in zwei spezielleren Nachschlagewerken: im *Vollkommenen Teutschen Jäger* von H.F. von Fleming sowie im *Betrugslexikon* von Georg Paul Hönn, 1761 bereits in der 2. Auflage erschienen. Im letzteren wird als Beispiel Nummer 5 für Betrügereien von Zigeunern folgendes angeführt: "Wenn sie sich vor Egyptier ausgeben und darbey

14 Tetzner, T.: Geschichte der Zigeuner; ihre Herkunft, Natur und Art. Weimar/Ilmenau 1835, 28; er wiederholt die Geschichte noch an zwei weiteren Stellen: ebenda, 34, 55; vgl. z.B. die Beurteilung Tetzners durch Pott (wie not. 6) t. 1, 22: "Fast nichts, als Grellmann verwässert [...]".

15 Grellmann, H.M.G.: Historischer Versuch über die Zigeuner betreffend die Lebensart und Verfassung. Sitten und Schicksale dieses Volks seit seiner Erscheinung in Europa, und dessen Ursprung. [Dessau/Leipzig 1783] Göttingen ^{2} 1787, 214.

melden [...]"[16], und es folgt die besagte Geschichte. Der Autor bietet nicht etwa ein aktuelles Zeugnis dafür, nein, er beruft sich auf eine Aussage, die fast 250 Jahre zuvor gemacht wurde, nämlich auf den bereits erwähnten Chronisten Aventin.

Der Ausgangspunkt der Geschichte kristallisiert sich immer deutlicher heraus. Im 17. Jahrhundert findet sie sich sowohl in speziell den 'Zigeunern' gewidmeten Werken wie den Abhandlungen von Jacob Thomasius (1652)[17] und Ahasverus Fritsch (1660)[18] als auch - und das bereits um 1600 - in allgemeineren Werken. Die deutsche Übersetzung der Dissertation von Thomasius (1702) machte auch den nicht des Lateinischen mächtigen Leser mit dessen *Curiösem Tractat* vertraut, und zuvor (1674) hatte schon Bartholomaeus Anhorn die Geschichte in seine *Magiologia* aufgenommen[19]. 1591 begann der protestantische Jurist, Consilarius des Nürnberger Rates und Prokanzler der Universität Altorf Philipp Camerarius sein Werk *Horae subcisivae* zu publizieren, in das er auch ein Kapitel über Zigeuner mitsamt der Beherbergungsgeschichte aufnahm[20]. 1599 erschien von Martin Delrio[21], dem niederländischen

16 Johann Heinrich Zedler: Grosses vollständiges Universal-Lexicon aller Wissenschafften und Künste [...] t. 62. Leipzig/Halle 1749, 520-544, hier 521; Hönn, G.P.: Betrugslexikon. Coburg ² 1761, 519; Fleming, H.F. von: Des Vollkommenen Teutschen Jägers Anderer Haupt=Theil [...]. Leipzig 1724, 44.

17 Thomasius, J.: Dissertatio philosophica de Cingaris [...] [1652]. Leipzig 1671, deutsche Übersetzungen: Curiöser Tractat von Zigeunern. Dresden/Leipzig 1702, § 55; Gründliche historische Nachricht von denen Zigeunern, darinnen nebst anderen Merkwürdigkeiten dieses Volks insonderheit desselben Ursprung [...]. Frankfurt/Leipzig 1748; vgl. zum Interesse an Magie in Dissertationen im Barock Daxelmüller, C.: Disputationes curiosae. Würzburg 1979.

18 Fritsch, A.: Diatribe historica de Ziegenorum origine, vita et moribus. Jena 1660; deutsche Übersetzung: Historische und politische Beschreibung der so genanten Zyegeuner, nebenst wahrer Anzeigunge ihres Uhrsprungs, Lebens, Wandels und Sitten. Frankfurt 1662, 4.

19 Anhorn, B.: Magiologia. Christliche Warnung für dem Aberglauben und Zauberey [...]. Basel 1674, 230.

20 Camerarius, P.: Operae horarum succisivarum sive meditationes historicae [...] centuria 1-3. Frankfurt 1602/1606/1609 (zahlreiche Auflagen: 1615/18, 1624/25, 1644/50, 1658), hier

Rechtsgelehrten, Staatsmann und Professor der Theologie spanischer Abstammung, eine wissenschaftliche Analyse des Themenkomplexes Magie, der Hexentraktat *Disquisitionum magicarum libri sex*; das Werk ist zwischen 1599 und 1755 in 25 Ausgaben erschienen, steht in der Tradition der Hexenverfolgung und enthält ebenfalls den Bericht, daß die Zigeuner erzählten, sie seien auf Sühnefahrt, weil sie Maria und dem Jesuskind keine Herberge gegeben hätten. Delrio war Jesuit und verstand sein Werk als 'Monument der katholischen Kirche'. Die Geschichte war also in katholischen wie protestantischen Traditionen fest verankert.

Alle genannten Autoren - Thomasius, Fritsch, Anhorn, Camerarius und Delrio - berufen sich bei der Geschichte vom verweigerten Nachtquartier als Selbstaussage der Roma auf den Chronisten Aventin. Zusätzlich werden als Quellen noch Christoph Besold, Martin Crusius und Wurstisen genannt - doch Besold beruft sich u.a. wiederum auf Camerarius und Crusius auf Wurstisen[22]. So bleiben also Aventin und Wurstisen als Kolporteure der Geschichte übrig, und wir sind damit auch am Ursprung der Geschichte - oder besser des Gerüchts - angelangt. Denn: Die *Basler Chronik* von Christian Wurstisen erschien 1577 in lateinischer und 1580 in deutscher Sprache, der bayerische Historiograph Johannes Aventinus (Johann Turmair von Abensberg) schloß seine *Annales ducum Boiariae*

---

benutzt: Ausgabe Altdorf 1591, Kapitel XVII; bereits 1608 und 1610 Übersetzungen ins Französische, 1621 und 1625 ins Englische, cf. Brückner, W. (ed.): Volkserzählung und Reformation. Ein Handbuch zur Tradierung und Funktion von Erzählstoffen und Erzählliteratur im Protestantismus. Berlin 1974, besonders 98 f.; Rehermann, E.H.: Camerarius, Philipp. In: Enzyklopädie des Märchens. Handbuch zur historischen und vergleichenden Erzählforschung. t. 2. ed. K. Ranke u.a. Berlin/New York 1979, 1158-1160.

21 Delrio, M.: Disquisitionum magicarum libri sex. (Löwen 1599/1600) Köln 1633, liber 4, cap. 3, quaestio 5, p. 588 a; cf. Fischer, E.: Die "Disquisitionum magicarum libri sex" von Martin Delrio als gegenreformatorische Exempel-Quelle. Diss. Frankfurt 1975, 295 f., num. 167; dies.: Delrio, Martin. In: Enzyklopädie des Märchens (wie not. 20) t. 3 (1981) 399-403.

22 Besold, Chr.: Thesaurus practicus [...]. Nürnberg 1959, pars altera, 551; Crusius, M.: Annales Suevici. Frankfurt 1595-96, 384 (für 1445); ders.: Schwäbische Chronik. Frankfurt 1738, 28 f.

1521 und deren deutsche Fassung, die *Baierische Chronik*, 1533 ab[23]; Quellen geben beide nicht an, Augen- bzw. Ohrenzeugen können sie auch nicht gewesen sein: Aventinus wurde 1477 erst geboren, also fast 40 Jahre nach dem von ihm beschriebenen Ereignis aus dem Jahr 1439, dem Aufenthalt der Roma in Bayern und der angeblichen Verbreitung der Geschichte, und bei Wurstisen liegen sogar circa 150 Jahre zwischen Abfassung seiner Schrift und den angeblichen Berichten der Roma 1422 in Basel. Zeitlich vor diesen beiden liegende Zeugnisse für die Geschichte sind bisher nicht entdeckt worden, alle zeitlich danach liegenden Zeugnisse führen letztlich auf Aventin zurück: Eine fatale Quellenlage für eine angeblich mündliche Erzähltradition.

Doch wir sind mit der Geschichte noch immer nicht ganz am Ende. Der Göttinger Professor Grellmann hatte die beiden Chronisten Wurstisen und Aventin als Quelle angegeben, aber er führte noch eine dritte an: den Presbyter Andreas aus Regensburg[24]. Mit ihm haben wir nun endlich eine der wenigen Personen gefunden, die zu der Zeit lebte, in der die

---

23 Wurstisen, Chr.: Bassler Chronick. Basel 1580, ccxl (für das Jahr 1422); im Verzeichnis der von ihm benutzten Schriften auch Aventinus aufgeführt; zu Wurstisen vgl. Zehnder, L.: Volkskundliches in der älteren schweizerischen Chronistik. Basel 1976, 67*, 369; 368-370 (Zusammenstellung der für Zigeuner relevanten Stellen in Schweizer Chroniken); Johannes Turmair's genannt Aventinus Sämmtliche Werke 1-6. ed. Bayerische Akademie der Wissenschaften. München 1881-1908, hier t. 3 (1884): Annales ducum Boiariae. ed. S. Riezler, 518; t. 5 (1886): Bayerische Chronik. ed. M. von Lexer, 572 f. Der Chronist Aventinus zeichnete sich einerseits durch intensives Archivstudium und Quellenkritik (z.B. Skepsis bei klösterlichen Gründungssagen) aus, andererseits übernahm er u.a. unkritisch die "Germania" des Tacitus für die Vorgeschichte Bayerns und blieb dem biblischen Bezugssystem verhaftet (z.B. wird der erste deutsche König zum Sohn Noahs), vgl. Dünninger, E.: Johannes Aventinus. Leben und Werk des bayerischen Geschichtsschreibers. Rosenheim 1977, bes. 28-32, 46, 54 f.; trotz Aventins Bemühungen erschienen die beiden Fassungen erst posthum: lateinisch: Ingolstadt 1554, Basel 1580 (1. vollständige Ausgabe), 1615, Frankfurt 1627, Leipzig 1710; deutsch: Frankfurt 1566, 1580, 1622, vgl. Johannes Aventinus. Baierische Chronik. ed. G. Leidinger. (Auf der Grundlage der Ausgabe Jena 1926). München 1988, 39 f.

24 Grellmann (wie not. 15) 214, not. 35 ("Andreas Presbyter, in Diar. sexennali, bey Oefelius 1, cit. pag. 21"); cf. zu Biographie und Werk des Presbyters Andreas: Andreas von Regensburg. Sämtliche Werke. ed. G. Leidinger. München 1903, bes. I-XVII.

Roma auftauchten und von der Aufzeichnungen aus diesem Zeitraum vorliegen. Sein Geburtsdatum ist unbekannt, 1401 trat er ins Kloster ein. Die entsprechende Passage bei ihm lautet[25]:

"Dieses Volk kam aus den Gebieten Ungarns her und sagte, sie leben in Verbannung zum Zeichen und zur Erinnerung an die Flucht des Herrn nach Ägypten, als er vor dem Angesicht des Herodes floh, der ihn suchte, um [ihn] zu töten".

Unglaublich, da hatte Professor Grellmann den Text nicht richtig gelesen, denn hier handelt es sich ja wohl kaum um eine Bestätigung des Gerüchts, sondern im Gegenteil um eine Entlarvung: Es ist von keiner vor 1500 Jahren begangenen Sünde die Rede, sondern von einer frommen Erinnerung an die Flucht der heiligen Familie nach Ägypten. Daß der Erwartungshorizont der Regensburger Geistlichen und anderer mitteleuropäischer Gelehrter jener Zeiten dazu führte, die Neuankömmlinge, die Roma, in das christliche Bezugssystem einzuordnen, ist nicht nur an diesem Beispiel ersichtlich. Konkret für unsere Geschichte veranschaulicht ein weiterer sehr früher Text dieses Denkraster, in einer Augsburger Stadtchronik zum Jahr 1417 heißt es[26]: "[...] do kamen Egiptenleut in das Land überall und wauren uss dem land, da unser fraw hinfloch, [...]". Fremde Länder wurden einfach durch bekannte, d.h. hier aus der Bibel vertraute Ortsbeschreibungen geographisch erläutert. Daß man nicht auf andere biblische Geschichten, z.B. Joseph in Ägypten, zurückgriff, sondern die Flucht der Heiligen Familie assoziierte, ist sicher durch die

---

25 Andreas von Regensburg (wie not. 24) 319 (für das Jahr 1424): "Hec gens a partibus Ungarie erat oriunda dicebatque se exulare in signum sive memoriam fuge domini in Egiptum, dum fugeret a facie Herodis, qui eum querebat ad occidendum".

26 Zitiert nach Winstedt, E.O.: Some Records of the Gypsies in Germany, 1407-1792. In: Journal of the Gypsy Lore Society 3. Serie 11 (1932) 97-111, hier 100; vgl. 105 f. (weitere Belege zur Nachtquartiersgeschichte in Chroniken: Chronica Alsatiae von 1592 und Strassburgische Chronik von Jacob Trausch um 1600).

Verwunderung der Mitteleuropäer über die Fremden ohne festen Wohnsitz zu erklären, die im Gegensatz zu anderen Fahrenden jener Zeit als Familien reisten.
Übrigens hatte sich auch schon Grellmann vor nunmehr 200 Jahren Gedanken über die Entstehung solcher Herkunftsgeschichten gemacht. Zunächst meint er - erstaunlicherweise - die Roma hätten auf die Frage, woher sie kämen, nur Ägypten ohne weitere Erklärung genannt und fährt dann fort[27]:

"Nun konnte es Pfaffen und Mönche, oder was sonst für Leute geben, die sich wunderten, warum sie [die Zigeuner] doch ein so heiliges Land verließen, wo ehedem die Mutter Gottes, mit dem Kinde Jesu und Joseph, Zuflucht gesucht hätten? Ob sich ihre Vorfahren nicht etwa gar bey dieser Gelegenheit versündigt, und - doch dem sey, wie ihm wolle!"

Diese Erkenntnis hinderte ihn allerdings nicht, an allen anderen Stellen seines Buches die Herkunftsgeschichte stets als Selbstäußerung der Roma hinzustellen.
Der Meinung Grellmanns, daß die Herkunftsgeschichte nicht von den Roma ausgegangen war, ist zuzustimmen. Die Geschichte von der verweigerten Herberge ist gelehrten Kreisen mit meinungsschaffender Funktion zu verdanken, und sie wurde von ebensolchen Kreisen fast 500 Jahre lang auf das Sorgfältigste tradiert. Höchstwahrscheinlich heißt der erste dieser Gelehrten Aventin, auf den sich letzten Endes alle Texte bezogen. Vermutlich hatte er, dessen Chronik äußerst polemisch und feindselig gegenüber den Roma abgefaßt ist, sich exakt wie Grellmann an der gleichen Stelle im Manuskript seines Regensburger Kollegen Andreas verlesen oder ähnliche Stellen wie in der Augsburger Stadtchronik uminterpretiert - was im übrigen auch gut in sein Konzept paßte - und damit ein für die Roma verhängnisvolles Gerücht in die Welt gesetzt.

---

27 Grellmann (wie not. 15) 214 f.

Für die Herkunft und das Weiterleben der Geschichte als spezifisch gelehrte Tradition spricht paradoxerweise die Popularität und Volkstümlichkeit eines anderen Überlieferungsstranges zum Thema 'Die Heilige Familie auf der Flucht nach Ägypten'. Im Neuen Testament ist die Kindheit Jesu nur äußerst knapp dargestellt, und so entstanden schon früh apokryphe Evangelien wie das *Evangelium Infantiae Salvatoris Arabicum* (5./7. Jahrhundert) und das *Pseudo-Matthäus-Evangelium*, in denen die Bibelstellen mit zahlreichen legendenhaften Geschehnissen ausgeschmückt wurden: Es interessierte, wer die Eltern Marias waren, wie sich Jesus als Kind verhielt, wovon die Heilige Familie in Ägypten ihren Lebensunterhalt bestritt usw. Seit dem 13./14. Jahrhundert liegen solche Erzählungen, darunter Geschichten von der Flucht der Heiligen Familie, zusammengefaßt vor[28]. Als Zyklus oder als Einzelepisoden wurden die Ereignisse der Flucht nicht nur schriftlich festgehalten, sondern auch erzählt und gesungen - viele Legendenerzählungen und -lieder zeugen davon[29]. Der Verbreitung förderlich waren Volksbücher und Flugblattdrucke, z.B. erschien 1474 das Buch *Von der Kindheit und dem Leiden unseres Herrn Jesu Christu*[30]. Dabei ist von Zigeunern allerdings nirgends die Rede. Eine Episode handelt von der Herbergssuche der Heiligen Familie während der Flucht: Sie findet gastliche Aufnahme in einem

28 Masser, A.: Bibel, Apokryphen und Legenden. Geburt und Kindheit Jesu in der religiösen Epik des deutschen Mittelalters. Berlin 1969, bes. 249-269 (Die Flucht nach Ägypten), vgl. 325 (Register: Flucht nach Ägypten).

29 Moser, D.-R.: Die Hl. Familie auf der Flucht. Apokryphe Motive in volkstümlichen Legendenliedern. In: Rheinisches Jahrbuch für Volkskunde 21 (1973) 255-328 (mit Belegen zu Erzählung und Lied); vgl. Erk, L./Böhme, F.W.: Deutscher Liederhort 3. Leipzig 1894, num. 1950; Child, F.J.: The English and Scottish Popular Ballads 2. New York ³1965, num. 55; Schmidt, L.: Die Kornfeldlegende. Ein apokryphes Motiv von der Flucht nach Ägypten in Volkserzählung, Volkslied, Schauspiel und bildender Kunst. In: ders.: Die Volkserzählung. Berlin 1963, 259-264.

30 Weitere Auflagen 1476, 1481, 1494, 1502 u.ö., vgl. Reinsch, R.: Die Pseudo-Evangelien von Jesu und Maria's Kindheit in der romanischen und germanischen Literatur [...]. Halle 1879, 119 f.

Räuberhaus, in dem Maria den kranken Sohn des Räubers heilt; dieser Sohn ist Dismas, der gerechte Schächer, der neben Jesus gekreuzigt werden wird. In Ägypten, so heißt es oft, fand die Heilige Familie Quartier bei einem armen Mann, nachdem sie zuvor ein Reicher abgewiesen hatte. Diese Geschichten sind seit dem Mittelalter in ganz Europa verbreitet; vor allem in katholischen Ländern mit intensiver Marienverehrung sind darüber hinaus bis heute zahlreiche Ätiologien bekannt, die davon erzählen, wie Maria Pflanzen oder Tiere segnet, die der Familie Schutz vor der Sonne oder vor Häschern boten, oder umgekehrt von der Verfluchung Marias, wenn sie nicht geholfen haben[31]. Obwohl die Schilderung der Flucht nach Ägypten, diese Aneinanderreihung von Episoden, viele Einschubmöglichkeiten geboten hätte, scheint die Geschichte vom Nachtquartier, das die Zigeuner Maria und Jesu verweigert haben sollen, in diese Überlieferungen nicht aufgenommen worden zu sein. Der erste Beleg der Geschichte, sozusagen einer neuen, selbständig auftretenden Episode zum Komplex 'Flucht nach Ägypten', bleibt bisher die Aussage des Chronisten Aventin, und ihr Weiterleben als Erzählung der Roma hat vermutlich im Kontext 'Zigeunerliteratur' stattgefunden.

Doch ist eine Geschichte anzuführen, die zwar nicht mit der Herbergsverweigerung, aber doch mit der Flucht nach Ägypten verbunden ist und eine ähnliche Verwünschung Marias enthält. In seinen *Culturhistorischen Bildern aus Böhmen* von 1879 berief sich Josef Svátek auf Akten eines Prozesses, der gegen eine 1747, also über 100 Jahre früher, "gefänglich

31 vgl. Cardoso, C.L.: Die "Flucht nach Ägypten" in der mündlichen portugiesischen Überlieferung. In: Fabula 12 (1971) 199-211, 206 (über die Berufsstände Schmiede und Maurer); Krzyżanowski, J.: Polska bajka ludowa w układzie systematycznym 2. Wrocław / Warszawa / Kraków 1963, num. 2651 (Espe, Haselholz), vgl. auch num. 2442 (Kornlegende, Übernachtung im Räuberhaus), num. 2443 (Jesus formt Vögel aus Lehm); Setka, J.: Majka Božja u hrvatskim narodnim pjesmama. In: Kačić 2 (1969) 301-392, hier 314 sq. (für den Hinweis danke ich Maja Bošković-Stulli, Zagreb); Bošković-Stulli, M.: Povijest hrvatske književnosti 1. Zagreb 1978, 76 f.; Dähnhardt, O.: Natursagen. Eine Sammlung naturbedeutender Sagen, Märchen, Fabeln und Legenden. t. 2: Sagen zum Neuen Testament. Leipzig / Berlin 1909, 22-70.

eingezogene Truppe" geführt wurde[32]. Darunter sei ein Junge gewesen, der abgestritten hätte, wie die anderen ein Zigeuner zu sein, und der auf die Frage "Wie weißt du es, daß es Zigeuner sind?" geantwortet hätte: "Sie sind es halt schon; als nämlich die Jungfrau Maria auf Erden in Egypten wandelte, hießen sie sie eine Landstreicherin, worauf sie ihnen sagte: So wie ich jetzt auf Erden herumwandle, so werdet auch ihr ewig auf der Welt herumziehen müssen, und so ist es bis heute". Quellen für die Prozeßakten gab Svátek nicht an, während er ansonsten als Literatur Aventin, Grellmann usw. anführte und die bekannte Geschichte vom verweigerten Nachtquartier gleich zweimal brachte.

Nur kurz weise ich auf eine weitere Überlieferung von der Flucht der Heiligen Familie hin, die ebenfalls mit den Roma verbunden ist. Achim von Arnim brachte seinem Freund Clemens Brentano von einer Italienreise ein Volkslied mit: *La Zingara*, das Brentano ins Deutsche übersetzte und 1808 unter dem Titel *Die Zigeunerin* publizierte[33]. Es ist ein Dialog zwischen einer Zigeunerin und der Jungfrau Maria. Die Zigeunerin bietet der Heiligen Familie ehrfurchtsvoll ihre armselige Behausung als Obdach an, liest zunächst Maria ihre Vergangenheit und Zukunft aus der Hand und sagt dann das Schicksal Jesus bis zur Auferstehung und Himmelfahrt voraus. Diese Legendendichtung schien in Italien weit verbreitet: Aus Palermo stammt die erste bisher bekannte, zwischen 1750 und 1760 gedruckte Fassung *Zingaredda indivina, ciò, che piamente si può contemplare, quando la B. Vergine con Gesù, e S. Giuseppe se n'andava fuggitiva in Egitto* [...], 1820 berichtete Wilhelm Müller, daß er in Rom nach einem Kirchenbesuch eine szenische Aufführung im Freien erlebte und ein fliegendes Blatt mit dem Text erwarb, 1890 erzählte ein englischer Reisender, daß dieser Traktat an jedem Bücher

32 Svátek, J.: Culturhistorische Bilder aus Böhmen. Wien 1879, 273-311, hier 300 f. (Zitat), 279 und 285 (Nachtquartier).

33 Zeitung für Einsiedler 9 (30. April 1808); vgl. Clemens Brentano Werke 1. ed. W. Frühwald/B. Gajek/F. Kemp. München 1968, 188-194, 1080 f.

stand in Italien zu finden sei[34]. Die Dichtung geht nach Hans-Dieter Niemandt auf spanische Traditionen zurück, und zwar auf ein geistliches Schauspiel von Lope de Vega (1562-1635), *La Vuelta de Egipto*, das nach Texten apokrypher Evangelien die Rückkehr der Heiligen Familie aus Ägypten schildert und inhaltlich in der Voraussage des Schicksals Jesu der italienischen Legende entspricht: Eine 'Gitana Fenisa' ist hier die Wahrsagerin, wobei zur Zeit von Lope de Vega gitana sowohl Zigeunerin wie Ägypterin bedeuten könne[35]. Als Beleg für ein Weiterleben in Spanien führt Niemandt einen Text aus einer andalusischen Sammlung von 1861 an, der allerdings kürzer sei und wie ein Bruchstück erscheine[36].

Eine rezente Erzählung der Roma selbst zur Flucht der Heiligen Familie nach Ägypten stammt aus Portugal. Eine Frau erzählte, wie einst in Ägypten die Heilige Familie unter den Roma Zuflucht vor Häschern fand und gerettet wurde, über Wunder, die geschahen, und wie Maria die Roma geliebt und sie vieles gelehrt habe, darunter ein Weihnachtskuchenrezept. Die Erzählerin fügte hinzu, daß manche Roma auch sagten, Maria selbst sei eine Rom-Frau gewesen[37].

Es existierten also auch Traditionen, die der Geschichte vom verweigerten Nachtquartier diametral entgegenstanden und die Roma keineswegs negativ in das christliche System einbezogen. Denn was bedeutete die Geschichte von der verweigerten Herberge in einer äußerst stark religiös geprägten Welt? - Ich erinnere nur an die Hexenverfolgungen und -ver-

34 vgl. Niemandt (wie not. 2) 179-181; Müller, W.: Rom, Römer und Römerinnen. Eine Sammlung vertrauter Briefe 1. Berlin 1820, 176.

35 Niemandt (wie not. 2) 59.

36 Caballero, F.: Cuentos y poesías populares andaluces. Leipzig 1861, 281, zitiert nach Niemandt (wie not. 2) 289 f.; vgl. ders.: Legends of the Gypsy and the Holy Family. In: Journal of the Gypsy Lore Society Third Series 37 (1958) 74; Partington, R.: The Gypsy and the Holy Family. ebenda 35 (1956) 1-11; dies.: More Legends of the Gypsy and the Holy Family. ebenda 38 (1959) 75 f.

37 Serra, J.P.: Filhos da estrada e do vento. Contos e fotografias de ciganos portugueses. Lisboa 1986, 62 f. (für diesen Hinweis danke ich Milena Hübschmannová, Prag).

brennungen in Mitteleuropa vom Ende des 15. Jahrhunderts bis ins 18. Jahrhundert. Mit der Geschichte wurden den Roma nicht allein zeitgenössische Verfehlungen vorgeworfen - wie: sie verbreiten Lügen über ihre Herkunft -, sondern es fand eine generelle Schuldzuweisung im Rahmen der herrschenden christlichen Ideologie statt, ein Volk wurde kollektiv für Untaten beschuldigt, die ihre angeblichen Vorfahren vor 1500 Jahren begangen haben sollten. Mag das auch später keinen Glauben bei den Autoren in den Studierstuben gefunden haben, in der alltäglichen Welt sah es sicher anders aus. Auch die Geschichte vom verweigerten Nachtquartier konnte zur Rechtfertigung dafür dienen, Roma und Sinti an den Rand der christlichen Gesellschaft zu drängen, ihre Außenseiterposition zu verstärken.

Nach dem gleichen Schema entstanden vermutlich noch weitere Geschichten, die wiederum von Seiten der Roma Gegenversionen hervorriefen, z.B. Geschichten von der Abstammung der Roma von Kain bzw. Ham, oder aber die verbreitete, inzwischen als Rom-Erzählung in Märchenbände eingegangene Geschichte von den Nägeln für die Kreuzigung Christi, welche angeblich die Roma geschmiedet haben sollen. Die Angriffsversion solcher Geschichten konnte in ähnlicher Funktion wie antijüdische Erzählungen eingesetzt werden: Die Gesellschaft fand einen Sündenbock. Ein Beispiel mit Parallelen zur Nachtquartiersgeschichte bietet die antisemitische Erzählung von Ahasverus, dem ewig wandernden Juden. Von christlicher Seite aus seit dem Mittelalter in verschiedenen Ausformungen international verbreitet, fand diese Geschichte 1602 den folgenden Inhalt[38]:

Der Bischof von Schleswig traf 1542 in seiner Jugendzeit im Hamburger Dom auf einen merkwürdigen Besucher, der ihm erzählte, er sei der ewige Jude, sei Schuhmacher von Beruf und stamme aus Jerusalem. Zur

38 Schnitzler, O.: Ewiger Jude. In: Enzyklopädie des Märchens (wie not. 20) t. 4 (1984) 577-588, hier 582.

Strafe für seine Weigerung, Christus auf dem Weg zur Kreuzigung vor seinem Haus ausruhen zu lassen, müsse er ewig wandern.

Dies steht in einem Pamphlet, das als lokale Tendenzschrift dagegen gerichtet war, den aus Spanien geflüchteten Juden Ansiedlungsrechte in Hamburg und Umgebung zu gewähren[39]. Diese Schrift erfuhr in den ersten beiden Jahren ihres Erscheinens über ein Dutzend Auflagen, wurde bald vor allem in westeuropäische Sprachen übersetzt und diente dem 'Volksbuch' *Ahasverus, der ewige Jude* als Grundlage[40].
Während Liebich 1863 den Ewigen Juden als Vergleich zur Geschichte vom verweigerten Nachtquartier bringt und auch Carl Hopf 1870 nur schreibt, in seinen Grundzügen klänge dieses 'neuausgeklügelte Märchen der Zigeuner' an die Sage vom Ewigen Juden an[41], so produzierte Schwicker 1883 eine neue Fassung der Geschichte, in der er die Sage vom Ewigen Juden nun auch noch die Roma selbst erzählen läßt[42]:

Die Zigeuner hätten sofort die 'Mär' verbreitet, "sie [...] müßten gleich dem 'Ewigen Juden' durch einen Fluch Gottes ruhe- und heimatlos auf Erden wandern. Wie Ahasveros dem Heilande, der unter der Kreuzeslast zu Boden sank, die kurze Rast nicht vergönnt, so hätten auch ihre (der Zigeuner) Väter das Jesuskind, als es vor den Nachstellungen des Königs Herodes nach Egypten geflüchtet war, zurückgewiesen und dasselbe verstoßen."

Die Fassung Schwickers steht bisher vereinzelt da.

---

39 ebenda, 583.

40 ebenda.; Petzoldt, L.: Historische Sagen 2. München 1977, num. 307; Anderson, G.K.: The Legend of the Wandering Jew. Providence 1965.

41 Liebich (wie not. 13) 12; Hopf (wie not. 6) 38.

42 Schwicker (wie not. 7) 7.

Das war die lange Geschichte einer einzelnen Geschichte. Vor allgemeineren Aussagen über Selbstäußerungen oder Außenbilder hielt ich es für wichtig, nicht pauschal, sondern mit einem konkreten Beispiel in die Problematik einzusteigen. Das Resultat im vorliegenden Fall: Auch die Geschichte vom verweigerten Nachtquartier ist wie die Erzählung Ferdousis ein Außenbild, das als Stereotyp zum Standardrepertoire der 'Zigeunerliteratur' gehört.

Da wird also eine Geschichte in die Welt gesetzt und wieder und wieder abgedruckt. Einer verläßt sich auf den anderen. Und am Ende der langen Kette gibt es so viele Bücher, in denen diese Geschichte steht, daß keiner am Wahrheitsgehalt zweifelt. - Noch einmal die Hauptstationen: Von den Chroniken des 16. Jahrhunderts wanderte die Nachtquartiersgeschichte als angebliche Selbstaussage der Roma am Ende des Jahrhunderts in die humanistisch-protestantische Geschichts- und in die katholische Traktatliteratur, Mitte des 17. Jahrhunderts findet sie sich in einer Barockdissertation, gelangt in die Kuriositäten- und Magica-Buchproduktion, im 18. Jahrhundert wird sie für ein bürgerliches Publikum durch Lexika popularisiert, vom Ende des 18. Jahrhunderts bis ins 20. Jahrhundert ist sie fester Bestandteil der Bücher zum Thema 'Zigeuner'.

Diese Art der Überlieferung ist keineswegs ein ungewöhnlicher Weg für eine Geschichte, sogar ein sehr üblicher und gängiger - manchmal ist der Weg sehr viel länger, wenn auf Geschichten aus der Antike zurückgegriffen wird. Das Werk des Chronisten Aventin z.B. diente späteren Kompilatoren auch als Quelle für andere Geschichten; oder Legenden, die über Martin Luther erzählt wurden, wiederholen sich ebenfalls in zahlreichen Büchern[43]. Doch ein wesentlicher Unterschied ist festzustellen: Während viele der Geschichten aus den Chroniken des 16. und früherer Jahrhunderte im 19. Jahrhundert als Sagen, also fiktive Texte, in die zahllosen Sammlungen dieser Gattung eingehen - z.B. nahmen die Brüder Grimm für ihre *Deutschen Sagen* (1816) "rund 215 der 585 Num-

---

43 vgl. Brückner (wie not. 20) siehe Namenregister: Aventin, Motivregister: Luther.

mern aus Geschichtswerken und Chroniken, ca 125 aus der Kuriositätenliteratur und den barocken Landesbeschreibungen"[44] -, so wurde die angeblich von den Zigeunern selbst erzählte Nachtquartiersgeschichte keineswegs als Fiktion, sondern als realer Erzählakt der Roma in den 'Sachbüchern über Zigeuner' unverändert weitertradiert und fand als 'Sachinformation' ihren Weg in die verschiedensten Bereiche. Die Romantiker Achim von Arnim (1781-1831) und Clemens Brentano (1778-1842) z.B. kannten und benutzten beide Grellmanns Werk *Historischer Versuch über die Zigeuner*, das sich in der Bibliothek Brentanos befand[45]. Es diente als Quelle für Schilderungen des Zigeunermilieus in Brentanos 1817 in Fortsetzungen erschienener Erzählung *Die mehreren Wehmüller und ungarischen Nationalgesichter*[46], Arnim hatte sich für die 1812 veröffentlichte Erzählung *Isabella von Ägypten* u.a. von Cervantes, Grimmelshausen und auch Grellmann anregen lassen[47]. Beide Dichter waren von der Geschichte der Herbergssuche der Heiligen Familie auf der Flucht fasziniert, beide griffen nicht auf die ihnen wohlbekannte Tradition des italienischen Volksliedes *La Zingara* zurück, sondern auf die Geschichte vom verweigerten Nachtquartier. In Arnims *Isabella von Ägypten* wird die Geschichte zu einer Dichtung über die Erlösung von ei-

---

44 Brückner, W.: Chronikliteratur. In: Enzyklopädie des Märchens (wie not. 20) t. 3 (1981) 1-15, 8 (Zitat).

45 vgl. Clemens und Christian Brentanos Bibliotheken. Die Versteigerungskataloge von 1819 und 1853. ed. B. Gajek. Heidelberg 1974, 82, num. 525 (in der Erstauflage von 1783).

46 Frühwald, W.: Die mehreren Wehmüller und ungarischen Nationalgesichter. In: Kindlers Neues Literaturlexikon 3. München 1989, 141 f.; Heltmann, A.: Rumänische Verse in Clemens Brentanos Novelle "Die mehreren Wehmüller und ungarischen Nationalgesichter". In: Korrespondenzblatt des Vereins für Siebenbürgische Landeskunde 49 (1926) 81-104.

47 Arnim, A. von: Sämtliche Romane und Erzählungen 2. ed. W. Migge. München 1963, 896; Baake, D.: Isabella von Ägypten. Kaiser Karl des Fünften erste Jugendliebe. In: Kindlers Neues Literaturlexikon 1. München 1988, 733 f.; Völker, L.: Naturpoesie, Phantasie, Phantastik. In: Romantik. ed. E. Ribbat. Königstein 1979, 114-137; Ebhardt, W.: Die Zigeuner in der hochdeutschen Literatur bis zu Goethes "Götz von Berlichingen". (Diss. Göttingen) Allendorf 1928, 121 f.

ner Erbschuld: Isabella, die Tochter des unschuldig gehenkten Zigeunerkönigs Michael, und ihr Sohn führen schließlich das zerstreute Volk der Zigeuner in das Land der Pyramiden zurück, das es einst wegen der Herbergsverweigerung hatte verlassen müssen. Brentano steigerte die Herbergsverweigerung durch Zigeuner zu einem Mordkomplott gegen die Heilige Familie; das Ehepaar, welches das Verbrechen plante, wird zum Urelternpaar der Zigeuner, über welche die Heilige Jungfrau Maria den Erbfluch ausspricht. Nach 1200 Jahren erbarmt sich Maria, weil ihr die Zigeunerin Lilith einst auf der Flucht eine Rose schenkte. Diese Prosaentwürfe zu dem unvollendeten Epos *Romanzen vom Rosenkranz* (entstanden zwischen 1802 und 1812) hatte Brentano nicht publiziert und nicht ausgearbeitet[48]. Um die problematische Reichweite der existierenden 'Zigeunersachliteratur' zu veranschaulichen, führe ich nicht Beispiele von Autoren an, die in altbewährter Manier Zigeunerklischees suchten, fanden und aneinanderreihten, sondern nenne als Beispiel den Schriftsteller und Philosophen Walter Benjamin (1892-1940). Er verfaßte 1928-32, in den Jahren vor seiner Emigration aus dem nationalsozialistischen Deutschland, Rundfunkbeiträge für Kinder und Jugendliche, eine von ihm ungeliebte Arbeit zum Broterwerb. Für seinen Beitrag *Die Zigeuner* griff er auf die vorhandene

48 Clemens Brentano Werke (wie not. 33) 1213 f.; vgl. Bhatti, A.: Romanzen vom Rosenkranz. In: Kindlers Neues Literaturlexikon 3. München 1989, 145 f.; Ebhardt (wie not. 47) 119 f. Ebenfalls in Brentanos wie auch in von Arnims Besitz befand sich das Werk Wagenseils (wie not. 10), der sehr ausführlich auf die Geschichte vom verweigerten Nachtquartier einging und von den Zigeunern meinte, sie seien in Wirklichkeit Juden, die sich im 14. Jahrhundert verborgen und nach 50 Jahren wieder zum Vorschein gekommen wären. Wagenseil ist meines Wissens bisher noch nicht als Quelle Brentanos oder Arnims untersucht worden. Wie das Buch Grellmanns erschien auch das Werk Wagenseils im Auktionskatalog von 1819, vgl. Clemens und Christian Brentanos Bibliotheken (wie not. 45) 77, num. 471, vgl. 17 (für das Wagenseil-Exemplar aus Arnims Bibliothek ist ein Vorbesitz Brentanos noch nicht völlig gesichert); im Nachlaßkatalog von 1853 erscheinen übrigens das Betrugslexikon von Hönn (wie not. 16) in zwei Ausgaben, Delrio (wie not. 21) in mehreren Exemplaren und Anhorn (wie not. 19), vgl. Clemens und Christian Brentanos Bibliotheken (wie not. 45) 313, num. 3023, 3024; 319, num. 3125-3127; 316, num. 3070.

Literatur zum Thema zurück und reproduzierte zum Teil Altbekanntes, darunter auch die Nachtquartiersgeschichte als Erfindung der Zigeuner. 1985 wurden die Rundfunkbeiträge Benjamins zum ersten Mal gedruckt, unter dem Titel *Aufklärung für Kinder*[49].

III

Auch der folgende kurze Überblick über Erzählungen in deutschsprachigen Werken vom Ende des 18. Jahrhunderts bis 1900, die das Thema Zigeuner behandeln, weist auf das Phänomen einer ungebrochenen Kontinuität der Tradierung von Aussagen hin und zeigt, wie Kirsten Martins-Heuß es formulierte, "daß die Zigeunerforschung oftmals die mehr oder minder kunstvoll gehandhabte Technik des Plagiats ist"[50]. Was lag an Märchen und anderen Erzählungen der Sinti und Roma vor, was war also der deutschsprachigen Öffentlichkeit im 19. Jahrhundert zugänglich? Hier ist zwischen ethnographischen Werken, sprachwissenschaftlichen Arbeiten und den eigentlichen Sammlungen traditioneller Erzählungen zu unterscheiden.

Allgemein springt bei den ethnographischen Werken eine ermüdende Einförmigkeit ins Auge, die sich auf eine mehr oder weniger starke Rezeption des bereits erwähnten Grellmannschen Werkes, dem *Historischen Versuch über die Zigeuner* in der Auflage von 1787, zurückführen läßt.

---

49 Walter Benjamin. Aufklärung für Kinder. Rundfunkvorträge. ed. R. Tiedemann. Frankfurt (Main) 1985, 103-108, 105 (Nachtquartiersgeschichte). Benjamin (107) erwähnt ein 'unfreundliches Buch' eines Schulmeisters, hier handelt es sich um Tetzner (wie not. 14). Intensiver hat Benjamin auf Liebich (wie not. 13), ohne ihn zu nennen, zurückgegriffen, vgl. z.B. Benjamin, 108 (kein Zigeunerwort für Freude) = Liebich, 12 f., not. 2; 104 (Schatzheben, Pferdebehandlung) = Liebich, 66-71; 108 (Tabuvorschriften, Trinkbecher) = Liebich, 84, 95; 108 (Versöhnung durch in die Luft geworfenes Papier) = Liebich, 96 f. Für den Hinweis auf den Beitrag Benjamins danke ich Astrid Stegelmann, Hamburg.

50 Martins-Heuß, K.: Zur mythischen Figur des Zigeuners in der deutschen Zigeunerforschung. Frankfurt 1983, 59.

Der Göttinger Professor hatte die Literatur zum Thema aufgearbeitet und sich wiederum umfangreich bei Arbeiten anderer Autoren bedient. So hatte er ca 180 Seiten (!) seines Buches, das ist der erste Teil: *Beschreibung der Zigeuner nach ihrer Lebensart, ihren Sitten und Eigenschaften*[51], mitsamt den Überschriften einer Zeitschrift entnommen, und zwar den *Kayserlich-Königlich privilegierten Anzeigen aus sämtlichen K.K. Erbländern* in den Jahrgängen 1775 und 1776 - mal sinngemäß, mal wörtlich. Dieser Nachweis ist Martin Ruchs sehr informativer Dissertation zur deutschsprachigen Zigeunerforschung zu verdanken[52]. In der anonym als Fortsetzungsserie erschienenen Abhandlung der *Kayserlich-Königlich privilegierten Anzeigen* ging es um Romgruppen in Südosteuropa, doch Grellmann verallgemeinert und spricht meist nur von 'den Zigeunern', wie es auch sein Titel suggeriert: So avancierte also die Darstellung südosteuropäischer Romgruppen zur Charakterisierung des Zigeuners überhaupt, und das international, denn bereits um 1800 entstanden englische, französische und niederländische Übersetzungen von Grellmanns Werk[53]. Grellmann und seine Nachfolger betrachteten nun 'die Zigeuner' als ein Volk mit gemeinsamen unveränderlichen und meist negativen Merkmalen. In kaum vorstellbarer Weise wurden die Klischees stereotyp weitervermittelt. Ein Beispiel: Im Kapitel Religion demonstrierte Grellmann (1787)[54] religiöse Gleichgültigkeit der Roma mit der Erzählung von der Speckkirche der Roma - die Argumentation samt Erzählung findet sich wieder bei von Heister (1842), Reinbeck

51 Grellmann (wie not. 15) 19-199.

52 Ruch (wie not. 10) bes. 104-110.

53 vgl. Black, George F.: A Gypsy Bibliography (Gypsy Lore Society Monographs 1). London 1914, num. 1721 (englisch 1787), num. 1722 (französisch 1788), num. 1723 (niederländisch 1791), num. 1724 (englisch 1807), num. 1725 (französisch 1810), vgl. num. 1073 (größtenteils verkürzende Übersetzung der 2. Auflage von Grellmanns Werk ins Polnische [1824], die wiederum ins Russische übersetzt wurde).

54 Grellmann (wie not. 15) 143.

(1861), Schwicker (1883) und von Kittlitz (1885)[55]. Von dieser Erzählung 'Warum die Zigeuner keine Kirche haben' gibt es verschiedene Versionen; ich zitiere Grellmann:

"Es ist daher ein sehr gemeines Sprichwort bey den Walachen in Siebenbürgen, daß die Kirche der Zigeuner aus Speck gebauet, und von den Hunden gefressen worden sey".

Seit Mitte des 19. Jahrhunderts findet sich die Geschichte in Sammlungen von rumänischen und siebenbürgischen Volkserzählungen abgedruckt: als rumänische Erzählung aus der Bukowina, als sächsische (oder rumänische?) aus Siebenbürgen (über Walachen und Zigeuner), als rumänische aus dem Banat, hier von einem Geistlichen erzählt[56]. In diesen Texten besaßen die Zigeuner eine Kirche aus Stein, tauschten sie jedoch gegen die Speck-/Käse-Kirche der Walachen und aßen sie auf. Um 1900 publizierte der serbische Folklorist Tihomir R. Djordjević folgende Variante als Erzählung der Roma aus Serbien und fügte hinzu: "Dieselbe Erzählung habe ich von zehn Seiten sowohl von Serben als von Zigeunern her"[57]. Die Variante lautet:

---

55 von Heister (wie not. 6) 69; Reinbeck, E.: Die Zigeuner. Eine wissenschaftliche Monographie nach historischen Quellen bearbeitet [...]. Salzkotten/Leipzig 1861, 88; Schwicker (wie not. 7) 147; von Kittlitz (wie not. 7) 380.

56 cf. Bolte, J.: Staufer Sammlung rumänischer Märchen aus der Bukowina. In: Zeitschrift für Volkskunde 9 (1899) 84-88, hier 85; Haltrich, J.: Sächsische Volksmärchen aus Siebenbürgen. ed. H. Markel. Bukarest 1972, num. [125]; Müller, F./Orend, M.: Siebenbürgische Sagen. Göttingen 1972, p. 268, num. 328; Schott, A. und A.: Rumänische Volkserzählungen aus dem Banat. ed. R.W. Brednich/I. Taloş. Bukarest 1975, num. 42, vgl. p. 323 ("Aus illyrischem Mund, aber auch in deutscher Sprache").

57 Gjorgjević, T.R.: Die Zigeuner in Serbien 1. Diss. Budapest 1903, 43 f., er bringt keine selbstaufgezeichnete Variante, sondern zitiert Milićević, M. Dj.: Život Srba seljaka (Das Leben des serbischen Landmannes). In: Srpski etnografski zbornik 1 (1894) 103.

"Einst erbauten die Zigeuner eine Kirche aus Stein, die Serben eine aus Käse. Und sie trafen eine Abmachung auf den Umtausch der Kirchen: die Zigeuner übergaben ihre steingebaute Kirche den Serben und die Serben den Zigeunern ihre Käsekirche und als Draufgabe fünf Paras, doch beglichen sie diese Summe nicht sofort, sondern blieben sie schuldig. Da die Zigeuner hungrig waren, fiengen sie nach und nach an, ihre Kirche aufzuessen [...] und auf diese Weise blieben sie ohne Kirche; wegen jener 5 Paras aber, die ihnen die Serben schuldig geblieben waren, gehen sie umher bei den Serben betteln."

Wurde mit dieser Version eine andere gekontert?[58] Es ist erstaunlich, wie zäh sich einzelne Geschichten mitsamt ihrem Interpretationsmuster halten und zur Beschreibung eines 'Volkscharakters' eingesetzt werden. Auch im 20. Jahrhundert taucht diese Geschichte wieder auf und wird ebenfalls zur Illustrierung des 'wahren Zigeunerglaubens' eingesetzt[59]. Doch zurück nach Mitteleuropa ins 19. Jahrhundert: Zeigten sich zwischen dem statischen 'Zigeunerbild' und der mitteleuropäischen Realität Widersprüche, dann sagte man, es seien eben keine 'wahren Zigeuner', keine 'echten Zigeuner'. Als Folgen dieser Rekonstruierung eines 'echten Typus'[60] ergaben sich schon früh Klagen der Autoren über den

58 vgl. weitere Varianten: Yates, D.E.: A Book of Gypsy Folk-Tales. London 1948, p. 96 f., num. 20 (aufgezeichnet von serbisch-bosnischen Roma durch A. Petrović); Tong, D.: Gypsy Folktales. San Diego/New York/London 1989, 103 f. (= Variante von Djordjević [wie not. 57], in englischer Übersetzung von 1936), 231 (argentinische Variante von Lolo Vitróvič); Gaster, M.: Ţiganii ce 'şi au mâncat biserica. In: Revista pentru istorie, arheologie şi filologie 1 (1883) 469-475 (u.a. Hinweis auf eine Version der Erzählung in Versen von 1850 des rumänischen Schriftstellers Anton Pann).

59 Mode/Wölffling (wie not. 8) 78, ein Beispiel, daß auch engagierte Wissenschaftler - sie waren nach dem 2. Weltkrieg unter den ersten deutschen Autoren, die eine Reihe von falschen Aussagen über Zigeuner korrigierten - zum Teil alten Bildern und Geschichten verhaftet blieben.

60 Schwicker (wie not. 7) 28 (zu 'nomadischen Zigeunern', "die den echten Typus ihrer Nationalität am meisten bewahrt haben"); Liebich (wie not. 13) 113 ("denn ein echter, wahrer Zigeuner ist der Typus aller andern").

Verfall alter Sitten und Bräuche der Zigeuner[61], oder Aussagen wie "Unsere Zigeuner [...] sind nur noch Ueberreste früherer Zeiten"[62] sowie die Prophezeiung über ihr baldiges Verschwinden[63].

Abgesehen von den zur Herkunft der Roma tradierten Ätiologien zeigen die ethnographischen Werke verschiedene Stufen im Umgang mit Volkserzählungen. Zwar findet sich bei Grellmann ein 'Kulturkapitel', doch dieses zeigt, daß er bzw. sein anonymer Vorgänger um 1775/76 noch nichts von Johann Gottfried Herder und dem Begriff 'Volkspoesie' gehört hatte bzw. hatte hören können, denn er erwähnt - sehr interessant - eine Improvisationskunst im Stegreifdichten -, wertet diese jedoch den Kriterien für Kunstdichtung entsprechend ab[64]. Ähnlich verfährt noch 50 Jahre später von Heister, der auf eigene Liedtraditionen der Roma und auf Rom-Marionettenspieler in der Moldau und Walachei hinweist[65]. Reinbeck (1861) gab die interessante Information, daß es eine eigene

61 Mühl, G.: Die Zigeuner im Elsaß und in Deutschlothringen. In: Der Salon für Literatur, Kunst und Gesellschaft 1 (1874) 90-104, hier 98, auch 104.

62 Tetzner (wie not. 14) VIII; vgl. auch Aussagen in späteren Sagensammlungen, z.B. Jungbauer, G.: Böhmerwald-Sagen. Jena 1924, 209: "Das waren eben noch echte Zigeuner aus Ägypten [!], die heutigen sind ein Gesindel, das nur das Stehlen und Betrügen versteht".

63 von Heister (wie not. 6) 6 (u.a. Klage über Konformität der Gegenwart und Zukunft); Schwicker (wie not. 7) 186 f. ("Der Zigeunerstamm ist in Ungarn und Siebenbürgen im Aussterben begriffen [...]"); sehr ähnlich klingen im 19. Jahrhundert die Klagen der Sammler von deutschen Überlieferungen über ein Aussterben der Erzähler, vgl. z.B. Köhler-Zülch, I.: Ostholsteins Erzählerinnen in der Sammlung Wilhelm Wissers: ihre Texte - seine Berichte. In: Fabula 32 (1991) 94-118, hier 95; dies./Shojaei Kawan, Chr.: Les frères Grimm et leurs contemporains. Quelques réflexions sur l'adaptation des contes traditionnels dans le contexte socio-culturel du XIXe siècle. In: Görög-Karady, V.: D'un conte...à l'autre. Paris 1990, 249-260, hier 251 f. und allgemein zum Umgang mit Märchen im 19. Jahrhundert.

64 Grellmann (wie not. 15) 153 ("Sie dichten zwar auch, und das nach der Weise orientalischer Völker, aus dem Stegreife; und sind in der Walachey sogar die einzigen Inhaber dieser Kunst, wo sie ihre Verse, gleich Italiänischen Improvisatoren, oder Sequedillassängern in Estremadura, immer mit Gesang und Musik begleiten [...]"); vgl. Herder, J.G.: Volkslieder 1-2. Leipzig 1778/79; id.: Stimmen der Völker in Liedern. ed. J. von Müller. Tübingen 1807.

65 von Heister (wie not. 6) 33-35, 37 (mit kurzer Inhaltsangabe eines Stücks; ohne Quellenangabe).

mündliche Überlieferung der Roma zu Wunder- und Heiligenlegenden gäbe, doch er steht in Grellmanns Bann: Diese Traditionen waren ihm ein Zeichen ihrer Oberflächlichkeit im Glauben[66]. Eine religiöse Indifferenz sollten außerdem drei Beispiele beweisen: Beim ersten handelt es sich um eine Variante der bereits angeführten Geschichte von der Käse-/Speckkirche[67]. Im zweiten Beispiel verheiratet Christus, der sich mit Petrus auf Erdenwanderung befindet, auf wunderbare Weise den jüngsten von drei Brüdern mit der Tochter eines Oberst und verschafft dem Paar Wohlstand und Glück[68]. Bei keinem der Texte präzisierte Reinbeck, ob es Erzählungen von oder über Roma sind, und bei keinem gab er eine Quelle an. Beim letzten Text könnte es sich um eine Rom-Variante handeln. Doch verführe man nach dem gleichen Schema wie der Verfasser, müßten nicht nur etwa die Rumänen im Banat, sondern alle Rumänen der religiösen Indifferenz gescholten werden, denn eine sehr ähnliche Variante, *Der Herrgott als Gevatter*, wurde von einem rumänischen Bauern aus Jam im Banat aufgezeichnet und bereits 1857 publiziert[69]. Ohnehin wäre ganz Europa vom Vorwurf der Areligiosität betroffen, denn Legendenmärchen und -schwänke von *Christus und Petrus auf Erdenwanderung* waren äußerst weit verbreitet[70]. Auch das dritte Beispiel wertete der Verfasser als 'charakteristisch für die Religionslosigkeit der Zigeuner'[71]: Es ist der Schwank vom *Geloben der großen Kerze*, ebenfalls eine international belegte Erzählung, in der die menschliche Schwäche, Gelöbnisse nach ausgestandener Gefahr nicht mehr ernst zu nehmen, veranschaulicht wird. Dieser Schwank ist schon sehr

66 Reinbeck (wie not. 55) 87.

67 ebenda, 88; vgl. die Varianten wie not. 56.

68 Reinbeck (wie not. 55) 88-90.

69 Schott (wie not. 56) num. 29 (zuerst publiziert in Hausblätter [1857] Band 4, 213-216), vgl. p. 325.

70 vgl. Lixfeld, H.: Erdenwanderung der Götter. In: Enzyklopädie des Märchens (wie not. 20) t. 4 (1984) 155-164.

71 Reinbeck (wie not. 55) 90, 90 f. (Text).

früh und mit allen möglichen anderen Nationalitäten als Handlungsträgern auch in literarischen Fassungen überliefert[72]. Die von Reinbeck wiedergegebene Fassung war schon 1845 fast wörtlich übereinstimmend als rumänische Erzählung veröffentlicht worden[73].

Auch Liebich (1863) hatte ein kleines Kapitel *Poesie der Zigeuner* in sein Buch eingefügt und druckte einige Lieder ab - über Prosaerzählungen verlor er kein Wort. Er rezipierte weder die Ideen Herders über Volkslieder noch die von Jacob und Wilhelm Grimm über Volksmärchen und -sagen, die Poesie qualifizierte er als Gelegenheitsgedichte, als dürftig, kindisch und trivial ab[74]. Eine Wende zeigt sich mit Schwicker (1883)[75]. Er - und in Anlehnung auch von Kittlitz (1885)[76] - sprach mit Berufung auf die "Herder'schen Aufklärungen über das Wesen der Volkspoesie" von einer 'ziemlich reichen nationalen Poesie' der Roma, die er als 'Naturvolk' definierte. Schwicker (und von Kittlitz) führte den Personenkreis an, der inzwischen Literatur zum Thema geliefert hatte: Charles Leland, Hugo von Meltzl (bei von Kittlitz als 'Hugo von Wetzel'), Heinrich von Wlislocki, die 'Sprachgelehrten' Friedrich Müller und Franz Xaver Miklosich, weiter Moriz Rosenfeld aus Temesvar und Béla Száß aus Klausenburg. Schwicker publizierte vor allem von Rosenfeld und Wlislocki übernommene Lieder und ein von Miklosich veröffentlichtes Märchen: eine Variante zum international außerordentlich weit verbreiteten Erzähltyp *Die beiden Wanderer*, die er durch "Anklänge an verwandte iranische Märchen sowie durch seinen eigenthümlichen Ideengang und [durch] die zigeunerischen Anschauungen von Glück und

72 vgl. Aarne, A./Thompson, S.: The Types of the Folktale. A Classification and Bibliography. Second Revision. Helsinki 1961, num. 778, vgl. 1553 A*; Pauli, J.: Schimpf und Ernst [1522] 1-2. ed. J. Bolte. Berlin 1924, num. 304, 305; vgl. Krauss, F.S.: Zigeunerhumor. 250 Schnurren, Schwänke und Märchen. Leipzig 1907, 25 f. (sowohl bei Aarne/Thompson wie bei Pauli/Bolte als Beleg angeführt).

73 Schott (wie not. 56) 272 f., num. 41 [39].

74 Liebich (wie not. 13) 97-103.

75 Schwicker (wie not. 7) 169-186, Zitate: 169, 170, 182, Märchentext: 182-184.

76 von Kittlitz (wie not. 7) 387-392, Märchentext: 391 f.

strafender Gerechtigkeit" charakterisiert. Ein 'eigenthümlicher Ideengang' läßt sich im Vergleich mit internationalen Varianten übrigens nicht erkennen[77]. Von Kittlitz publizierte ebenfalls Liedbeispiele (ohne Quellenangabe) und ein von Wlislocki stammendes Märchen vom Raben und seiner schönen jungen Frau[78]. Die Anfänge sind bescheiden, doch zeichnet sich eine qualitativ neue Stufe ab: Es wird bewußt zwischen Erzählungen über Roma und solchen von Roma unterschieden, die Ideen Herders sind nun 100 Jahre später auch in der 'Zigeunerliteratur' rezipiert, ebenso die Sprachwissenschaft mit ihren präziser aufgezeichneten Texten und in vollem Umfang - durch Wlislocki - die deutsche Volkskunde mitsamt der sogenannten Mythologischen Schule.

Einzugehen wäre noch auf verschiedene Aspekte, ich greife nur die stereotyp tradierte Charakterisierung der Rom-Texte als obszön heraus. Wiederum bereits bei Grellmann findet sich zu den Stegreifdichtungen die Aussage, der Inhalt ihrer Gedanken seien gewöhnlich Zoten, man bräuchte kein großer Meister, kein Wieland, zu sein, um über ihre Kunst den Stab zu brechen[79]. Grellmann fehlte jegliches Bewußtsein für den Unterschied zwischen mündlicher und schriftlicher Literatur, zwischen Volks- und Kunstpoesie. Spätere Autoren gerieten in Konflikt mit den damals gängigen Kriterien für Volkspoesie und mit dem schon von

---

77 vgl. Aarne/Thompson (wie not. 72) num. 613; Bolte, J./Polívka, G.: Anmerkungen zu den Kinder- und Hausmärchen der Brüder Grimm 2. Leipzig 1914, num. 107.

78 von Kittlitz (wie not. 7) 391 f.: aus 'Ungarische Revue' 1883 = Wlislocki, H. von: Märchen und Sagen der Transsilvanischen Zigeuner. Gesammelt und aus unedirten Originaltexten übersetzt. Berlin 1886, num. 34: Die treulose Wittwe. Vgl. Belgrader, M.: Freier der Frau Füchsin (AaTh 65). In: Enzyklopädie des Märchens (wie not. 20) t. 5 (1987. ed. R.W. Brednich u.a.) 236-240. Die Grimm-Variante löste eine Diskussion zwischen J. Grimm und Achim von Arnim über die Reinheit und Unschuld von Märchen aus, vgl. Schmidt, K.: Grimms Märchen "Von der Hochzeit der Frau Füchsin". In: Zeitschrift für Volkskunde 47 (1938) 177-190.

79 Grellmann (wie not. 15) 153 f. bezieht sich auf Sulzer (Geschichte des transalpinischen Daciens 3. Wien 1781, § 193), von dem er u.a. zitiert: "denn Knüttelverse und Zoten, aus dem Stegreif hergesungen, kann ich wohl für keine Gedichte halten!"

Herder und später von Jacob und Wilhelm Grimm erhobenen Postulat von einer naiven Reinheit der Volksseele, z.B. Schwicker, 181: "Die Zigeunermärchen offenbaren eine reiche Erfindungsgabe, aber auch Obscönitäten; nur selten bricht die unmittelbare Naive[sic]tät des Volksgemüthes durch [...]". Zwar versuchte Schwicker zuvor - in Auseinandersetzung mit Grellmann -, die 'Unzucht' im Vergleich der 'kaum verhüllten, raffinierten Lüsternheit' in vielen Werken Wielands mit der 'naiven Unmittelbarkeit der Natur in Zigeunerliedern' zu relativieren, doch die Charakteristik 'obszön' bleibt bestehen. Abgesehen von einer nicht zu haltenden Verallgemeinerung auf spärlicher bzw. bei Grellmann gar keiner Materialgrundlage sind entgegengesetzte Beobachtungen um 1900 von einem direkt auf Zoten angesetzten Sammler festzuhalten[80]: Die muslimischen Zigeuner aus dem Moravagebiet in Serbien liebten vorzugsweise "recht fantastische Erzählungen [...]. Die zotige Erzählung pflegen sie weniger, da sie daran keinen Gefallen zu finden scheinen. Darum ist nachfolgende Sammlung so dürftig ausgefallen. Bis auf die erste Erzählung [Ätiologie zur Entstehung des Bären] sind die übrigen samt und sonders auch unter den Serben, Bulgaren und Türken anzutreffen, so daß sie für altes zigeunerisches Volkstum unmittelbar wenig oder nichts von Belang enthalten". Generalisierende Aussagen über 'Zigeunertypisches' sind also nicht zu machen. Es ist auch bei späteren Pauschalisierungen an den allgemein üblichen Umgang mit 'Geschichten höchst bedenklicher Natur', wie Wilhelm Wisser um 1900 Erzählungen mit erotischen Elementen nannte[81], zu erinnern, d.h. an verschiedene Faktoren wie den Glauben an die Herderschen und Grimmschen Reinheitsideale, die forcierte Entwicklung von Volkserzählungen zu bürgerli-

---

80 Erzählungen moslimischer Zigeuner aus dem Moravagebiete in Serbien. Mitgeteilt von Trgjić, Deutsch von F.S. Krauss. In: Anthropophyteia 2 (1905) 154-172, hier 154; zum Vergleich siehe auch Krauss (wie not. 72) V: Unter 850 erotischen und skatologischen Erzählungen, die sich in seinem Jahrbuch "Anthropophyteia" 1-5 befänden, seien 50 zigeunerische.

81 Köhler-Zülch (wie not. 63) 103.

cher Kinderliteratur und die Prüderie der Sammler, Informanten und Herausgeber, die der bürgerlichen Bildungsschicht angehörten. Solche Faktoren ließen einen reinigenden Filter bei den Vorgängen des Erzählens, Aufzeichnens, Bearbeitens und Herausgebens der 'schönsten deutschen Märchen, Sagen' usw. wirksam werden.

Die Verfasser der ethnographischen Werke waren keine professionellen Ethnographen oder Folkloristen, sie sind eher als Hobbytsiganologen zu bezeichnen. Auffallend ist die Beteiligung eines Amtsgerichtsrates wie von Kittlitz und noch mehr die des Kriminalisten Liebich sowie seines Kollegen Ferdinand Bischoff, der 1827 ein *Deutsch-Zigeunerisches Wörterbuch* veröffentlicht hatte. Deutlich zeichnet sich ein auf konkrete Umsetzung in die polizeiliche Praxis ausgerichtetes Erkenntnisinteresse an Sinti und Roma ab. Manche Autoren beklagten sich über die Schwierigkeit, mit 'den Zigeunern' Kontakt zu bekommen, und über die Verschlossenheit der Romgruppen. Falls ein Kontakt stattfand, dann handelte es sich für Sinti und Roma meist um Zwangskontakte, d.h. im Gefängnis. Ein Beispiel sei angeführt: Bischoff fragte Zigeunern, die in Eisenach verhaftet worden waren, Vokabeln und Sätze in Romanes ab; als er etwas nachfragen wollte, waren die "Zigeuner längst an eine auswärtige Behörde abgegeben"; Forschungszweck war 'Hilfe für Criminalisten und Polizeibeamte'[82]. Die meisten Autoren hatten wohl in Wirklichkeit gar kein so großes Interesse an direkten Kontakten, und unter diese ist auch der Linguist August Friedrich Pott zu rechnen.

Inzwischen war die Ägyptentheorie über die Herkunft der Roma durch die indische abgelöst worden. In seinem zweibändigen Werk *Die Zigeuner in Europa und Asien* (1844/45)[83] wies Pott im Rahmen der Sanskritistik und vergleichenden Sprachwissenschaft - auf verschiedenen Vorgängern aufbauend - nun endgültig nach, daß Romanes kein Gaunerdialekt, sondern eine eigene, mit dem ehrwürdigen Sanskrit verwandte Sprache ist.

---

82 Bischoff, F.: Deutsch-Zigeunerisches Wörterbuch. Ilmenau 1827, V, Xf.

83 Pott (wie not. 6).

Und damit wurde auch 'aus dem Gesindel der Zigeuner' ein anerkanntes eigenständiges Volk.
Trotz der großen Verdienste des Professors Pott soll die Anekdote des englischen Folkloristen Francis Groome, der Pott im Jahr 1875 in Halle besuchte, nicht unerwähnt bleiben[84]: Groome berichtet, wie Pott ihm erzählte, daß er nur einmal mit lebenden Zigeunern gesprochen habe, und zwar in der Nähe von London. Groome fragte ihn daraufhin: "Kommen niemals welche nach Halle?" "Nein", antwortete der Professor. Kaum hatte Groome das Haus verlassen, traf er um die Ecke auf einen Zigeunerwagen mit einer pfeiferauchenden Frau und drei, vier Kindern vor einem Wirtshaus, in dem er auf zwei Roma stieß. Groome grüßte die Männer auf Romanes, und sie schienen nicht im mindesten überrascht, "for these were travelled gentlemen." Sie waren in Ungarn zu Hause und sprachen ausgezeichnet deutsch und französisch.

Als Nebenprodukte lieferten die sprachwissenschaftlichen Studien zum Romanes allmählich immer mehr Textproben, darunter auch Volkserzählungen. Ich gehe hier nur pauschal auf diesen Komplex ein, zumal die Märchen bis ca 1900 bei Groome, der als Sprecher des Romanes die Texte in der Originalsprache bewerten konnte, einzeln aufgelistet sowie

84 Groome, F.H.: Gypsy Folk-Tales. London 1899 (Nachdr. Hatboro, Pa. 1963), xxxvi; zuerst publiziert in ders.: In Gipsy Tents. Edinburgh 1880 (Reprint East Ardsley 1973) 43 f.; vgl. auch 45 f. über Groomes Erlebnis während seines Aufenthaltes 1873/74 in Göttingen, wo er u.a. mit dem Indologen Theodor Benfey in Kontakt stand. Groome erzählt, wie er an einem kalten Novembertag sich mit dem 'German Gipsy' Hermann Brandt, einem Seiltänzer, sowie dessen Bruder und Sohn auf dem Göttinger Marktplatz unterhielt, als ein kleiner älterer Herr mit einem weißen breitrandigen Hut - "the deepest of Eastern scholars" - vorüberging und sie ausgiebig durch seine Brille betrachtete. Groome, der später noch in Briefkontakt mit Brandt stand, brachte die drei, die nach Münden wollten, zum Bahnhof. Zu Hause in seinem Göttinger Quartier angekommen, fand Groome eine Notiz des Professors vor, daß er gerade auf dem Marktplatz vier (!) Zigeuner gesehen habe und dies ihm, da er sein Interesse für Zigeuner kenne, mitteilen wolle.

charakterisiert wurden und zum Teil abgedruckt vorliegen[85]. Die Bezeichnung 'Nebenprodukte' darf nicht übersehen werden: Die Volkserzählungen dienten den Linguisten lediglich als Sprachmaterial, ob sie von guten, mittelmäßigen oder schlechten Erzählern stammten, war von zweitrangiger Bedeutung. So sind die aufgezeichneten Texte wohl als authentisch im engsten Wortsinn zu bezeichnen, aber nicht unbedingt als repräsentativ zu werten. Ein Beispiel liefern die fünf in Friedrich Müllers *Beiträge zur Kenntnis der Rom-Sprache* (Wien 1869) publizierten Texte, die ein Mitarbeiter von einem ungarischen Rom, der in Wien als Soldat stationiert war, aufzeichnete[86]. Die Erzählungen sind unzusammenhängend und zum Teil schwer verständlich. Da es sich um eine linguistische Studie handelte, wurde der Text (Romanes mit deutscher Interlinearübersetzung) natürlich nicht wie zeitüblich geglättet und 'verschönert' abgedruckt, geschweige denn, daß mehrere Varianten zu einem neuen Märchen verbunden wurden, wie es seit Jacob und Wilhelm Grimm bis in das 20. Jahrhundert hinein Standard für Märcheneditionen war. Bei allen seriösen linguistischen Studien ist von einer wortgetreuen Wiedergabe

85 Groome 1899 (wie not. 84) xlv - lxiii.

86 Müller, F.: Beiträge zur Kenntnis der Rom-Sprache 1 (Kaiserliche Akademie der Wissenschaften, phil.-hist. Classe. Sitzungsberichte 61). Wien 1869, 151-194; vgl. auch Moses Gasters Erfahrungsbericht von 1931 über seine Sammelaktivitäten im Oktober 1876 sowie August und September 1877 in Bukarest: Zwar philologisch ausgebildet, doch ohne Romanes-Kenntnisse sollte Gaster für Franz Xaver Miklosich während der Semesterferien Romanes-Texte aufzeichnen. Er fand in Bukarest mit Mühe einen Rom, der sich zunächst dagegen verwahrte, Märchen zu erzählen, die seien für Kinder, und er sei kein Kindermädchen. Dann erzählte er, doch so schnell, daß Gaster nicht folgen konnte. Schließlich ließ dieser ihn einen Satz auf Romanes sagen, dann sofort rumänisch übersetzen, was wiederum dem Erzähler Schwierigkeiten bereitete. Während der zweiten Sammelphase 1877 brachte der Rom eine Nichte mit, die dem Onkel beim Satz für Satz-Erzählen und -Übersetzen behilflich war, vgl. Gaster, M.: Rumanian Gypsy Folk-Tales. In: Journal of the Gypsy Lore Society Third Series 10 (1931) 153-171, hier 153 f.; Miklosich publizierte einen Gaster-Text, vgl. Miklosich, F.X.: Beiträge zur Kenntnis der Zigeunermundarten 4 (Kaiserliche Akademie der Wissenschaften, phil.-hist. Classe. Sitzungsberichte 90). Wien 1878, 259-261.

auszugehen. Eigentlich ist dies prinzipiell als kein Schaden anzusehen, nur spielten auch solche Texte ihre Rolle bei der Erschließung eines 'Volkscharakters' der Roma aus ihren Märchen, während die 'Volkscharaktere' anderer Nationen eben aus den jeweiligen nationalen geschönten Prestigesammlungen erschlossen oder aufgebaut wurden.

Vor allem für frühe sprachwissenschaftliche Arbeiten in der ersten Hälfte des 19. Jahrhunderts sind noch zwei weitere Aspekte zu berücksichtigen. Zum einen ist darauf zu achten, ob es sich wirklich um Erzählungen der Roma handelt oder um Übersetzungen ins Romanes, so sind vermutlich die bei Anton Jaroslav Puchmayer[87] 1821 abgedruckten Fabeln zu bewerten und nach Pott[88] die Sprachproben von Alfred Graffunder; im Anhang des zweiten Bandes brachte Pott u.a. neben Teilübersetzungen aus dem *Lukasevangelium* nach George H. Borrow und Puchmayer von Graffunder den *Asinus vulgi*[89], die Geschichte vom Vater, Sohn und ihrem Esel, die es keinem recht machen konnten. Eine weitere Variante im Übersetzen zeigt sich bei dem Pfarrer Josef Ješina, der stillschweigend dem Buch *The English Gipsies* von Charles G. Leland fünf Märchen entnahm und sie für seine Sprachbeispiele ins böhmische Romanes übersetzte[90]. Zum anderen ist auf die bereits angesprochene Aufnahmesituation hinzuweisen. Puchmayers Feldforschung fand bei in

87 Puchmayer, A.J.: Románi Čib, das ist: Grammatik und Wörterbuch der Zigeuner Sprache, nebst einigen Fabeln derselben. Dazu als Anhang die Hantyrka, oder die Cechische Diebessprache. Prag 1821; vgl. Miklosich, F.: Über die Mundarten und die Wanderungen der Zigeuner Europas 4. (Denkschriften der Kaiserlichen Akademie der Wissenschaften, phil.-hist. Classe 23). Wien 1874, 273; vgl. Pott (wie not. 6) t. 1 (1844) 20, num. 25.

88 ebenda, 23; Graffunder, A.: Ueber die Sprache der Zigeuner. Eine grammatische Skizze. Erfurt 1835.

89 Pott (wie not. 6) t. 2 (1845) 497-499, vgl. 491; vgl. Brednich, R.W.: Asinus vulgi (AaTh 1215). In: Enzyklopädie des Märchens (wie not. 20) t. 1 (1977) 867-873.

90 Ješina, Josef: Romańi Čib oder die Zigeuner-Sprache (Grammatik, Wörterbuch, Chrestomathie). 3. verm. Auflage (1. deutsche Ausgabe) Leipzig 1886, num. 1, 2, 3, 4 und 11; Leland, Ch.G.: The English Gipsies and Their Language. London/New York 1873; nach Black (wie not. 53) num. 2168.

Radnitz zurückgehaltenen Frauen und Kindern einer 1819 'aufgehobenen Zigeunerbande' statt, deren Männer nach Pilsen 'abgeschickt' worden waren; Bischoff und die in Eisenach verhafteten Zigeuner wurden schon erwähnt; der Regierungsschulrat Graffunder ließ Befragungen bei Kindern in der Anstalt in Friedrichslohra machen; Pott benutzte unter anderem das von Prof. Chr. Jak. Kraus aus Königsberg zusammengestellte Material, das dieser 40 im Ermland 'aufgegriffenen' und 'in die Königsberger Gefängnisse gebrachten' Zigeunern abgefragt hatte. Obwohl Pott, wie die Anekdote Groomes veranschaulichte, alles andere als ein Feldforscher war, zog er hinsichtlich der Zuverlässigkeit des Materials den Schluß, daß bei drängendem Nachfragen wohl stets irgend etwas geantwortet werde[91].

Exkurs: Diese Art der Feldforschung blieb nicht auf das 19. Jahrhundert beschränkt: Der Österreicher Johann Knobloch, ein vergleichender Sprachwissenschaftler, sammelte das Material für seine Dissertation 1943 während eines zehntägigen Aufenthalts im 'Anhaltelager Lackenbach'; seine Aufzeichnungen, unter denen sich auch Volkserzählungen befinden, publizierte er 1950, 1953 und 1977[92]. Aus dem Lager Lackenbach waren Anfang November 1941 2000 Menschen, vor allem burgenländische Roma, in das Ghetto Lodz deportiert und im Januar 1942 in

91 Pott (wie not. 6) 1, 72 f., 68-73 (Materialkritik), 20, num. 25 (Puchmayer), 22 f., num. 35 (Graffunder), 17, num. 16 (Kraus); cf. Duval, C.: Friedrichslohra. In: Thüringen und der Harz mit ihren Merkwürdigkeiten, Volkssagen und Legenden. 7. ed. F. von Sydow. Sondershausen 1842, 41-46, besonders 46.

92 Knobloch, J.: Volkskundliche Sinti-Texte. In: Anthropos 45 (1950) 223-240; ders.: Romāni-Texte aus dem Burgenland. Berichte, Erzählungen und Märchen der burgenländischen Zigeuner, aufgezeichnet, übersetzt und mit sprachlichen Bemerkungen versehen. Eisenstadt 1953; ders.: Berichte und Erzählungen württembergischer Zigeuner. In: ders./I. Sudbrack (Hrsgg.): Zigeunerkundliche Forschungen I (Innsbrucker Beiträge zur Kulturwissenschaft. Sonderheft 42). Innsbruck 1977, 43-57; vgl. den Beitrag Heuß, P.: Kulturpolitik im Dritten Reich: Das Amt für Ahnenpflege und seine Funktion für Himmlers Rassenpolitik im vorliegenden Band.

Chelmo ermordet worden. In demselben Frühjahr 1943, als Knobloch seine Aufzeichnungen machte, wurden kleinere Gruppen nach Auschwitz transportiert und süddeutsche Sinti neu ins Lager eingewiesen[93].

Obwohl der Gedanke - eine Sprachnation ist auch eine Kulturnation - sich im 19. Jahrhundert etabliert hatte, wurden in Deutschland so gut wie keine Volkserzählungen von Sinti und Roma als solche aufgezeichnet[94]. Eine andere Frage ist, wie viel von ihnen erzählte Märchen in andere Sammlungen aufgenommen wurden; z.B. war einer der Haupterzähler für die *Deutschen Hausmärchen* des Mythologen Johannes Wilhelm Wolf der

---

93 vgl. Thurner, E.: Nationalsozialismus und Zigeuner in Österreich. Wien/Salzburg 1983, 60-173 (über das Zigeunerlager Lackenbach), vgl. 83, 101, 143 f.; Steinmetz, S.: Österreichs Zigeuner im NS Staat. Wien 1966.

94 Vermutlich wurde das erste Märchen 'deutscher Zigeuner' in Romanes - aufschlußreich für andere Traditionen der Feldforschung - am 29.7.1906 in Großbritannien durch John Sampson aufgezeichnet, vgl. Sampson, J.: The 'German Gypsies' at Blackpool. In: Journal of the Gypsy Lore Society New Series 1 (1907/08) 111-121: Sampson beschreibt eine Gruppe von 70 Menschen, die aus "Preistiko tem" (Preußen) stammten und Pferdehandel betrieben. Er nennt u.a. die Namen Steinbach, Heinrich Wilhelm Rosenberg und "Láijī Váiroχ". Seine Frage nach Märchen sei auf Begeisterung gestoßen, und er berichtet über die Erzählweise: Einer begann die Geschichte zu erzählen, gab dann die Erzählerrolle an einen anderen ab, der sie wiederum weiterreichte, drei-, viermal fand solch ein Wechsel statt, die Zuhörer wiederholten manchmal im Chor die letzten Worte eines Satzes. Das Erzählen wurde laut Sampson zunächst von der Polizei unterbrochen, die Pferde beschlagnahmte, und dann, gerade als die Geschichte zu Ende erzählt war, stürmte eine 50 Mann starke Polizeitruppe das Lager und schob die gesamte Gruppe sowie Sampson mit einer Polizeieskorte über die Kreisgrenze ab. Zu den massiven Repressionen durch britische Polizei und Behörden gegenüber der Gruppe und zu ihrer 'Rückführung' nach Deutschland vgl. Holmes, Colin: The German Gypsy Question in Britain 1904-06. In: Journal of the Gypsy Lore Society Fourth Series 1 (1977) 248-267. Der Text des Märchens ist als einziges von 'deutschen Zigeunern' stammendes abgedruckt bei Yates (wie not. 58) 127-129: The Count's Daughter (Text gegenüber Sampson nur leicht verändert, Sampson hatte, um den Erzählfluß nicht zu unterbrechen, bei ihm unverständlichen Stellen des Romani-Dialektes nicht rückgefragt); ins Deutsche übersetzt von Walther Aichele, cf. Aichele/Block (wie not. 1) num. 64: Der arme Maler. Vor 1920 zeichnete Aichele Erzählungen des Zigeuners Franz Goi, einem Pferdehändler in Wandsbeck, auf, vgl. ebenda, num. 56-63.

'Zigeuner Bletz'[95]. - Seit ungefähr der Mitte des Jahrhunderts wurde der Markt von Sagen- und Märchensammlungen geradezu überschwemmt[96]. Wie ist das mangelnde Interesse von volkskundlicher Seite im 19. Jahrhundert, dem Jahrhundert des Sammelns par excellence, zu erklären? Der Terminus Folklore war 1846 als Ersatz für den Begriff "popular antiquities" von dem englischen Altertumsforscher W.J. Thoms geprägt worden[97]. Einen Sammelschwerpunkt im 19. Jahrhundert bildeten die sogenannten geistigen kulturellen Güter eines 'Volkes', als altüberkommenes gemeinschaftliches Erbe gedacht und als 'Spiegel der Volksseele' interpretiert. Die Suche nach Altertümern und die mythologischen Bedeutungsgebungen griffen weit vor das 15. Jahrhundert, dem Zeitpunkt des Eintreffens verschiedener Romgruppen in Mitteleuropa, zurück. Dabei

95 Wolf, J.W.: Deutsche Hausmärchen. Göttingen/Leipzig 1851, VII-IX: Wolf fand nicht bei Bauern, die 'mehr schlechte Zoten und den Schnaps im Wirtshaus' liebten, sondern bei drei älteren Männern, darunter dem 'Zigeuner Bletz', einem Korbflechter, fast ein Drittel der in seiner Sammlung abgedruckten Texte und darüber hinaus zahlreiche Varianten. Wolf berichtete, daß der Erzähler Bletz, der viele Märchen seiner Mutter verdankte, von jedem einzelnen Stück 'aus aller Herren Länder' genau wußte, wo und wann er es gehört hatte. Leider hat Wolf es nicht notiert und auch - wie damals üblich - keine Quellenangaben zu den einzelnen Texten gemacht. Bletz ist als professioneller Erzähler zu bezeichnen: Er zog im Winter als "fahrender Erzähler in den Spinnstuben herum" und "gegen den geringen Lohn von 48 Kreuzern erzählt er einen ganzen Abend" (IX). Wolf schrieb ferner über die interessanten 'Streifzüge' des Erzählers unter Einbeziehung des 'Feuersegens der Zigeuner' als Tatsachenschilderung (VIII); vgl. Köhler-Zülch/Shojaei Kawan (wie not. 63) 254; Köhler-Zülch, I.: Feuersegen der Zigeuner. In: Enzyklopädie des Märchens (wie not. 20) t. 4 (1984) 1093-1099. Das Phänomen, daß Erzählungen von Roma und Sinti in nationale Sammlungen eingegangen sind, ist nicht nur für Deutschland zu beobachten. Gleichzeitig ist hierin ein wichtiges Indiz für die Vermittlerrolle bei internationalen Wandererzählungen zu sehen, vgl. Köhler, I.: Groome, Francis Hindes. In: Enzyklopädie des Märchens (wie not. 20) t. 6 (1990. ed. R.W. Brednich u.a.) 219-222, hier 220.

96 vgl. z.B. Schenda, R.: Mären von Deutschen Sagen. Bemerkungen zur Produktion von "Volkserzählungen" zwischen 1850 und 1870. In: Geschichte und Gesellschaft 9 (1983) 26-48.

97 vgl. Bausinger, H.: Folklore, Folkloristik. In: Enzyklopädie des Märchens (wie not. 20) t. 4 (1984) 1397-1403.

war 'Volk' nicht soziologisch definiert, sondern national: In Deutschland handelte es sich um das 'deutsche Volk', und dazu wurden Sinti und Roma offensichtlich nicht gerechnet. Die Konzentration auf den Bauern als angeblichen Träger und Bewahrer traditioneller nationaler Güter förderte ein Interesse an den Roma kaum. Aber auch die in der zweiten Hälfte des 19. Jahrhunderts an Einfluß gewinnende Völkerpsychologie (Adolf Bastian, Wilhelm Wundt[98] usw.), die das Sammeln kulturellen Kollektivbesitzes der Völker, besonders der Naturvölker, in den Vordergrund stellte, zeigte kaum Interesse. Man suchte in exotischer Ferne den unberührten 'edlen Wilden', und zu den Kriterien reiner Ursprünglichkeit schienen Sinti und Roma trotz der allgemein verbreiteten und später auch von Hans Naumann[99] sanktionierten Meinung, die Zigeuner seien ein 'primitives Volk', nicht zu passen.

---

98 Im zehnbändigen Werk von Wilhelm Wundt (Völkerpsychologie. Eine Untersuchung der Entwicklungsgesetze von Sprache, Mythus und Sitte. Leipzig 1911-20) z.B. ist in den Registern nur einmal 'Zigeuner' aufgenommen, und zwar werden sie im 7. Band: Die Gesellschaft (1917) im Kapitel: Die primitive Horde und ihre Gruppen, p. 236 zusammen mit Räubern erwähnt: "Die Räuber-, auch die Zigeunerbanden sind [...] losgelöste und in Horden zurückverwandelte Trümmer einer fortgeschritteneren sozialen Organisation".

99 Ein Beispiel für die Abwesenheit des Interesses von volkskundlicher Seite dokumentiert auch der als Einführung ins Fach konzipierte Metzler-Band von Weber-Kellermann, I.: Deutsche Volkskunde zwischen Germanistik und Sozialwissenschaften. Stuttgart 1969, 56: Ein einziges Mal kommen laut Register 'Zigeuner' vor, und zwar in Zusammenhang mit Hans Naumann und seiner 1922 publizierten Lehre vom gesunkenen Kulturgut. Zu unterscheiden sei primitives vom gesunkenen Kulturgut, das eine natürlich gewachsen und psychisch bedingt, das andere historisch geworden und bewußt geschaffen: Die absolut primitive Epoche träfe man in unseren Breiten nur noch bei den wandernden Zigeunern an. Zu erwähnen ist ferner der oft als Initiator der volkskundlichen Wissenschaft angesehene Wilhelm Heinrich Riehl (1823-97) mit seinem Werk "Die Familie" (1855), in dem er die Zigeuner als 'merkwürdigstes Beispiel' dafür anführt, "in welchem Grade ein Volk geradezu aufgehen kann in der Familie"; jede öffentliche sittliche Macht werde beim Zigeuner von der Familie verschlungen, dieser habe zwar Familienüberlieferungen, die "beim Feuer des nächtlichen Lagers im Walde" erzählt würden, doch keine Volksgeschichte. "So vernichtet das Übermaß der Familienhaftigkeit den historischen Geist nicht minder, wie auf den kahlen Höhen der Zivilisation die Verleugnung der Familie denselben auslöscht", ist Riehls

Dabei hätte es gerade für die deutsche Forschung Ansatzpunkte gegeben. Pott, der sich zwar für seinen Forschungsgegenstand Romanes entschuldigen zu müssen glaubte, hatte die Zugehörigkeit des Romanes zum Sanskrit erwiesen. Damit war die ursprüngliche Herkunft der Roma aus Indien belegt. Der Indologe Theodor Benfey wiederum hatte Indien als Ursprungsland eines großen Teils der europäischen Märchenstoffe bestimmt[100]. Doch daraus resultierende Überlegungen machten andere Gelehrte. Inzwischen hatte sich die Forschung über Rom-Traditionen international ausgerichtet: 1888 wurde die mit Unterbrechung bis heute erscheinende Zeitschrift *Journal of the Gypsy Lore Society* gegründet, in der sehr viele Märchen der Roma auf Romanes mit meist englischer Übersetzung publiziert wurden. Diese Zeitschrift ist bis heute eine unerschöpfliche Fundgrube für Herausgeber von Märchenbüchern. Doch bis 1900 war die Anzahl der international vorliegenden Rom-Märchen nicht groß: Der sehr gut informierte Groome sprach von einem bekannten Bestand von 160 Rom-Märchen weltweit[101]. - Dazu ein Vergleich: Für dieselbe Zeit wird die Gesamtzahl der gesammelten finnischsprachigen Erzählungen (neben Märchen auch Sagen und Ätiologien) mit 23.000 angegeben, 20.000 Märchentexte befinden sich heute im Volksdichtungsarchiv der Finnischen Literarischen Gesellschaft[102].

Folgerung, vgl. Riehl, W.H.: Die Familie. Stuttgart/Berlin 1925, 148-150, 149 (Zitate). Vgl. auch unter Riehls 'kulturgeschichtlichen Novellen' "Meister Martin Hildebrand", in der ein wandernder Handwerksgeselle der Liebe einer sich opfernden Zigeunerin widersteht; zwar ist nicht die Geschichte vom verweigerten Nachtquartier eingearbeitet, aber doch die Aussage "Wandern ist dem Zigeuner als Gottes Fluch auferlegt" aufgenommen, vgl. ders.: Kulturgeschichtliche Novellen [1856]. Stuttgart/Berlin 1923, 327-390, 337 (Zitat). Übrigens wird seit Liebich (wie not. 13) 17 auf Riehls "Die Familie" in bezug auf Zigeuner hingewiesen, vgl. auch von Kittlitz (wie not. 7) 369.

100 vgl. Simson, G. von: Benfey, Theodor. In: Enzyklopädie des Märchens (wie not. 20) t. 2 (1979) 102-109.

101 Groome 1899 (wie not. 84) lxiii.

102 Honko, L.: Finnland. In: Enzyklopädie des Märchens (wie not. 20) t. 4 (1984) 1157-1179, hier 1167.

Groome, der 1899 seinen Band *Gypsy Folk-Tales* herausgegeben hatte, untersuchte, wie sich Märchen verbreitet haben. Dabei wies er auf eine mögliche Mitbeteiligung der Roma beim Ost-West-Transfer des Erzählguts hin, meinte also, daß vielleicht die Roma auf ihrer Ost-West-Wanderung nicht nur ihre Sprache, sondern auch Märchen aus Indien nach Europa mitgebracht hätten[103], zumal sie auch als professionelle Erzähler bekannt seien; ebenso sei ihre Vermittlerrolle für den Austausch von Erzählgut zwischen benachbarten Ländern in Betracht zu ziehen. Auf diese These kann ich hier nur generell eingehen und nenne die zwei extremen Standpunkte: Die international bekannten Märchen, so die eine Seite, hätten die 'Zigeuner von den Wirtsvölkern' übernommen[104], und die andere Seite: Sie seien erst mit den Roma aus Indien gekommen und durch sie verbreitet worden[105]. Abgesehen von der allgemein akzeptierten Tatsache, daß europäische Märchen internationales Wandergut sind, und abgesehen von der sich immer mehr durchsetzenden Erkenntnis, daß nationale Mythen den jeweiligen Völkern besonders im 19. Jahrhundert wieder 'beigebracht' wurden[106], ist gerade Südosteuropa, wo die größte Zahl europäischer Roma seit Jahrhunderten siedelt und woher die meisten der bekannten Rom-Märchen stammen, ein äußerst ungeeignetes Terrain zur Bestimmung nationaler Spezifika der Gattung Märchen[107]. Ich zitiere August Leskien[108] aus der Einleitung zu seinen 1915

---

103 Groome 1899 (wie not. 84) lxiii - lxxii; vgl. Köhler-Zülch 1990 (wie not. 95) 219-222.

104 z.B. Czenki, S./Vekerdi, J.: Ilona Tausendschön. Zigeunermärchen und -schwänke aus Ungarn. Kassel 1980, 5; vgl. Rezension von I. Köhler-Zülch in: Fabula 23 (1982) 120-123.

105 z.B. Mode, H. (unter Mitarbeit von M. Hübschmannová): Zigeunermärchen aus aller Welt 1-4. Leipzig 1983-85, besonders t. 1, 19-36 und pass.; vgl. Rezension von I. Köhler-Zülch in: Fabula 27 (1986) 129-133.

106 vgl. Holbek, B.: Opfindelsen af folket. In: Norveg 34 (1991) 71-84.

107 vgl. Köhler-Zülch, I.: Bulgarische Märchen im balkanischen Kontext und ihre Stellung in der internationalen Erzählüberlieferung. In: Kulturelle Traditionen in Bulgarien. ed. R. Lauer/P. Schreiner. Göttingen 1989, 185-201, bes. 191 f., 200 f.

108 Leskien, A.: Balkanmärchen. Aus Albanien, Bulgarien, Serbien und Kroatien. Jena 1915, I-III, II (Zitat).

erschienenen *Balkanmärchen*, in der er von den vielen Völkern der Balkanhalbinsel und den sich durchkreuzenden Sprachgrenzen spricht: "So ist auf dem Balkan ein außerordentlich buntes Gemisch von Märchenstoffen entstanden, aus dem man kaum einen besonderen Besitz der einzelnen Völker auszuscheiden vermag. Auch kann man nicht sagen, daß die Erzählungsweise des einen Volkes von der des anderen auffallend verschieden sei [...]". Leskien zählte die Völker auf: Albaner, Bulgaren, Serben, Kroaten, Griechen, Aromunen, Türken; symptomatisch: Zigeuner / Roma werden mit keinem Wort erwähnt. Angesichts der in vielen Zigeunermärchenpublikationen verbreiteten irrigen Ansichten ist festzuhalten: Jedes 'Volk', jede kulturelle Einheit unterliegt den verschiedensten Einflüssen - eine Märchentradition in nationaler Reinkultur gibt es in Europa nicht -, und Erzählüberlieferungen sind stets auch Teil der Kultur ihrer Träger. Zu untersuchen wäre eine Mittlerrolle der Roma und Sinti im internationalen Austausch von Erzählungen, z.B. unter anderem anhand ihrer bis in die Gegenwart reichenden Marionetten- und Puppenspieltraditionen für ein Publikum, das aus der Mehrheitsbevölkerung besteht. Dies wäre auch ein Beitrag zum Themenkomplex Schriftlichkeit und Mündlichkeit.

Zum Abschluß gehe ich auf die ersten deutschsprachigen Anthologien zur Folklore der Roma, also Sammlungen traditioneller Erzählungen, ein, die heute noch eine wichtige Rolle spielen. Die Herausgeber heißen Heinrich von Wlislocki und Friedrich Salomo Krauss. Beide wandten sich Erzählungen der Roma in Südosteuropa zu.

Wlislocki (geb. 1856 in Kronstadt, Siebenbürgen; gest. 1907 in Bethlen-Szent-Miklos, Ungarn) publizierte über 80 Bücher und Aufsätze über die Kultur der Roma in Siebenbürgen und Südungarn[109]. 1886 veröffentlichte er z.B. das Buch *Märchen und Sagen der Transsilvanischen Zigeuner*[110], auf das bis heute gern beim Zusammenstellen deutschsprachiger

---

109 vgl. Black (wie not. 53) 187-190, num. 4320-4402.

110 Wlislocki (wie not. 78).

Rom-Anthologien zurückgegriffen wird. Wlislocki verstand Sagen und Märchen als 'Spiegel des inneren Lebens eines Volkes' und betrachtete seine Sammlungen als einen Beitrag zur vergleichenden Mythologie. Sprach er zunächst bei Ähnlichkeiten der Erscheinungen von einer 'innersten Wesensverwandtschaft' aller Völker, so verlagerte er später den Akzent und betonte, vor allem bei Märchentexten, indische Parallelen[111]. Martin Ruch setzt sich in seiner bereits erwähnten Dissertation auf über 80 Seiten kritisch mit Wlislocki auseinander[112]. Anhand der im Nachlaß des Ethnologen Anton Herrmann vorhandenen 178 Briefe und Karten Wlislockis, dessen Mutter, Schwester und Bruder aus dem Zeitraum 1880-1896 und den Aussagen in den Publikationen Wlislockis selbst geht Ruch dem von äußerster Armut geprägten Leben Wlislockis nach. Die lange Zeitspanne, die Wlislocki unter den Zeltzigeunern Siebenbürgens gelebt haben soll und die er auch selbst immer wieder propagierte - z.B. "auf meinen häufigen, oft monatelangen Fahrten und engem Zusammenleben mit Zeltzigeunern"; er habe "seine Jugend unter Zigeunern 'verträumt' [...], ein jugendfrohes Leben dafür in Kauf gegeben" -, verkürzt sich im wesentlichen auf wenige Monate in den Jahren 1883 und 1884[113]. Ferner weist Ruch auf Widersprüchliches in Wlislockis Werk

111 vgl. ebenda, Vorwort, p. V.: "Die älteste und primitivste Literaturerscheinung eines Volkes sind seine Sagen und Märchen, in denen sich seine Denkart, seine einstigen und jetzigen Zustände, Anschauungen und Gebräuche, sein ureigentümlichster Geist am unverfälschtesten offenbart"; p. XV zur Sammelsituation: Im Sommer 1883 sei er mehrere Monate mit einer Zeltzigeunertruppe gewandert, hätte die Texte wenigstens von zwei "örtlich und zeitlich getrennten Personen gehört und im Original wörtlich aufgezeichnet", wegen des buchhändlerischen Erfolges habe er die zigeunerischen Originaltexte weglassen müssen, leider habe er "während meines verhältnißmäßig kurzen Aufenthalts bei der Truppe gar wenig sammeln" können; Teile des Vorworts verwendete Wlislocki wörtlich in: Zur Volkskunde der transsilvanischen Zigeuner. Hamburg 1887 und vor allem in: Vom wandernden Zigeunervolke. Bilder aus dem Leben der Siebenbürger Zigeuner. Geschichtliches, Ethnologisches, Sprache und Poesie. Hamburg 1890.

112 Ruch (wie not. 10) 196-284.

113 Ruch (wie not. 10) 209 f., 237. Zitate aus Wlislocki, H. von: Volksdichtungen der siebenbürgischen und südungarischen Zigeuner. Wien 1890, V, VII.

hin. So behauptete Wlislocki 1890: Nach einer 'schwer erwirkten Aufnahme' als 'Mitglied' in einen Stamm sei er unter den Mitgliedern 'seines Stammes' sicher, nicht aber "im Kreise der anderen Stämme, deren 'Genosse' ich nicht bin", nur ein Jahr später, 1891, jedoch schrieb er, daß ein Zigeuner nicht nur innerhalb des eigenen Stammes, sondern in der ganzen Welt von allen Zigeunern als Bruder angesehen werde, und fuhr fort: "Ich habe dies 'Glück' - si licet verbum - in vollem Maße genossen und nach Kräften ausgebeutet"[114]. Wenn Wlislocki bereits in diesem Punkt sich widersprechende Fakten publizierte, wie sind dann seine eine genaue Kenntnis des Volkes voraussetzenden Aussagen zu Glauben und Mythos zu beurteilen? Noch ein weiteres von Ruch herangezogenes Beispiel sei angeführt[115]: Als Wlislocki an der Universität in Klausenburg studierte, fand dort ein Seminar über Gotthold Ephraim Lessing statt. Ein Studienfreund Wlislockis publizierte zwei Jahre später eine kleine Schrift darüber, er erwähnt einen Text *Fabel von den drei Ringen* und berichtet: "Ins Zigeunerische wurde diese Fabel 1879 vom Zigeunermusicanten Josef Bóliszár sen. übersetzt; das Manuscript im Besitze Dr. H. v. Wlislocki's". Ist dies als ein erster Hinweis zu werten, daß Wlislocki vielleicht gar nicht alles gesammelt hatte, was er als authentische Texte der Roma publizierte? Ich fasse die Hauptvorwürfe, die Wlislocki und seinen Werken gemacht wurden, zusammen:

(1) Er habe die Texte vor der Publikation 'verbessert', kräftig stilistisch überarbeitet, mythologisch angereichert und passend zur Indischen Theorie Benfeys ausgewählt. Er fiel zwar damit nicht aus dem üblichen Rahmen, dieses Verfahren war seit den Brüdern Grimm international gang und gäbe, nur: Wlislocki war kein Rom, sondern Angehöriger einer anderen Ethnie, der zudem ein äußerst ambivalentes Verhältnis zu 'seinen Zigeunern' zeigte, und Wlislocki publizierte nahezu konkur-

---

114 vgl. Ruch (wie not. 10) 251 f.; Wlislocki 1890 (wie not. 111) 78; ders.: Volksglaube und religiöser Brauch der Zigeuner. Münster 1891, X.

115 Ruch (wie not. 10) 215.

renzlos: Die Masse des von ihm veröffentlichten Materials war singulär, kann also nicht mit dem Material anderer Sammler aus dem Zeitraum verglichen und relativiert werden.

(2) Er habe Texte anderer Autoren, ohne es anzumerken, übernommen[116]. Der tschechische Linguist Jiří Lípa erhob den Vorwurf, Wislockis Werk *Die Sprache der transsilvanischen Zigeuner* von 1884 sei ein Plagiat. Hier passierte Analoges wie bei Grellmanns stillschweigender Übernahme von Beschreibungen südosteuropäischer Roma für Mitteleuropa, dieses Mal jedoch geographisch gesehen in umgekehrter Richtung: Wlislocki schrieb Lípa zufolge zu einem großen Teil die 1877 in ungarischer Sprache erschienene Arbeit *Cigány nyelvtan* von György Ihnátko aus, der wiederum hatte sich des Buches *Románi Čib* von dem bereits erwähnten Puchmayer bedient; auf diese Weise erscheinen nun Elemente eines böhmischen Dialekts als Sprache der transsilvanischen Zigeuner[117]. Ist derartiges bei Sprachmaterial möglich, so ist bei den noch schwerer überprüfbaren Erzähltraditionen größtes Mißtrauen angebracht.

(3) Wlislocki habe vermutlich Texte erst ins Romanes übersetzt oder übersetzen lassen und erfunden, ehe er sie als authentische Zeugnisse der Rom-Kultur publizierte. Die Vorwürfe werden sowohl mit linguistischer Kritik an den Romanes-Texten Wlislockis begründet als auch mit Ergebnissen aus der komparatistischen Erzählforschung: Meist hatte Wlislocki die Volkerzählungen ohne Romanes-Originale publiziert, z.B. in den *Märchen und Sagen der Transsilvanischen Zigeuner* "aus unedirten Originaltexten übersetzt" (Titelblatt), die bisher nicht aufgefunden wurden. Lípa untersuchte 15 Märchen, die Wlislocki in Romanes und in deutscher Übersetzung veröffentlicht hatte, und kam zu dem Schluß, daß es sich um keine wirkliche Zigeunersprache handle und daher die ur-

116 Zum Plagiatvorwurf z.B. von R. Pischel vgl. dessen Rezension zu Wlislocki 1890 (wie not. 111) in: Göttinger Gelehrte Anzeigen 1890, 969-980, vgl. Ruch (wie not. 10) 259 f.

117 Lípa, J.: O nevěrohodnosti ciganologa H. v. Wlislockého. In: Slovo a slovesnost 29 (1968) 407-411, hier 407-410.

sprünglichen Fassungen dieser Märchen nicht zigeunerischer Herkunft sein könnten[118]. Rolf Wilhelm Brednich bewertete auf der Grundlage von Vergleichsmaterial die Äußerungen Wlislockis zu den ungarischen Schicksalsfeen Firtos und Tartod als "gelehrte Erfindungen ohne jeden volkstümlichen Hintergrund"[119]. Bereits Vaclav Tille und später Karel Horálek[120] waren skeptisch in bezug auf die Glaubwürdigkeit des Wlislocki-Materials, das oft dem Vergleichsmaterial nicht entspräche. Z.B. bezweifelt Horálek die Authentizität einer Variante des *Ägyptischen Brüdermärchens*, der Geschichte von Anup und Bata, die Wlislocki als 'siebenbürgisch-zigeunerisch' publiziert hatte und die singulär ausgerechnet ein fehlendes Bindeglied zu einer mongolischen Variante herstellt, worauf Wlislocki explizit hingewiesen hatte[121].

Die Werke Wlislockis erfuhren eine breite Rezeption, u.a. auch durch den Jenischen Engelbert Wittich, der sowohl im *Journal of the Gypsy Lore Society* als auch im *Schweizerischen Archiv für Volkskunde* über schwäbisch-württembergische Sinti publizierte und dem vermutlich eine erneute stillschweigende Übernahme südosteuropäischen Materials für Mitteleuropa zu verdanken ist[122].

Ein letztes zu Wlislocki. Um aus unverfälschter Quelle zu schöpfen, schrieb Wlislocki, sammle er nicht bei den seßhaften Roma, sondern bei

118 ibid., 410 f. Lípa führt folgende Argumente an: (1) Sprachelemente verweisen wiederum auf das Werk von György Ihnátko, (2) im Wortschatz zeigt sich die Benutzung des Wörterbuchs von Liebich, und zwar die Abteilung deutsch-zigeunerisch, vgl. Liebich (wie not. 13), (3) es existieren Fehler in der Formenlehre einerseits und andererseits Formen und Ausdrücke, die aus keinem Zigeunerdialekt bekannt sind.

119 Brednich, R.W.: Volkserzählung und Volksglaube von den Schicksalsfrauen. Helsinki 1964, 197 zu Wlislocki, H. von: Volksglaube und religiöser Brauch der Magyaren. Münster 1893, 81, 87, 11 ff.

120 Horálek, K.: Beitrag zur Textologie orientalischer Märchen. In: Asian and African Studies 11 (1966) 24-37, hier 26-29.

121 Wlislocki, H. von: Märchen des Siddhi-Kür in Siebenbürgen. In: Zeitschrift der Deutschen Morgenländischen Gesellschaft 41 (1887) 448-460, hier 448-452.

122 Zum Vorwurf des Plagiats und zur Diskussion eines Neuabdruckes der Werke E. Wittichs vgl. Ruch (wie not. 10) 316-335.

den wandernden Zeltzigeunern[123]. Auch hier zeigt sich wiederum deutlich die Suche nach dem 'wahren' Zigeuner, dem 'echten' Typus. Aus der Statistik des ungarischen Innenministeriums von 1893 geht nach Ruch[124] eine verblüffende Tatsache hervor: Etwa 3% (!) der siebenbürgisch-ungarischen Roma waren Wanderzigeuner, etwas mehr als das Doppelte wurde als zeitweilig ansässige Zigeuner bezeichnet und alle übrigen, also fast 90%, als ansässig. Wlislockis Publikationen über die Zeltzigeuner hatten eine in ihrem Ausmaß nicht abzuschätzende Wirkung auf das stereotype Bild vom 'ewig wandernden Zigeuner'.
1907 erschien das Buch *Zigeunerhumor. 250 Schnurren, Schwänke und Märchen* von Friedrich Salomo Krauss (geb. 1859 in Požega; gest. 1938 in Wien)[125]. Er war ein meist in Wien lebender Folklorist, dessen Forschungsarbeiten vor allem der südslavischen Folklore galten. Sein Buch *Zigeunerhumor* ist ein vielzitiertes Werk in populären wie wissenschaftlichen Büchern - immer als Beispiel für Erzählungen von Roma. Dementsprechend findet es sich in dem internationalen Nachschlagewerk *The Types of the Folktale* von Antti Aarne und Stith Thompson[126] - übrigens als die einzige bibliographische Angabe für Erzählungen der Roma überhaupt -, aus dem es wiederum in andere wissenschaftliche Publikationen gelangt. Doch Aussagen von Krauss im Vorwort (VII) zum *Zigeunerhumor* - etwa, er habe alle groben Geschichten ausgelassen, "deren Humor nur in den gegen die armen Zigeuner verübten Ruchlosigkeiten besteht" - lassen mißtrauisch werden. Meinte Krauss damit umlaufende Geschichten über Zigeuner?

123 Wlislocki 1886 (wie not. 78) XV; vgl. auch id. 1890 (wie not. 111) 34: "Der Zigeuner hört eben auf, Zigeuner zu sein, sobald er ansässig wird und ein bestimmtes Gewerbe betreibt [...]".

124 Ruch (wie not. 10) 193.

125 Krauss (wie not. 72); vgl. allgemein: Burt, R.L.: Friedrich Salomo Krauss (1859-1938). Mit einem Beitrag von M. Martischnig. Wien 1990; Daxelmüller, Chr.: Wiener jüdische Volkskunde. In: Österreichische Zeitschrift für Volkskunde Neue Serie 41 (1987) 209-230, bes. 210-215.

126 Aarne/Thompson (wie not. 72).

Dieser Verdacht verstärkt sich bei Durchsicht seiner Texte. So ist allenfalls die schlagfertige Antwort des Zigeuners in der Geschichte *Gott als Zahler* (p. 13) authentisch 'zigeunerisch', denn Krauss gab hier ein Erlebnis seines Vaters mit einem Zigeuner zum besten. Bei vielen anderen Texten verwundert die Perspektive der Erzählungen; sollte ein Schwank wie z.B. *Gott läßt nicht mit sich scherzen* (p. 11), in dem ein Zigeuner die Prügel des Bauern als Blitzschlag hinnimmt, aus Sicht der Roma erzählt sein? Viele Textbeispiele erinnern an unter der Rubrik 'Über Zigeuner' publizierte Geschichten in südosteuropäischen Sammlungen. Handelt es sich um Varianten? Leider belegte Krauss seine Texte nicht, nur summarisch führte er 16 Publikationen auf, denen er - abgesehen von 60 Texten aus eigener Sammlung - die übrigen 190 Geschichten entnommen habe. Auffallenderweise sind die Mehrzahl dieser Publikationen Sammlungen serbischer und kroatischer Folklore. Bereits bei Stichproben in einem einzigen von Krauss angegebenen Buch, *Srpske narodne pripovijetke* von Vuk Vrčević, zeigt sich, daß Krauss hier in einem Dutzend von Fällen serbische Varianten übersetzt hat[127]. Vrčević schrieb zu seinen Texten, daß es bei den Serben viele Erzählungen über Zigeuner gäbe, die alle den Zigeuner als listig und scharfsinnig schilderten, und daß er plane, diese Geschichten in einem Buch *Ciganija* (Zigeunerei) herauszugeben[128]. Diese Idee hat Krauss mit seinem Werk *Zigeunerhumor* weitgehend ausgeführt. Denn auch der Vergleich mit einem von ihm angebenenen 'Zigeunertitel', mit der Abhandlung *Die Zigeuner in Serbien* von Tihomir R. Djordjević, ergibt: Krauss nahm Geschichten, die von Djordjević explizit als serbisch gekennzeichnet sind, in sein Buch auf[129]. Wenn auch vermutlich manche der Erzählstoffe - besonders über die Schlagfertigkeit der Zigeuner - als Varianten in der

---

127 Vrčević, V.: Srpske narodne pripovijetkě ponajvise kratke i šaljive. t. 1 Beograd 1868, t. 2 Dubrovnik 1882, z.B. t. 1, num. 77 = Krauss, 125; num. 81 =Krauss, 146 f.; t. 2, 3 = Krauss, 124; 84 = Krauss, 145 f.

128 Vrčevič (wie not. 127) t. 1, 40.

129 Gjorgjević (wie not. 57) 52 = Krauss, 3; 52 = Krauss, 5; 43 = Krauss, 217.

mündlichen Tradition der Roma in Umlauf gewesen waren, authentische 'zigeunerische Zeugnisse' liegen mit dem Buch von Krauss nicht vor. Darüber hinaus brachte er Geschichten, deren kommentarloser Abdruck bei der Erwartungshaltung 'Humor von Zigeunern', der erklärten Autorenabsicht, "eine Art Ehrenrettung der Zigeuner" zu besorgen, und angesichts eines breiteren Laienleserkreises problematisch erscheint. Ein Schwank als Beispiel nach dem Buch von Krauss (p. 89 f.):

Eine Zigeunergesellschaft feierte in einer Schänke, und als es zum Bezahlen kam, fragten sie die Wirtin, wieviel sie bezahlen müßten. Sie rechnete ihnen 5 Gulden aus. "Heute halte ich euch alle frei", sagte einer der Zigeuner, "ich bezahle alles." Ein zweiter fiel ihm ins Wort: "Nein, das dulde ich nicht. Die Reihe ist an mir. Zahlen werde ich." Der dritte unterbrach ihn: "Das gibt's nicht, das Zahlen ist an mir. Weiß Gott, wann wir uns wieder begegnen, da sollt ihr mich in guter Erinnerung behalten." Das wollte wieder der vierte und fünfte nicht. Kurzum, jeder wollte allein die Zeche aller bezahlen. Da kam einer auf die Idee: Wißt ihr was, wozu sollen wir uns hier herumstreiten, wer bezahlen soll. Wir lassen den Zufall entscheiden. Verbinden wir doch der Wirtin die Augen, und wen sie als ersten erwischt, der bezahlt die Zeche. - Die Wirtin war keine Spielverderberin und machte mit. Ihr wurden die Augen verbunden, und sie tappte herum. Die Zigeuner zogen schnell ihre Stiefel aus und schlichen hinaus. Kaum waren sie weg, kam der Schankwirt nach Hause, die Frau packte ihn und rief aus: "Du wirst alles bezahlen."... der Mann wunderte sich nicht schlecht, und die Frau erzählte ihm die Geschichte. Die Zigeuner waren weg.

Lesermeinungen wie 'Zigeuner als Zechpreller, typisch' oder zumindest 'typisch, daß sie so etwas erzählen' sind wohl keine Hypothese angesichts der für 'Zigeunergeschichten' angewandten Interpretationsmuster, wie in diesem Beitrag andere Beispiele von Erzählungen und ihrer Tradierung zeigten. Der angeführte Schwank ist keine nationalspezifische Geschichte, Dänen erzählen es über Dänen, Deutsche über Deutsche, Kroaten über Kroaten usw. - es ist einfach ein internationaler Gaunerschwank[130]. Abgesehen von unkommentierten Texten dieser Art bot auch Krauss, wie oben ausgeführt, in seinem *Zigeunerhumor* weniger Selbstäußerungen als Außenbilder zum Thema Folklore der Roma.

IV

Ziehen wir das Fazit: Für fast alle deutschsprachigen Texte des 19. Jahrhunderts kann auf die Frage, ob sie authentische und repräsentative Selbstzeugnisse der Sinti und Roma darstellen, allein Vorsicht angeraten werden, und letztendlich ist sie zu verneinen. Eine weitere Frage hingegen, ob hier nicht nur Forschungsmethoden und -intentionen des 19. Jahrhunderts, sondern auch die ethnische Zugehörigkeit der Buchautoren, die für Sinti und Roma Fremde waren, eine Rolle spielten, muß bejaht werden. Normsysteme von Außenstehenden kamen zum Tragen, die wiederum den jeweils zeitgenössischen Wertvorstellungen verhaftet waren. Geschichten wurden dermaßen kontinuierlich in der Literatur tradiert, da direkte Kontakte mit Romgruppen Seltenheitswert hatten. So ist die enorme Wirkung und auch eine gewisse Unangreifbarkeit Wlislockis auf seine Rolle als angeblicher Insider zurückzuführen. Hatte dieser die Art und Weise seiner konkreten Begegnungen mit Roma mehr mystifiziert als offengelegt, so zeigen die Ratschläge zur Feldforschung von Charles G. Leland, wie sehr sie in den Traditionen des 19. Jahrhunderts standen. Er empfahl aus der Kompilationsliteratur des 17. Jahrhunderts Beispiele zum Aberglauben herauszuziehen und dann abzufragen. Er nennt u.a. Johannes Prätorius mit den Titeln *Abentheuerlicher Glückstopf* (1669), *Anthropodemus Plutonicus* (1666) und *Blockes-Berges Verrichtung* (1669) sowie Johann Christian Frommann mit dem *Tractatus*

130 vgl. Aarne/Thompson (wie not. 72) num. 1526 A.

de fascinatione novus et singularis [...] (1675) und veranschaulicht die Methode: "Dann nehmen wir die einzelnen Capitel vor und fragen z.B. 'Hast du gehört vom Reichtum durch Hahnreischaft? [...] Von Stillschweigen beim Schatzgraben?' usw."[131] Diese Art der Befragung und die ambivalente Reaktion der Befragten ist u.a. auch von deutschen Sammlern, die auf der Suche nach germanischen Altertümern waren, bekannt[132]. Doch beim Thema Roma und Sinti kommt noch ein weiterer Faktor hinzu: Realität und Fiktion werden vermischt: Einige der transportierten Geschichten, wie Erzählungen über den 'Feuerzauber der Zigeuner', wurden einerseits als deutsche Sagen und andererseits als Warnung von Kriminalisten vor 'Zigeunertricks' abgedruckt[133].

Obwohl die völkerkundlich orientierte Wissenschaft selbst kein Interesse an den Roma zeigte, ist ein leichter Reflex dieser Disziplin zu spüren, wenn 'Wilde' miteinander verglichen werden: In der zweiten Hälfte des 19. Jahrhunderts tauchen ab und zu Vergleiche zwischen Roma und nordamerikanischen Indianern auf[134]. Früher - und auch später häufig benutzt - hatten sich für den Terminus Volk sowohl distanzierende Herablassung als auch romantisierende Exotik zum Ausdruck bringende Umschreibungen eingebürgert: Spricht Grellmann noch von den Zigeunern als einem zahlreichen Volk, so ist die Rede bei Pott von einem 'herumirrenden Völkchen' und einem 'Volkshäuflein', spätere Variationen sind 'romantisches Völkchen', 'heimatloses braunes Völkchen' oder bei Krauss 'Zigeunervölkchen'; daneben werden Roma als 'Natursöhne', 'braune Romsöhne', 'Söhne der Heiden', 'braune Söhne Indiens' be-

131 Leland, Ch. G.: Die alten Folkloristen. In: Ethnologische Mitteilungen aus Ungarn 2 (1891/92) 253 f.

132 vgl. Schenda (wie not. 96).

133 z.B. Hönn (wie not. 16) 518 f., 518 (Feuersegen); Liebich (wie not. 13) 63 sq. (gleiche Quelle wie z.B. Köhler, J.A.E.: Volksbrauch, Aberglauben, Sagen und andere alte Ueberlieferungen im Voigtlande. Leipzig 1867, 551); vgl. Köhler-Zülch 1984 (wie not. 95).

134 Leland, Ch. G.: Märchenhort. In: Ethnologische Mitteilungen 1 (1887) 20-23 (Vergleich der Märchen); Reinbeck (wie not. 55) 3 f.; vgl. Wlislocki 1890 (wie not. 111) 385.

zeichnet - von Töchtern ist nicht die Rede, allenfalls von 'braunen Kindern der Heide und des Waldes'[135].

Die Tradierung von Geschichten, die Außenbilder sind, hängt in starkem Maße von dem Interesse und Wissensstand der Außengesellschaft ab: Ferdousis Lurigeschichte wurde in Europa tradiert, als die Herkunft der Roma aus Indien bekannt wurde, die Geschichte vom verweigerten Nachtquartier überlebte den Niedergang der Ägyptentheorie dank ihrer Funktion: Sie diente dazu, die Roma als lügenhaft zu charakterisieren. Die ebenfalls zur Charakterisierung der Roma eingesetzte Geschichte vom Tausch der Stein- gegen die Speck-/Käsekirche weist auf ein anderes Phänomen hin: Es existieren Versionen einer Erzählung sowohl über die Roma als auch von den Roma selbst. Das Nebeneinander von solchen Geschichten, in denen Roma Protagonisten sind, das Entstehen von Versionen und Gegenversionen, müßte genauer untersucht werden, ebenso die Vermittlerrolle der Roma beim Austausch von internationalem Erzählgut[136]. Die Außengesellschaft zeigte bei der Überlieferung der Geschichten keinerlei Interesse an Differenzierungen, weder zeitlichen noch regionalen: Gefunden wurde 'Zigeunertypisches', und schneller als je Roma zwischen Südosteuropa und Mitteleuropa hin- und herwanderten, wanderten die 'Erkenntnisse' und Meinungen über sie, wurden die schriftstellerischen Erzeugnisse international mitsamt der von ihnen transportierten Geschichten rezipiert.

135 Pott (wie not. 6) t. 1, XIV, 36; Reinbeck (wie not. 55) 76, 88; Schwicker (wie not. 7) 168, 186; von Kittlitz (wie not. 7) 353, 358 f., 362 u.ö.; Krauss (wie not. 71) V; vgl. auch noch Aichele/Block (wie not. 1) 352; Knobloch 1953 (wie not. 92) 8 (braune Kinder dieses sorglosen Völkchens).

136 vgl. Roberts, W.E.: Two Welsh Gypsy and Norwegian Folktales. In: Fabula 4 (1961) 264-266 (vermuteter Transfer einiger Geschichten durch Roma von Norwegen nach Wales oder umgekehrt).

Peter Heuß

Kulturpolitik im Dritten Reich

Das "Ahnenerbe" der SS und seine Funktion für Himmlers Rassenpolitik

Der Titel meines Referates[1] scheint auf den ersten Blick nicht recht in unsere Tagung zu passen. Doch im folgenden werde ich zeigen, daß 'Märchenforschung' unter den Bedingungen des Nazi-Staates kein 'unschuldiges Orchideenfach' bleiben konnte.

Die Beschränkung auf den Herrschaftsbereich von Heinrich Himmler habe ich bewußt gewählt, um nicht pauschal von *dem* Nationalsozialismus sprechen zu müssen. Denn dies hieße, den Nationalsozialismus auf eine ideologische und organisatorische Geschlossenheit festzulegen, die er nie besessen hatte[2].

Das SS-Imperium war ein tragendes Teil der nationalsozialistischen Polykratie. Himmler benutzte nicht nur die ständigen Machtkämpfe, um seinen Machtbereich zu vergrößern, sondern er schuf innerhalb des SS-Staates ein Abbild der Ämterhäufung und des Kompetenzwirrwarrs.

Das gilt auch für den Bereich der Kultur- und Wissenschaftspolitik. Denn auch Himmler hielt sich für die Erforschung des 'deutschen Wesens' für kompetent. Neben dem "Ahnenerbe" existierten einige weitere Stellen innerhalb der SS, die sich mit Fragen der Volks- und Rassenkunde befaßten. Das "Rasse- und Siedlungsamt" ist die bekannteste davon.

---

1 Dieser Beitrag stellt die überarbeitete Fassung eines Referates dar, das auf der Tagung 'Die Sinti/Roma-Erzählkunst im Kontext europäischer Märchenkultur' gehalten wurde.

2 Vergleiche dazu auch die Ausführungen von Herfried Münkler zur Diskussion über Carl Schmitt und Martin Heidegger. In: NPL 35 (1990), S. 295

Das "Ahnenerbe" bildete insofern eine Besonderheit, da es als ein privater Verein gegründet wurde[3]. Die persönlichen Interessen Heinrich Himmlers beeinflußten daher stark die gesamte Tätigkeit des "Ahnenerbes". Zudem mußte Himmler die Ansprüche von Alfred Rosenberg berücksichtigen. Rosenberg war am 24.01.1934 zum "Beauftragten des Führers für die Überwachung der gesamten geistigen und weltanschaulichen Schulung und Erziehung der NSDAP" ernannt worden[4]. Himmler durfte seinem Forschungsverein lange Zeit keinen 'parteiamtlichen' Status verleihen; erst im April 1942 wurde das "Ahnenerbe e.V." zum "Amt A" innerhalb des SS-Hauptamtes "Persönlicher Stab, Reichsführer SS".

Gegründet wurde der Forschungsverein am 01.07.1935 unter dem Namen "Deutsches Ahnenerbe. Studiengesellschaft für Geistesgeschichte" in Berlin. Zu den Gründern zählten - neben Heinrich Himmler - Reichsbauernführer Walter Darré und Herman Wirth, dessen Germanomanie sich mit der der anderen traf[5]. Das "Ahnenerbe" blieb bis in die ersten Kriegsjahre vorwiegend geisteswissenschaftlich ausgerichtet.

Die Vorstellung, 'die Wissenschaft' bzw. die 'Volkskunde' sei 'sauber' geblieben - oder wenigstens zum größeren Teile unbelastet geblieben -, diese Vorstellung erweist sich heute als ein trügerisches Bild. Denn die Akademiker und die Professoren der Weimarer Republik waren nicht jene 'unpolitischen Gelehrten', als die sie sich selber gerne sahen. Der Machtanspruch der Nazis machte auch vor Wissenschaften und Universitäten keinen Halt. Wer hätte diesen Ansprüchen entgegentreten können? Die Professoren der Weimarer Republik waren in den meisten Fällen selber antidemokratisch und nationalistisch gesinnt. Und der

---

3 Für die Darstellung des "Ahnenerbes" maßgeblich: Michael H. Kater: Das "Ahnenerbe" der SS 1935 - 1945 : ein Beitrag zur Kulturpolitik des Dritten Reiches. Stuttgart 1974

4 Zu Rosenberg vergleiche: Reinhard Bollmus, Das Amt Rosenberg und seine Gegner. Studien zum Machtkampf im nationalsozialistischen Herrschaftssystem. Stuttgart 1970.

5 Vergleiche: Sibylle Mulot, Wodin, Tunis und Inka. Die Ura-Linda-Chronik. in: K. Corino (Hrsg.), Gefälscht! Frankfurt/M. 1990 S. 263-275.

akademische Mittelbau oder die Studenten? Gerade sie waren die eifrigsten Nazis innerhalb der Universitäten!
Der Nationalsozialistische Deutsche Studentenbund (NSDStB) war lange vor 1933 zur stärksten Studentenverbindung geworden. Der 'Gleichschaltung' der Nazis kam eine 'Selbstgleichschaltung' der Universitäten entgegen[6].
Viele Wissenschaftler wurden nach 1933 aus rassischen und politischen Gründen ins Exil gezwungen. Die sogenannten 'unpolitischen' Wissenschaftler schwiegen dazu. Auch wenn die übriggebliebenen 'unpolitischen' Akademiker glaubten, weiterhin 'wertfreie' und 'objektive' Forschung betreiben zu können:
Die eigentlichen Vorbedingungen für Wissenschaft waren im Nationalsozialismus unerwünscht. Offener Austausch und die Möglichkeit, die Forschungsthesen zu revidieren oder zu falsifizieren, waren nicht mehr gegeben. Was nun als 'wahr' gelten sollte, mußte mit der sogenannten 'nationalsozialistischen Weltanschauung' im Einklang stehen.
Doch um das Recht, diese Ideologie auszulegen - und damit um die Macht -, kämpften ständig verschiedene Organisationen innerhalb des NS-Staates. Die Wissenschaftler im Deutschen Reich wurden in diese Machtkämpfe hineingezogen. Viele boten auch ihre Hilfe freiwillig an. Das Ansehen der Wissenschaft wurde zu einem Instrument der Ideologie. Ähnlich wie im I. Weltkrieg die Professoren ihre Parteinahme in Phrasen von scheinbarer Objektivität einkleideten, so wurde auch im NS mit dem Anschein von Sachlichkeit die Wissenschaft politisch ausgerichtet.
Als ausgesprochen 'nationalsozialistische Fächer' sind die 'Rassenkunde' und die rassistische Medizin[7] bekannter geworden. Aber auch alle ande-

---

6 Vergleiche: Christian Graf von Krockow, Kräfte, Tendenzen, Strömungen in den Universitäten. In: Auf dem Weg ins Dritte Reich. Bonn 1982 S. 37-59.

7 Vergleiche: Benno Müller-Hill, Tödliche Wissenschaft. Reinbek bei Hamburg 1984 und Sabine Scheiermacher, Die SS-Stiftung "Ahnenerbe". Menschen als Material für 'exakte' Wissenschaft. in: Rainer Osnowski (ed.), Menschenversuche. Wahnsinn und Wirklichkeit. Köln 1988 S. 70-87.

ren Sparten sollten sich einfügen und dem 'Deutschtum' dienen. Die Wissenschaftler sollten sich den ideologisch vorgegebenen Zielen unterordnen und angeblich zum 'Wohle des nationalsozialistischen Volksganzen' diszipliniert werden.

Die Förderung bestimmter Fachwissenschaften in der Zeit des NS läßt sich an der Zahl der Neugründungen von Lehrstühlen ablesen. Neben der Rassenkunde gab es nur zwei andere Fächer, die ähnlich institutionell versorgt wurden: die Volkskunde und die Vor- und Frühgeschichte. Auch die Aufwertung von Rassenkunde und Volkskunde zu Pflichtfächern für die angehenden Lehrer und Mediziner spricht für das hohe Prestige dieser Fächer.

Mit dem Bekenntnis zu einer nun betont "Deutschen Wissenschaft" - sei es nun die "Deutsche Physik" oder die "Deutsche Volkskunde" - entsagten die Forscher ihrer wissenschaftlichen Freiheit. Mehr noch: Unter den Schlagworten "Volk" und "Rasse" verdarb die Wissenschaft zu scheinwissenschaftlicher Legitimation von Rassismus und deutschem Größenwahn.

Für Himmler und das "Ahnenerbe" der SS heißt das: Sämtliche wissenschaftlichen Bemühungen konnten und durften nur dazu dienen, die ideologischen Vorgaben des Reichsführers SS durch immer neue Prozesse scheinbarer Wissenschaftlichkeit zu 'beweisen'.

Die Grenzen zwischen Wissenschaft und Scharlatanerie wurden aufgehoben. Wichtig blieb allein die ideologische Funktion der 'völkischen' Wissenschaft. So fanden sich unter dem Dach des "Ahnenerbes" Herman Wirth mit seiner 'germanischen Urreligion' und Karl Theodor Weigel[8] samt seiner 'Sinnbildkunde', auch die 'Welteislehre' von Hanns Hörbiger dufte hier gepflegt werden. Unter den Bedingungen des Nazi-Regimes blieb es nicht bei relativ harmloser Scharlatanerie.

---

8 Rolf Wilhelm Brednich, Das Weigelsche Sinnbildarchiv in Göttingen. Ein Beitrag zur Geschichte und Ideologiekritik der NS-Volkskunde. in: Zeitschrift für Volkskunde 81 (1985), S. 22-39.

Im "Ahnenerbe" verdeutlicht sich das Dienstbarmachen von Wissenschaftlern für die jeweils aktuellen politischen Zwecke besonders gut.

Das Beispiel Südtirol

1939 wurde ein Vertrag zwischen Italien und dem Deutschen Reich geschlossen, der die Frage der deutschsprachigen Südtiroler regeln sollte[9]. Die Südtiroler Bevölkerung sollte sich in einer Option zum deutschen oder italienischen Volkstum erklären. Jene, die sich als Deutsche fühlten, sollten gemäß des Vertrags ausgesiedelt werden. Eine Absicht, die den Optanten keineswegs klar vor Augen gestellt wurde. Heinrich Himmler wurde als "Kommissar zur Festigung des Deutschen Volkstums" beauftragt, die Aussiedlung zu organisieren. Er ließ durch das "Ahnenerbe" die "Kulturkommission Südtirol" einrichten. Diese Kommission hatte den Auftrag, das 'Auslandsdeutschtum' in Südtirol in allen Lebensäußerungen zu erfassen und zu dokumentieren[10]. Wie sich dieses 'dokumentieren' darstellen konnte, dafür möchte ich ein Beispiel geben: Eine Mitarbeiterin von Professor Richard Wolfram, der von der "Kulturkommission" (d.h. vom "Ahnenerbe") für volkskundliche Erhebungen verpflichtet worden war, schrieb an Wolfram: "Ich habe übrigens in einem Tal Bräuche gefunden, die habe ich einüben lassen, dann können wir sie in zwei Jahren aufnehmen"[11].

Die Verbindung von "Volkskunde" mit "Volkstumpflege" sorgte nicht nur in diesem Fall für die Aufhebung jeder Wissenschaftlichkeit. Auch

9 Vergleiche: Karl Stuhlpfarrer, Umsiedlung Südtirol 1939-1940. Wien 1989.

10 Vergleiche auch die Diskussionen in dem Tagungsband: Volkskunde und Nationalsozialismus. (Münchner Beiträge zur Volkskunde, 7) 1987. S. 239ff.

11 Volkskunde und Nationalsozialismus. S. 128.

der Volkskundler Eugen Fehrle publizierte 'altes Brauchtum', das er erst in den beschriebenen Orten eingeführt hatte[12].
Die Aufzeichnung der 'Volksbräuche' und der 'Volkserzählungen' sollte den Beweis für den 'germanischen Volkscharakter' der Südtiroler liefern. Denn sie durften ja keine germanisierten Romanen sein. In den Sagen der Südtiroler fanden die völkischen Interpreten die Wurzeln der Südtiroler: sie seien die direkten Nachfahren der Goten aus der Völkerwanderungszeit. Die auszusiedelnden Südtiroler sollten in das Territorium des Deutschen Reiches verpflanzt werden. Infolge der kriegerischen Expansion nach Osten standen für Himmler plötzlich die Gebiete Rußlands zur Verfügung. Er wollte die Südtiroler auf der Krim ansiedeln. Um diesen Plan mit einer scheinwissenschaftlichen Legitimität zu versehen, mußte die Krim als alter germanischer "Kulturboden" belegt werden. Das "Ahnenerbe" erhielt nun den Auftrag, die Spuren der Goten auf der Krim und in Südrußland zu "sichern". ("Sichern" ist ein Nazi-Euphemismus für das Plündern in russischen Museen und für Raubgrabungen.) Im Verlauf des II. Weltkriegs haben sich zahlreiche Wissenschaftler in den organisierten Kunstraub verstrickt, die Geisteswissenschaftler waren nicht auf die Rolle der Apologeten bei den Nazi-Verbrechen beschränkt.
Heinrich Himmler selbst glaubte an die Richtigkeit solcher Spekulationen, wie zum Beispiel an die Existenz der südtiroler Goten. Er wünschte die praktische Auswertung der von ihm protegierten Wissenschaften - auch der Märchenforschung. Wie sollte die 'praktische Nutzanwendung' der Märchen aussehen?
Ende Mai 1940 schrieb Himmler aus seinem Sonderzug "Heinrich" an das "Ahnenerbe", er habe in einem nordischen Märchen von einem roten Pferd mit weißer Mähne gelesen. Wen verwundert es, daß dieses Pferd mit märchenhaften Fähigkeiten ausgezeichnet war. Ihm - Himmler - sei in Polen ein Pferd von brauner Farbe mit einer weißen Mähne aufgefal-

12 Vergleiche Peter Assion, "Was Mythos unseres Volkes ist" Zum Werden und Wirken des NS-Volkskundlers Eugen Fehrle. in: Zeitschrift für Volkskunde 81 (1985) S. 220-240.

len. Er bat nachzuforschen, welcher Zusammenhang zwischen Märchen und Wirklichkeit bestehe.
Das Motiv 'Pferd als Helfer' findet sich in vielen Erzählungen, für einen 'völkisch geschulten' Leser stellte es sich so dar: "Zu den vielen Hinweisen, daß die Märchen arisches Gut sind, gehört das Roß, dem in der Überlieferungswelt eine auffallende Rolle zugemessen wird. (...) Im Märchen steht das Roß gerade bei den Formen, die wir als sehr alt und ursprünglich erkennen, als Helfer an erster Stelle."[13]
Aus dieser Anfrage Himmlers entwickelte sich der Plan, ein 'Super-Steppenpferd' zu züchten. Diese Neuzüchtung sollte von den germanischen Krieger-Bauern bei der Kolonisation des Ostens helfen: nicht nur als Zug- und Reittier, nein auch als milchgebendes Schlachtvieh. Im September 1944 wollte der zuständige Projektleiter nach Norwegen reisen, um Zuchtpferde zu beschaffen. Ein Troß Steppenpferde aus Rußland sollte ebenfalls Zuchttiere bringen, er war im April 1945 bis Thüringen gekommen. Die Planer im 'Tausendjährigen Reich' rechneten gerne in Jahrhunderten.
Auch die Märchenforschung sollte nach Ansicht der Vertreter des "Ahnenerbes" ein Werk für künftige Jahrhunderte werden. Zum 01.02.1937 wurde Joseph Otto Plaßmann zum Leiter der Abteilung für Märchen- und Sagenkunde ernannt. In einer Beschreibung seines Auftrags nennt Plaßmann die folgenden Aufgaben der nun "Pflegstätte für Märchen- und Sagenkunde" titulierten Abteilung:
"1. die aus germanischer Überlieferung stammenden Sagen und Märchen als einen der wichtigsten Bestandteile der germanischen Geistesüberlieferung zu sammeln,
2. ihren Gehalt durch Vergleich mit den vorgeschichtlichen, geschichtlichen, brauchtümlichen und bildhaften Überlieferungen zu erkennen und

---

13 Karl v. Spieß, Deutsche Volkskunde als Erschließerin deutscher Kultur. Berlin 1934 S. 105f.

3. auf Grund dieser Forschungen den geistigen und seelischen Erlebnisinhalt in Sage und Märchen als Zeugnis einer überlieferten arteigenen Weltanschauung dem ganzen Volke zu vermitteln und seiner geistigen und seelischen Erneuerung dienstbar zu machen."[14]

Das Ziel dieser Arbeiten sollte sein die "Wiedereinführung der lebendigen Erzählung in den Bildungsbestand des Volkes; Schaffung der seelischen Bereitschaft dazu durch Bewußtmachung der in dieser Überlieferung ruhenden geistigen und seelischen Werte."[15] Dieses Programm orientierte sich stark an den Vorstellungen, die H. Wirth propagierte. Auch andere Vertreter der Volkskunde und einer völkischen Märchenforschung konnten sich mit diesen Forderungen identifizieren[16]. Und so kann es auch nicht mehr verwundern, daß es ab 1936 eine parteiamtlich bestallte Märchenerzählerin für alle Gaue gab[17].

Die Aufgabe der Märchenkunde war nicht die Sammlung der Erzählungen, die tatsächlich noch lebendig erzählt wurden. Wichtiger erschien den Märchenforschern im "Ahnenerbe" ihre Aufgabe, "das arteigene Gut vom artfremden zu scheiden, den mythischen Glaubensbestand des Erzählstoffes zu bestimmen sowie der deutschen Mutter und ihren Kindern höchstes deutsches Märchengut in reiner und echter Gestalt wieder in die Hand zu legen."[18]

Für diese 'Pflege des Märchengutes' erfährt man bei Karl v. Spieß, daß "deren Richtlinien die gleichen sind wie bei der Rassenfrage. Dem Erhalten der gesunden Erbstämme und dem allmählichen Beseitigen des Erbkranken dort, steht hier ein Erhalten des Arteigenen und ein Beseitigen

---

14 Bundesarchiv Koblenz, NS 21/(vorl.) 713 Plaßmann, Pflegstätte für Sagen und Märchenkunde im Deutschen Ahnenerbe, ohne Datum (Sept. 1937).

15 ebenda.

16 So z.B. Karl v. Spieß oder Edmund Mudrak.

17 Maria Fischer, Es war einmal - es ist noch. Das deutsche Märchen in seinen charakterlichen und sittlichen Werten. Stuttgart 1944.

18 zit. in: M. Kater, a.a.O., S. 45f.

des Artfremden gegenüber."[19] Was das 'deutsche', das 'arische' oder das 'indogermanische' Märchen ausmachte, das war auch in der völkischen Richtung nicht eindeutig festgelegt. Die völkischen Interpretatoren wollten in den Märchen Belege für eine 'uralte' Kultur sehen. Die Märchen sollten die Spiegelung der 'nordischen Weltanschauung' sein. Diese 'Weltanschauung' sei durch die 'Rasse' bedingt[20]. Sicher war stets nur das Feindbild: "der Jude" oder etwas gebildeter "die Semiten". Denen sprach man einfach den Besitz von Märchen ab, weil die Märchen ja etwas eigenes - 'arteigenes' darstellen mußten[21].

Was als 'artfremd' diffamiert wurde, mußte minderwertig sein. Damit durfte es mit allem Nachdruck 'ausgemerzt' werden.

---

19 K. v. Spieß, a.a.O., S. 235.

20 Karl v. Spieß/Edmund Mudrak, Deutsche Märchen - Deutsche Welt. Zeugnisse nordischer Weltanschauung in volkstümlicher Überlieferung. Berlin (Herbert Stubenrauch Verlagsbuchhandlung) 1939: "Die nordrassischen Bauernvölker, die lange Zeit, bis um 1000 n.d.Ztr., einen nicht geschichtlichen, nicht beherrschten Raum bewohnten, seit alters aber durch Abwanderung immer wieder Zweige nach Süden abgaben, haben eine nur ihnen eigene Schöpfung aufzuweisen: die nordische Überlieferungswelt. Wir sprechen von 'Überlieferung', weil diese Völker ihre geistigen Güter im Zeichen des Beharrens nur mündlich weitergaben; des weiteren von 'Welt', weil diese geistigen Güter von einer klar umrissenen und durch die Rasse bedingten Weltanschauung getragen sind. Saggut, Brauchtum und Zeitordnung bestimmen die nordische Überlieferungswelt. Das Märchen, der vorzüglichste Vertreter des Saggutes, ist als gesetzmäßig gegliederte Zwei-Welten-Erzählung, in einer Binnen- und einer Außenwelt spielend, gekennzeichnet." S.7.

Eine Neuauflage dieser Märchensammlung erschien in Wien unter dem Titel: "Hundert Volksmärchen. Treu nach den Quellen in ihren Beziehungen zur Überlieferungswelt" beim gleichen Verlag. Die nicht mehr opportunen Kommentare wurden entschärft und die Autoren wurden nicht mehr genannt, weil diese als Nazi-Belastete besonders inopportun waren - im Jahr 1947.

21 C. W. v. Sydow, Das Märchen als indogermanische Tradition. in: Niederdeutsche Zeitschrift für Volkskunde. 4(1929) S. 207 - 215. "Während das Märchen eine gradlinige Komposition hat, d.h. die einzelnen Begebenheiten folgen einander in streng logischer Ordnung und in bestimmter Anzahl (z.B. drei Aufträge, die der Held nacheinander ausführen muß, um ein bestimmtes Ziel zu erreichen), so daß man sich von vornherein über die Komposition klar ist, hat die semitische Novelle eine gewundene Komposition, so daß man nicht ahnen kann, was der nächste Abschnitt enthalten wird." S. 211.

Die Erzählkunst der Sinti und Roma erschien in diesem Zusammenhang plötzlich anrüchig. Die Kommentare der Nürnberger Rassegesetze nannten als "Fremdrassen" in Deutschland stets "Juden" und "Zigeuner". Die kulturellen Güter der Sinti und Roma - und besonders die 'Zigeunermärchen' - waren jedoch von den völkischen Märcheninterpreten stets der 'arischen Überlieferung' zugerechnet worden[22].

So hatte es auch der Kurator des "Ahnenerbes" in dem Aufsatz "Deutsche Frühzeit und arische Geistesgeschichte" dargestellt. Die Absonderung von "fremdvölkischen Einflüssen" erschien dem SS-Wissenschaftler als eine Notwendigkeit. "Ähnlich wie es hier unumgängliches Erfordernis ist, viele Hüllen und Schalen zu durchstoßen, die im Laufe zweier Jahrtausende um einen ehemals reinen Kern zusammengewachsen sind, ist es auch mit den Zigeunermärchen beschaffen, die in einer ursprünglich echt indoarischen Mundart erzählt werden und immer wieder unverfälscht arisches Denk- und Vorstellungsgut herausgeben."[23]

Hier sind wir wieder bei der ursprünglichen Aufgabenstellung des "Ahnenerbes", bei der 'Geistesurgeschichte'. Dem 'arischen Mythos' galt Heinrich Himmlers großes Interesse. Der Glauben und die Mythen, die von den Ahnen vererbt worden waren, sollten erforscht werden. Das "Ahnenerbe" engagierte sich daher stark für Vor- und Frühgeschichte, deutsche Volkskunde und einige Para-Wissenschaften. Der wiederentdeckte 'deutsche Mythos' sollte den Keim legen für eine neuheidnische Germanenreligion. Diese 'art- und rasseneigene' Ersatzreligion sollte das ideologische Rüstzeug für die deutschsprachigen Kolonisatoren liefern, um später ein "Großgermanisches Weltreich" zu schaffen. Himmler sah sich schon als Begründer einer neuen Religion, für die er bereits an einer höchsten Weihestätte arbeitete: der Wewelsburg[24].

---

22 Z.B.: Spieß, Deutsche Volkskunde. a.a.O. oder Werner v. Bülow, Märchendeutungen durch Runen. Die Geheimsprache der deutschen Märchen. Hellerau 1925.

23 Walther Wüst, Indogermanisches Bekenntnis. Berlin 1942 S. 36.

24 Wewelsburg 1933 - 1945. Kult- und Terrorstätte der SS. Paderborn 1987.

In der Ablehnung des Christentums und aller christlichen Konfessionen verbanden sich die verschiedenen Nazi-Ideologen, ob es nun Rosenberg, Himmler, Darré oder Goebbels war.
'Volkserzählungen' und 'Volksmärchen' als die Überlieferung aus mythischen Vorzeiten - und hier im speziellen die 'Zigeunermärchen' als Überlieferung 'arischer Mythen' -, das verweist auch auf die Märchenforschung des 19. Jahrhunderts und die Fachgeschichte der Germanistik. Verzeihen Sie mir diesen Exkurs in das letzte Jahrhundert, jedoch fühle ich mich gerechtfertigt, da die völkischen Germanisten und Volkskundler sich ausdrücklich und ausschließlich an der germanistischen Fachdiskussion des 19. Jahrhunderts orientierten.
Die Germanistik als die "Deutsche Wissenschaft" gilt als ein Werk der Gebrüder Grimm. Jacob und Wilhelm Grimm leisteten grundlegende Arbeit für die spätere Germanistik. Ihre Märchenedition - die Kinder- und Hausmärchen - wurden international ein großer Erfolg.
Die Grimms waren auf der Suche nach dem 'deutschen Mythos'. Was sie darunter verstanden, haben sie nie eindeutig definiert. W. Emmerich setzt als eine annähernd gleiche Definition jene, die F.W.J. Schelling in der Einleitung zur "Philosophie der Mythologie" gibt:
"Die mythologischen Vorstellungen sind weder erfunden, noch freiwillig angenommene. - Erzeugnisse eines vom Denken und Wollen unabhängigen Processes, waren sie für das ihm unterworfene Bewußtseyn, von unzweideutiger und unabweislicher Realität. Völker wie Individuen sind nur Werkzeuge dieses Processes, den sie nicht überschauen, dem sie dienen ohne ihn zu begreifen.
Es steht nicht bei ihnen, sich diesen Vorstellungen zu entziehen, sie aufzunehmen oder nicht aufzunehmen; denn sie *kommen* ihnen nicht von außen, sie *sind* in ihnen, ohne daß sie sich bewußt sind, wie, denn sie kommen aus dem Innern des Bewußtseyns selbst, dem sie mit einer

Nothwendigkeit sich darstellen, die über ihre Wahrheit keinen Zweifel verstatte."[25]

Die Forschungen der Brüder Grimm sind nicht dem Mythos an sich gewidmet, sondern dem 'deutschen Mythos' und seinen Überresten in den Märchen und Sagen.

Die Suche nach dem 'wesenmäßig deutschen' wird nur verständlich aus der Zeit der Napoleonischen Kriege und der Begeisterung für die "Befreiungskriege" von 1813-1815. Gegen den universalistischen Anspruch der Französischen Revolution oder auch der Einführung des Code Civil sollten nun die besonderen 'deutschen Werte' aufgerufen werden. Denn die erste Begeisterung für die Deklaration der allgemeinen Menschenrechte verflog rasch bei den Intellektuellen, als die Zeit der "terreurs" begonnen hatte.

Die deutsche 'Kulturnation' wurde als Gegenbild zur politischen Nation der Französischen Revolution entworfen. Die Vielfalt der deutschen Staaten erschien nun als Zersplitterung: Die 'deutsche Nation' konnte nicht an der territorialen oder staatlichen Einheit angebunden werden, sondern nur an einer gemeinsamen 'Kultur'.

Um dieses 'deutsche Wesen' zu bestimmen, wurden Linguistik, Literaturwissenschaft und Volkskunde aus nationalistischen Gründen in einen Bund gezwungen, der sich für alle drei Disziplinen nicht vorteilhaft auswirkte. Die Ergebnisse dieser 'deutschen Wissenschaft' - der Germanistik - sollten sich gegenseitig stützen.

'Nation' wurde definiert als 'Sprachgemeinschaft'. Das Lied von Ernst Moritz Arndt "Was ist des Deutschen Vaterland?" aus dem Jahr 1813 ist das Programm für diese Richtung geworden. Die deutsche Sprache und damit auch die deutsche Kultur sollten aufgewertet werden: Legitimität sollte die deutsche kulturelle Eigenständigkeit aus ihrer größeren

25 zit. in: Wolfgang Emmerich, Germanistische Volkstumsideologie. Genese und Kritik der Volksforschung im Dritten Reich. Tübingen 1968.

'Natürlichkeit' beziehen - im Gegensatz zur Zivilisation der Franzosen, die sich bereits auf dem Weg zum Niedergang in die Dekadenz befänden. Die lange Zeit gängige Meinung war, der Vorzug der deutschen Kultur sei ihre größere 'Ursprünglichkeit'. Als Beweis für diese Meinung wurde seit ihrer Wiederauffindung die "Germania" des Tacitus herangezogen[26]. Die 'deutsche Nation' war von Anfang an ein Kampfbegriff. Es kam mehr auf die Abgrenzung nach außen an. Da kam der polemische Kontrast von 'Germanen' gegen 'Römer' bei Tacitus sehr gelegen. Diese Charakterisierung der Germanen als 'ursprünglich', 'kriegerisch' und 'tugendhaft' und die der Römer als 'zivilisiert', 'dekadent' und 'lasterhaft' wurde als Schablone übernommen. Der zeitgenössische Gegensatz 'Franzosen versus Deutsche' wurde in die Vergangenheit verlegt. Der politische Konflikt wurde solcherart zu einem grundsätzlichen Streit stilisiert, zu einem Widerspruch, der im innersten Wesen vererbt sei.

Niemandem erschien die Kontinuität von den taciteischen Germanen zu den Deutschen der Neuzeit problematisch, verschaffte doch diese These der 'deutschen Nation' ein respektables Alter[27].

Um der solcherart gealterten deutschen Nation ebenso alte Kulturgüter zu verschaffen, benötigte man noch einen nationalen 'deutschen Mythos'. J.G. Herder machte den Vorschlag, die altnordische Überlieferung als Vorbild und Rüstkammer für einen deutschen Mythos zu benutzen. Er war sich aber bewußt, daß die skandinavischen Sagas eben *nicht* zur deutschen Tradition gezählt werden können.

Die Brüder Grimm und ihre Nachfolger wolten aber einen 'deutschen Mythos' finden: hatten sie doch bei Tacitus von einer Mythologie der Germanen gelesen. Diese Mythologie sollte aus den mittelalterlichen Sagas erschlossen werden. Dazu durften die Sagas nicht als Produkte des

---

26 Vergleiche dazu: Barbara Könneker, Germanenideologie und die Anfänge deutschen Nationalbewußtseins in der Publizistik Ulrich von Huttens. in: Ulrich von Hutten. Ritter, Humanist, Publizist 1488 - 1523. Kassel 1988 S. 279 - 291.

27 Vergleiche: Kontinuität? Geschichtlichkeit und Dauer als volkskundliches Problem. Hrsg. Hermann Bausinger und Wolfgang Brücker. Berlin 1969.

skandinavischen Mittelalters betrachtet werden[28]. Sie mußten vielmehr die Zeugnisse eines ursprünglichen germanischen Altertums sein. In dieses Altertum wurde der Wunsch nach der nationalen Einheit projiziert. Das heißt: alle Germanen waren gleich - wenn auch uneinig. Deshalb machte es keinen Unterschied, ob die Welt der Sagas nur in Skandinavien überliefert war oder nicht, über den postulierten gemeingermanischen Ursprung wurden sie zur deutschen Nationalliteratur.

Neben den Schilderungen weniger antiker Autoren über germanische Stämme und den eingedeutschten Sagas blieb nicht mehr viel, um das hohe Alter der 'deutschen Kulturnation' zu illustrieren.

Da die schriftlichen Quellen nicht dazu ausreichten, sollten auch die mündlich überlieferten Erzählungen und Märchen des Volkes genutzt werden: denn "in diesen Volksmärchen liegt lauter urdeutscher Mythos, den man für verloren gehalten, und wir sind fest überzeugt, will man jetzt in allen gesegneten Teilen unseres Vaterlandes suchen, es werden auf diesem Wege ungeachtete Schätze sich in ungeglaubte verwandeln und die Wissenschaft von dem Ursprung unserer Poesie gründen helfen."[29]

Märchen sammeln konnte nun zu einer patriotischen Tat werden. Der 'urdeutsche Mythos' der Grimmschen Kinder- und Hausmärchen war der Mehrheit der Bevölkerung unbewußt, deshalb mußte der 'deutsche Volksgeist' im 'Volk' erst noch geweckt werden.

Friedrich Ranke sprach diese Funktionalisierung der Märchen offen aus: "Aber der Untergang des volksechten Märchenerzählens bedeutet bekanntlich nicht den Tod des Märchens in Deutschland. Im Gegenteil, gerade aus den gedruckten Sammlungen ist das deutsche Märchen mit ungeahnter Kraft zu neuem Leben erstanden: in der deutschen Kinderstube. Im Vorgang der deutschen Volkswerdung spielte vor allem die Grimmsche Sammlung eine wichtige Rolle, indem sie den deutschen

---

28 Dazu: Klaus von See, Deutsche Germanenideologie. Vom Humanismus bis zur Gegenwart. Frankfurt/M. 1970.

29 Grimm, Kinder- und Hausmärchen. Vorrede.

Kindern eine nun wieder allen gemeinsame Vorstellungs- und Empfindungswelt vermittelt, ihnen ein Kinder- und Märchenland schenkt, in dem alle Deutschen des In- und Auslandes sich zusammenfinden und als Brüder erkennen. Nun wird zum Vorteil, was der Volkskundler vorhin mit leichtem Bedauern feststellen mußte: die einheitliche Stilisierung, die Verkindlichung und die Säuberung von allem Derben und Groben..."[30] Friedrich Ranke distanzierte sich deutlich von der völkischen Interpretation, die den Märchen ein hohes Alter zuspricht. Doch der Wunsch, mit Hilfe der Märchen das Gefühl der 'Volksverbundenheit' zu stärken, war allgemein verbreitet.

Die Sagen- und Märchensammlungen tragen im Titel gern das Beiwort 'deutsch'. Die Märchenforschung hat mittlerweile erkannt, daß damit keine nationalen Besitzansprüche verbunden werden können. Wichtiger als die nationale Zugehörigkeit sind die Person der Erzählerin oder des Erzählers sowie die Situation, in der etwas erzählt wird. Schon die Brüder Grimm hatten in den Kinder- und Hausmärchen die gängige Vorstellung verbreitet: Märchen höre man in einem verträumten Winkel, am echtesten hinter dem Kachelofen in einem bodenständigen Bauernhaus. Eine realistischere Betrachtung setzte sich erst in diesem Jahrhundert durch.

Eine gewisse Ausnahme machte die Sammlung von Johann Wilhelm Wolf, die 1858 unter dem Titel "Deutsche Hausmärchen" erschienen ist[31].

In seinem Vorwort nennt er seine Gewährsleute, die ihm an der Bergstraße Geschichten erzählten. Die Bauern seiner Gegend "lieben mehr schlechte Zoten und den Schnaps im Wirthshaus." Seine drei Gewährsleute sind keine 'bodenständigen Bauern', sondern das genaue Gegenteil: Menschen, die weit in der Welt herumgekommen waren. Zwei von ihnen

30 Friedrich Ranke, Das Märchen. in: A. Spamer (Hrsg.), Die Deutsche Volkskunde. Leipzig 1935 S. 254.

31 Johann Wilhelm Wolf, Verschollene Märchen. Nördlingen 1988 (Die andere Bibliothek, 37).

waren Handwerker, die in ihren Wanderjahren vielfältige Erfahrungen sammeln konnten. Der dritte ist ein Sinto namens Bletz gewesen. Dieser war seine beste Quelle, und Wolf würdigt ihn im Vorwort ausführlich. Besonders hob Wolf hervor, daß sein Gewährsmann genau angeben konnte, von wem er eine Erzählung gehört hatte und bei welcher Gelegenheit. Weiter berichtet Wolf über ihn: Im Winter "zieht er als fahrender Erzähler in den Spinnstuben herum und ist überall froh begrüßt; gegen den geringen Lohn von 48 Kreuzern erzählt er einen ganzen Abend, die kleine Summe wird von den Burschen und Mädchen zusammengelegt." Diese Schilderung der oralen Tradition ist ungewöhnlich für die damalige Zeit, da die Märchensammler meist nur an einem Inhalt hinter der Erzählung - dem verborgenen Mythos - Interesse zeigten und sich lieber mit der Konstruktion von Urfassungen und Archetypen befaßten.
Die völkischen Märcheninterpreten knüpften nach dem I. Weltkrieg an die Forschungen zur 'deutschen Mythologie' des 19. Jahrhunderts an[32]. Die Einseitigkeiten, die sich bei den Grimms schon fanden, wurden verabsolutiert. Was bei den Brüdern Grimm etwas schief aussah - bei den völkischen Interpreten wurden daraus absurde Zerrbilder.
Der Forschungsverein von Reichsführer SS Heinrich Himmler "Das Ahnenerbe" mußte von Anfang an um sein wissenschaftliches Renommée kämpfen. Ab Herbst 1936 hatte sich der Münchner Indogermanist Walther Wüst in den Dienst Himmlers begeben, um das angeschlagene Ansehen des "Ahnenerbes" aufzupolieren. Neben der Ausschaltung mißlicher Dilettanten in der eigenen Organisation betrieb er die Erweiterung des geisteswissenschaftlichen Programmes im Rahmen der bereits etablierten Disziplinen. Diese Erweiterung ging häufig zu Lasten anderer Forscher. Mit einem heutigen Ausdruck könnte man das Vorgehen von Wüst und Sievers als 'unfreundliche Übernahme' bezeichnen.

32 Vergleiche: Elfriede Moser-Rath, Art. "Deutschland. Geschichte der Forschung" in: Enzyklopädie des Märchens. Bd. 3 (1981) Sp.521-569, hier besonders Sp. 551ff.

Die Übernahme des "Zentralarchivs der deutschen Volkserzählung" im Jahr 1938 ist ein gutes Beispiel dafür: Das Zentralarchiv war von John Meier initiiert und wurde von der Deutschen Forschungsgemeinschaft (DFG) finanziert. Unter der Leitung von Dr. Gottfried Henßen[33] hatte sich eine stattliche Sammlung von Erzählungen entwickelt, und es war ein weit gespanntes Netz von regionalen und lokalen Zuträgern geschaffen worden. Das "Zentralarchiv der deutschen Volkserzählung" war zu einem der wichtigen volkskundlichen Institute im Deutschen Reich geworden. Die Übernahme durch das "Ahnenerbe" ist kurz formuliert und unfreundlich:

"Sehr geehrter Herr Doktor!

Im Anschluß an unsere gestrige Besprechung und unsere Verhandlungen im Ministerium muß ich Ihnen zu meinem Bedauern mitteilen, daß wir keine Aussicht sehen, für den bei Ihnen nunmehr eingetretenen Schwebezustand die für die nächsten Monate erforderlichen Mittel flüssig zu machen. Ich ziehe aus diesem Grunde die Ihnen mit Schreiben des Herrn Reichsgeschäftsführers vom 14. März 1938 zugegangene Ernennung zum Abteilungsleiter der "Forschungsstätte für Volkserzählung, für Märchen- und Sagenkunde" zurück in der Erwartung, daß Sie Ihre gesamten Geschäfte baldmöglichst dem Referenten im Reichserziehungsministerium, Herrn Prof. Dr. Harmjanz, oder dessen Beauftragten übergeben.

Ich mache Sie darauf aufmerksam, daß Sie mir bis zur Übergabe dieser Geschäfte für den ganzen Besitzstand der Abteilung an Büchern, Karteien, Sammlungsgegenständen, Aufnahmeapparatur usw. voll veranwortlich sind.

Heil Hitler! [gez.] W. Wüst SS-Sturmbannführer"[34]

---

33 Siehe Joachim Schwebe, Art. "Henßen" in: Enzyklopädie des Märchens. Bd. 6 (1990) Sp. 821-823.

34 Schreiben vom 03.04.1938 in: Bundesarchiv Koblenz, NS 21/(vorl.) 713. Der in dem Schreiben genannte Heinrich Harmjanz war der Verbindungsoffizier der SS zum Reichserziehungsministerium, er war u.a. Leiter des von der DFG seit 1937 geförderten Projektes "Atlas der deutschen Volkskunde" sowie der für ihn eingerichteten Abteilung des

Mit Beginn des zweiten Weltkrieges verschoben sich die Schwerpunkte der Arbeit im "Ahnenerbe" zu einer praktisch anwendbaren "wehrwissenschaftlichen Zweckforschung". Unter diesem Titel wurden vorgeblich 'kriegswichtige Forschungen' betrieben, mit denen Mediziner ihre menschenverachtenden Versuche bemäntelten. Die Namen der vom "Ahnenerbe" unterstützten Ärzte stehen für Greuel, unter denen Sinti und Roma besonders zu leiden hatten:

- Siegmund Rascher im KZ Dachau mit Höhen- und Kälteversuchen
- Prof. A. Hirt (Straßburg) Versuche mit Giftgas im KZ Natzweiler-Struthof
- Eugen Haagen ebenfalls im KZ Natzweiler mit Typhus-Versuchen
- Dr. Beiglböck im KZ Dachau mit Meerwasser-Versuchen[35].

Im gleichen Jahr, in welchem Heinrich Himmler die Menschenversuche an Sinti und Roma angeordnet hatte, schrieb der Reichsführer SS an das "Ahnenerbe" einen Brief, in dem es ebenfalls um Sinti und Roma ging.
Es ist erstaunlich, aber im September 1942 befiehlt Himmler, daß sein "Ahnenerbe" zu den noch in Deutschland lebenden Zigeunern eine nähere und sehr positive Verbindung aufzunehmen habe"[36].
Was erwartete sich Himmler von der Erforschung der Sitten und der Sprache der Sinti und Roma? - Und weshalb kam dieser Auftrag erst im Herbst 1942?
Die Frage nach dem Zeitpunkt ist relativ einfach zu beantworten. Gut ein Vierteljahr vor dem "Auschwitz-Erlaß" vom 29.01.1943, der den Genocid an den Sinti und Roma einleitete, sollten die letzten Sinti und

---

"Ahnenerbes" für "Volksforschung und Volkskunde" in Frankfurt/M. (in Personalunion mit dem dortigen Lehrstuhl für Volkskunde) und seit dem 16.12.1939 der "Generaltreuhänder" für die Haupttreuhandstelle Ost, die für die Beschlagnahme der Kriegsbeute in Polen zuständig war. (Vgl. M. Kater, Ahnenerbe. a.a.O.)

35 Siehe S. Schleiermacher, a.a.O. und Donald Kenrick/Grattan Puxon, Sinti und Roma. Die Vernichtung eines Volkes im NS-Staat. Göttingen 1981 S. 130ff.

36 zit. in: M. Kater, a.a.O. S. 206.

Roma noch volkskundlich erfaßt werden, nachdem die rassenkundliche Erfassung beinahe abgeschlossen war.

Himmlers Erwartungen an die volkskundliche Ausforschung der Sinti und Roma sind von den völkischen Volkskundlern angeregt: nicht nur der Kurator des "Ahnenerbes" W. Wüst vertrat die Ansicht, im Märchenschatz und der kulturellen Überlieferung der Sinti und Roma seien Relikte des 'arischen Mythos' bewahrt worden[37].

Der Auftrag Himmlers wurde innerhalb des "Ahnenerbes" an Prof. Viktor Christian (Wien) weitergereicht. Prof. Christian war seit dem Frühjahr 1939 der Leiter der "Lehr- und Forschungsstätte für den vorderen Orient". Der Wiener Orientalist übertrug die Anfrage an einen jungen Wissenschaftler als Promotionsthema.

Johann Knobloch wurde mit seiner Sammlung von "Romani-Texten aus dem Burgenland" 1943 promoviert. Die Doktorarbeit wurde "erweitert und verbessert" in der Reihe "Burgenländische Forschungen" 1953 veröffentlicht. Knobloch dankte im Vorwort seinen akademischen Lehrern, die seine Arbeit ermöglicht und gefördert hatten, und auch der Lagerleitung Lackenbach für das "verständnisvolle Entgegenkommen".

Und nun zitiere ich Knobloch: "Aber auch den braunen Kindern dieses sorglosen Völkchens gilt mein Dank für das entgegengebrachte Vertrauen. Ich habe sie alle in bester Erinnerung und darf wohl auch hoffen, daß sie den Herrn 'Adjutanten' (wie sie mich irrtümlich nannten, da das Wort 'Assistent' nicht zu ihrem Erfahrungsbereich zugehörte) nicht vergessen haben."[38]

---

37 u.a. Karl v. Spieß, Dt. Volkskunde, a.a.O. S. 151.

38 Johann Knobloch, Romani-Texte aus dem Burgenland. Berichte, Erzählungen und Märchen der burgenländischen Zigeuner, aufgezeichnet, übersetzt und mit sprachlichen Bemerkungen versehen. (Burgenländische Forschungen, 24) Eisenstadt 1953 S. 8. Insofern muß die Einschätzung von M. Kater in seinem grundlegenden Werk über das "Ahnenerbe", bei den volkskundlichen Forschungen über Sinti/Roma sei nichts herausgekommen, korrigiert werden.

In wenigen Worten zeichnete der Sprachforscher Knobloch ein verklärtes Bild seiner Tätigkeit. Knobloch betrieb seine Studien an Sinti und Roma im sogenannten "Zigeuneranhaltelager Lackenbach". Dieses Lager war eingerichtet worden zu dem Zweck, alle Sinti und Roma des Burgenlands aus ihren Heimatorten zu reißen, sie zu isolieren und für die spätere Deportation zu sammeln[39].

Viele starben an der KZ-ähnlichen Haft in Lackenbach, die anderen wurden nach Polen verschleppt, um dort ermordet zu werden.

Der Genocid an den Sinti und Roma - auch an jenen, die Knobloch in bester Erinnerung behalten hatte - ist in den Erinnerungen Knoblochs nicht mehr vorhanden.

Knobloch bekräftigte lieber seine Vorurteile gegen Sinti/Roma, als sich zu fragen, ob er nicht den Titel "Adjutant der Lagerleitung" mit seinem Auftreten und seinen Verhören der Internierten verdiente.

Was die Hilfe durch Knoblochs Doktorvater betrifft, dazu ist ein Brief des Reichsgeschäftsführers des "Ahnenerbes" Sievers an den "Dekan der Philosophischen Fakultät der Universität Wien SS-Hauptsturmführer Prof. Dr. Christian" vom 13.01.1943 aussagekräftig:

"Sehr verehrter Herr Professor! Lieber Kamerad Christian!

Wie ich hier beim Reichskriminalpolizeiamt Zentralstelle für Zigeunerfragen in Erfahrung bringen konnte, sind von den annähernd 9000 Zigeunern, die bis vor kurzem im Burgenland seßhaft waren, ca. 5000 bereits umgesiedelt worden. Über die noch verbleibenden 3500 bis 4000 Zigeuner kann Herr Kriminalrat Dr. Zauke von der Kriminalleitstelle Wien Auskunft geben. Insbesondere wäre dort in Erfahrung zu bringen, wo im Burgenland noch besondere Zigeunermassierungen vorkommen. Da für die Abfassung des Dissertationsthemas über die Sprache der burgenländischen Zigeuner vermutlich nur einige wenige Leute verhört zu

39 Vergleiche: Erika Thurner, Nationalsozialismus und Zigeuner in Österreich. Wien 1983 (Veröffentlichungen zur Zeitgeschichte, 2)

werden brauchen, würde sich dieses auch im Konzentrationslager Lakkenbach bei Wien durchführen lassen. Besondere Eile ist geboten, da, wie die Zentralstelle für Zigeunerfragen mitteilte, in Kürze weitere Aktionen bezüglich Umsiedlung durchgeführt werden würden. Kriminalrat Dr. Zauke würde an Ihren Mitarbeiter auch die Genehmigung zum Verhör der Zigeuner erteilen können.

Mit den besten Grüßen Heil Hitler! [gez.] Sievers SS-Standartenführer"[40]

Die "besondere Eile", mit der Knobloch an seinen Auftrag ging, war durch die Terminplanung der 'Schreibtischtäter' im Reichskriminalpolizeiamt, zugleich Amt V des Reichssicherheitshauptamtes, vorgegeben. Die volkskundliche Ausforschung der 'Zigeuner' sollte also nicht den Völkermord an Sinti und Roma verlangsamen.

In einer Aktennotiz von Ende Februar 1943 gab Sievers "technische Schwierigkeiten" für den Abbruch der Verhöre in Lackenbach an[41]. Im März 1943 fuhren die Züge, die die Sinti und Roma nach Auschwitz transportierten.

Nach Abschluß der Promotion Knoblochs wurde vom "Ahnenerbe" ein weiterer Forschungsauftrag vergeben. Diesmal sollte das "indogermanische Lehngut bei den Zigeunern" bearbeitet werden. Der Auftrag wurde an Dr. Georg Wagner erteilt.

Der Rassenbiologe Wagner hatte ebenfalls im Jahr 1943 seine Doktorarbeit geschrieben: "Rassenbiologische Beobachtungen an Zigeunern und Zigeunerzwillingen". Eine Arbeit, die auf dem Material beruhte, das Robert Ritter in seinem Institut gesammelt hatte. In einem weiteren Artikel befaßte sich Wagner mit "Irisverfärbung als neues Erbmerkmal". Sein

---

40 Bundesarchiv Koblenz NS 21/108.

41 zit. in: Kater, a.a.O. S. 207. Die sprachwissenschaftlichen Forschungen Knoblochs brauchten nichts zur "rassischen Einordnung" der Untersuchten beizutragen: Die Entscheidung zur Vernichtung war bereits gefallen. Vergleiche: Erika Thurner, 'Ortsfremde, asoziale Gemeinschaftsschädlinge' - die Konsequenzen des 'Anschlusses' für Sinti und Roma. in: Arbeiterschaft und NS in Österreich. Wien 1990. S. 544.

'Material' waren dabei 'Zigeunerzwillinge', und er veröffentlichte seinen Artikel in der Zeitschrift "Der Erbarzt". Der Herausgeber dieser Zeitschrift war Otmar v. Verschuer, der Doktorvater von Josef Mengele.
Inwiefern der Rassenbiologe auch für die Sprachwissenschaften geeignet war, entzieht sich meiner Kenntnis. Doch im "Ahnenerbe" war so etwas keine Ausnahme, schließlich war es ein Ornithologe, der das Super-Steppenpferd für Himmler züchten sollte.
Für seinen Auftrag vom "Ahnenerbe" bereiste Wagner zuerst von seinem Standquartier Königsberg die Gebiete Lettland, Estland, Litauen und Finnland. Er reiste mit Passierscheinen des Persönlichen Stabs RFSS Himmler (d.h. des "Ahnenerbes", das es mittlerweile zu parteiamtlichen Würden gebracht hatte) und von Nebe in seiner Funktion des Reichskriminalpolizeiamtes (d.i. das Amt V im Reichssicherheitshauptamt RSHA).
"Ausweis
Der Rassenbiologe Dr. Georg Wagner, geb. 7.1.98 wohnaft in Königsberg/Pr 1.Tragh Pulverstr. 11 hat im Auftrag der Lehr- und Forschungsgemeinschaft 'Das Ahnenerbe'/Präsident: Reichsführer SS H. Himmler/einen Forschungsauftrag besonderer Art durchzuführen.
Alle Reichs- Staats, SS- und Polizei- und Militärbehörden bzw. -dienststellen in Deutschland, besetzten Ostgebieten, und Protektorat werden hiermit ersucht, Dr. Wagner bei der Durchführung seines Auftrags volle Unterstützung zu gewähren und die von ihm benötigten Unterlagen und Untersuchungspersonen möglichst zur Verfügung zu stellen, ferner ihn jederzeit und mit jeder Verkehrsmöglichkeit reisen zu lassen.
Im Rahmen des genannten Forschungsauftrages kann dieser Ausweis anstelle jeglichen anderen Ausweises/Reisepass, Genehmigungen, Bescheinigungen usw. vorgezeigt werden."[42]

---

42 zit. in: Joachim Hohmann, Robert Ritter und die Erben der Kriminalbiologie. Frankfurt 1991 S. 285.

Anfang April 1945 erhielt Wagner vom "Ahnenerbe" eine Bescheinigung zur Vorlage bei der Reichsbahn, die ihm die Nutzung jeglicher Bahnverbindung ermöglichte, um seinen noch immer vordringlichen Forschungsauftrag durchzuführen.

Das "Ahnenerbe" hat bis in die letzten Tage des Nazi-Reiches weitergearbeitet, auch wenn sich die Dienststelle nach Waischenfeld/Oberfranken abgesetzt hatte.

Nach dem Weltkrieg ist von Georg Wagner nichts mehr zu hören gewesen. Seine Spur verliert sich, im Gegensatz zu der von Johann Knobloch. Knobloch ist sicher kein Verbrecher vom Schlage von Josef Mengele oder Georg Wagner - er muß sich aber fragen lassen, wie er mit den volkskundlichen Aufzeichnungen umgegangen ist, die er unter den Bedingungen des Nazi-Terrors angefertigt hatte.

Wie stark der 'Zeitgeist' der Entstehung die Aufzeichunungen von Sinti/Roma-Erzählungen bei Knobloch geprägt hat, verrät z.B. die Bezeichnung "Mischling" hinter dem Namen eines Erzählers.

Jedoch auch in dem Artikel "Zigeunerdichtung" aus dem Jahr 1954 entspricht Knobloch noch der rassistischen Perspektive: "..., im Kern ihres Volkscharakters bleiben sie sich gleich, und weit ist die Kluft, die sie von unserer Welt trennt. Nach Zeiten schwerer Verfolgungen zu Beginn der Neuzeit und nach vergeblichen Versuchen des Zeitalters der Aufklärung, sie zur Seßhaftigkeit zu zwingen, hat erst die Ethnologie und die Sprachwissenschaft den Weg zu ihrem Wesen gefunden und die Rätsel ihrer Herkunft und Geschichte der Lösung nähergebracht. Der Begriff von Literatur und Wissenschaft ist dem Zigeuner verschlossen. (...) Echt zigeunerisch ist nur die Volksdichtung: sie aufzuzeichnen, durch Übersetzungen die Bildsamkeit der Sprache darzutun, sie in ursprünglicher Reinheit wiederherzustellen und so eine Literatur zu schaffen, das überläßt der Zigeuner dem Europäer."[43]

43 Die Weltliteratur. Wien 1954 Bd. 3 S. 1962f.

Auch in diesem Lexionartikel wird der Völkermord der Nazis an Sinti und Roma mit keinem Wort erwähnt. Die Verfolgung der "Zigeuner" ist nur historisch "zu Beginn der Neuzeit". Der "Volkscharakter" ist unveränderlich festgelegt - wodurch, bleibt unausgesprochen, es genügt ja, wenn er durch die Jahrhunderte vererbt wird.

'Volk' und 'Rasse': das sind die Schlüsselbegriffe für die wissenschaftlichen Bemühungen im Nationalsozialismus. Dr. Georg Wagner ist ein frappantes Beispiel für diese unheilvolle Verbindung. Aber auch alle anderen Wissenschaftler müssen sich fragen, wie stark sie sich haben beeinflussen lassen vom 'Zeitgeist' des Dritten Reiches.

Die Willkürlichkeit der angeblich festgefügten "nationalsozialistischen Weltanschauung" zeigte ihre Unmenschlichkeit am Volk der Sinti und Roma.

Einerseits konnten ihre Überlieferungen und ihre Erzählungen von "indogermanischem Adel" sein und den "arischen Mythos" in besonders reiner Weise bewahren. Andererseits konnten die gleichen Menschen als besonders gefährliche Asoziale und Fremdrassige in Menschenversuchen ermordet und dem Genocid ausgeliefert werden. Die Erinnerung an diese Verbrechen ist eine Aufgabe, der wir uns alle stellen müssen. Es ist auch eine Aufgabe, der sich jeder Wissenschaftler für sich selbst und für sein Fach stellen muß.

Wilhelm Solms

Erzählen als Kunst

In dem mir aufgegebenen Thema verbirgt sich ein Widerspruch. Erzählen in der eigentlichen und ursprünglichen Bedeutung des Worts ist eine Form der mündlichen Kommunikation. Einer spricht, ein anderer oder mehrere andere hören zu. Weshalb, wozu und auf welche Weise erzählt wird, hängt von der Erzählsituation ab, bleibt sich also niemals gleich. Wenn sich die ursprüngliche Erzählgemeinschaft aufgelöst hat, wenn der Erzähler durch den Autor und der vor ihm sitzende Zuhörer durch den anonymen Leser ersetzt worden sind, kann der Autor alle möglichen Quellen, Erlebtes und Erfundenes, Gehörtes und Gelesenes miteinander verknüpfen, seinen Text immer wieder überarbeiten und das Erzählen zur Kunst entwickeln. Aber damit sind wir nicht mehr bei der mündlichen Form des Erzählens, sondern bei der literarischen Gattung der Erzählung.[1] Vielleicht können wir diesen Widerspruch lösen, wenn wir das mündliche Erzählen und die geschriebene oder gedruckte Erzählung nicht einander entgegensetzen, sondern uns fragen, was ihnen gemeinsam ist. Nach dieser Vorüberlegung möchte ich verschiedene Zugänge zum Thema Erzählen vorstellen.

---

1 Auch Konrad Ehrlich bezieht sich mit der Feststellung "Erzählen ist eine Kunstform" ausdrücklich auf das Erzählen als literarische Gattung (Der Alltag des Erzählens, in: Erzählen im Alltag, hrsg. v. K. E., Frankfurt 1980, S. 11).

1. Naiver Zugang

Nehmen wir an, zwei Personen, ein Mann und eine Frau, sind allein zu Hause oder befinden sich in einer Gesellschaft oder sitzen in einem heftig schaukelnden Flugzeug.

Sie: Erzähl mir was.
Er: Kann ich nicht. Mir fällt nichts ein.
Sie: Dann denk nach. Streng dich an.
Er: Warum soll ich Dir etwas erzählen?
Sie: Ich langweile mich und möchte von Dir unterhalten werden. Oder: Ich habe das Gerede der Leute über andere Leute satt und möchte etwas anderes hören. Oder: Ich habe Angst und möchte von Dir abgelenkt werden.
Er: Was willst Du denn von mir hören? Etwas, das ich selbst erlebt habe? Oder kann ich es auch von anderen gehört haben? Oder willst Du, daß ich mir etwas ausdenke?
Sie: Das ist mir egal. Hauptsache, Du bringst mich auf andere Gedanken.

Wenn wir uns, noch bevor wir uns mit der Erzählung selbst befassen, eine alltägliche Situation vor Augen halten, in der jemand erzählt und andere zuhören, so können wir feststellen, daß viele Fragen für das Erzählen oder für das Verhältnis von Erzähler und Zuhörer völlig nebensächlich sind: Ob eine Erzählung lang oder kurz ist. Ob sie reale oder erfundene Begebenheiten zum Inhalt hat. Ob der Erzähler die Geschichte sich ausgedacht oder von anderen gehört hat. Ob die Geschichte auf einer mündlichen oder einer schriftlichen Vorlage beruht. Oder ob der Erzähler seine Vorlage wortwörtlich oder frei wiedergibt. Genau das sind aber die Fragen, über die in der Erzählforschung gestritten wird.

2. Akademischer Zugang

Was macht ein Literaturwissenschaftler, wenn ihm ein Thema gestellt wird, das nicht zu seinen Spezialgebieten gehört? Er benutzt zunächst ein literaturwissenschaftliches Lexikon in der Hoffnung, eine brauchbare Definition und Hinweise auf einschlägige Publikationen zu erhalten. Ich habe in sechs Lexika nachgeschlagen und war vom Ergebnis enttäuscht.

Der Begriff "Das Erzählen", unser Thema also, kommt überhaupt nicht vor.

Ein "Erzähler" ist den Lexika zufolge im allgemeinen Sinn der "Verfasser von Werken erzählender Prosa" und "im engeren Sinn" eine "erzählende Gestalt", die als "Bestandteil eines epischen Werks (...) das Geschehen aus einer bestimmten Perspektive" darlegt.[2] Diese beiden Definitionen können mich nicht überzeugen. Ein Märchenerzähler, der ja als Musterbeispiel für einen Erzähler gilt, ist weder der "Verfasser" der von ihm erzählten Märchen, noch taucht er als "erzählende Gestalt" in den Märchen auf. Die ursprüngliche Bedeutung des Worts "Erzähler", nämlich jemand, der seinen Zuhörern ein bestimmtes Geschehen vermittelt, wird nicht erwähnt.

Eine "Erzählung" wird definiert im allgemeinen Sinn als ein "Sammelbegriff für alle Formen des Erzählens": sei es die "mündliche oder schriftliche Darstellung, sei es von "realen oder fiktiven Ereignisfolgen", sei es in Prosa oder in Versform.[3] Diese Definition ist nicht falsch, aber so allgemein, daß sie im konkreten Fall nicht weiterhilft. Sie

---

2 Der Literatur Brockhaus, Mannheim 1988, S. 622, vgl. a.: Gero von Wilpert, Sachwörterbuch der Literatur, Stuttgart, 7. Aufl., 1989, S. 264

3 Metzler Literatur Lexikon. Stichwörter zur Weltliteratur, Stuttgart 7. Aufl. 1984, S. 132

läßt sich ebenso auf ein Versepos und einen Roman wie auf einen Spielfilm, einen Dokumentarbericht oder die Verkehrsnachrichten anwenden.

Eine "Erzählung" im "engeren Sinn" ist den Lexika zufolge eine "selbständige Einzelgattung innerhalb der Grundgattung Epik, die sich mit den übrigen epischen Gattungen häufig überschneidet und noch weniger als diese exakt bestimmbar ist (...) die Erzählung ist kürzer, weniger welthaltig, weniger figurenreich und weniger komplex in Handlung und Ideengehalt als der Roman; nicht so knapp und andeutend wie Skizze und Anekdote; im Unterschied zur Novelle weniger scharf profiliert, weniger verspannt und durchgestaltet (...); weniger pointiert und weniger konsequent auf den Schluß hin komponiert als die Kurzgeschichte; nicht wie Märchen und Legende auf Bereiche des Unwirklichen und Wunderbaren bezogen."[4] Dasselbe in Kurzform: "Sie ist eine als Gattung schwer definierbare, gering ausgeprägte (...) epische Kurzform, die im allgemeinen weniger kunstvoll gebaut ist als (die) Novelle".[5]

Eine Erzählung soll sich also dadurch auszeichnen, daß ihr die spezifischen Kunstmerkmale, durch die man sie einer bestimmten Erzählgattung wie Roman, Anekdote, Novelle oder Märchen zuordnen könnte, wie Figurenreichtum, komplexer Ideengehalt, Durchgestaltung oder Schlußpointe, abgehen. Diese rein negativen Bestimmungen zeigen allenfalls, was eine Erzählung nicht ist, aber nicht, was sie ist, und sie lassen es fraglich erscheinen, ob eine "Erzählung" eine "selbständige" Gattung oder überhaupt ein Kunstwerk darstellt.[6]

---

4 Wie Anm. 3

5 Otto F. Best, Handbuch literarischer Fachbegriffe, Frankfurt, 8. Aufl. 1982, S. 145

6 Die literaturwissenschaftlichen Fachwerke, auf die in diesen Artikeln verwiesen wird - wie Eberhard Lämmert, Bauformen des Erzählens, oder Franz Stanzl, Typische Formen des Romans -, handeln ebenfalls ausschließlich von den schriftlichen oder literaten Formen des Erzählens.

Die Bestimmungen über den Erzähler und die Erzählung in den literaturwissenschaftlichen Lexika sind also zumindest einseitig, wenn nicht sogar falsch. Vielleicht liegt dies daran, daß sich die Literaturwissenschaft nur mit der schriftlichen oder gedruckten Literatur befaßt und die ursprünglich mündlich überlieferte Literatur einer anderen Disziplin überlassen hat, der Volkskunde.

Dies legt es nahe, auch die Lexika der Volkskunde zu konsultieren. Diese sind jedoch veraltet und geben für unser Thema noch weniger her. Im "Handbuch der Deutschen Volkskunde" sind lediglich einige sprachliche Besonderheiten "volkstümlicher Erzählweise" angegeben.[7] Im Sammelband "Die deutsche Volkskunde" wird die "Erzählung" als "Sammelbegriff für alle schriftlichen Formen des Erzählens von der Geschichte über Märchen und Sagen bis zur Novelle" definiert. Die "Geschichte" wird die "einfache Form des Erzählens" genannt, weil sie "sich von selbst macht", weil sie "sozusagen unwillkürlich entsteht".[8] Diese Erklärung verwechselt den Schein einer Erzählung mit ihrem Wesen. Denn ein guter Geschichten-Erzähler sucht die Aufmerksamkeit seiner Zuhörer oder Leser ganz auf den Inhalt, das erzählte Geschehen, zu lenken und erzählt deshalb so einfach als möglich, so daß die Illusion entstehen kann, als wäre die Geschichte von selbst entstanden. Im "Wörterbuch der deutschen Volkskunde" kommen die Begriffe "Erzählen", "Erzählung", "Erzähler" nicht vor.[9]

Inzwischen ist das "Erzählen" zum Gegenstand einer neuen, interdisziplinären Wissenschaft geworden, die sich von der Literaturwissenschaft wie von der Volkskunde emanzipiert hat, der Erzählforschung. In einem Wörterbuch zur Erzählforschung, der "Enzyklopädie des Märchens", fin-

---

7 Handbuch der Deutschen Volkskunde, hrsg. v. Wilhelm Preßler, Potsdam, S. 307ff.

8 Die deutsche Volkskunde, hrsg. v. Adolf Spamer, Leipzig 1934, Wesselsky, S. 216

9 Wörterbuch der deutschen Volkskunde, Stuttgart, 3. Aufl., 1974

det sich ein Artikel über "Erzählen, Erzähler" von Linda Dégh.[10] Dieser behandelt als einziger sowohl das mündliche wie das schriftliche Erzählen und befaßt sich eingehend mit dem Erzähler, der Erzählgemeinschaft, der Erzählsituation und ihrem historischen Wandel bis zur Gegenwart. In diesem und im anschließenden Artikel über "Erzählforschung" von Hermann Bausinger sind viele weiterführende Untersuchungen zu einzelnen Aspekten des Erzählens angeführt.

3. Mündliches Erzählen

"Davon ich singen und sagen will", heißt es in einem bekannten Weihnachtslied. Das Singen und das Sagen oder Erzählen sind vermutlich die ältesten Formen der Poesie. Anderen eine Geschichte zu erzählen, ihnen zu berichten, was einem selbst oder einem Dritten zugestoßen ist, gehört zu den elementaren Bedürfnissen des Menschen. Wie der Sänger versucht auch der Erzähler die Wirkung seiner Worte durch die Art seines Vortrags zu verstärken, indem er Akzente setzt, das Tempo beschleunigt oder verlangsamt, den Inhalt durch Mimik und Gestik unterstreicht und seine Erzählung entsprechend der Reaktion der Zuhörer variiert. Für das Geschichtenerzählen bieten sich bestimmte Orte und Situationen besonders an. Erzählt wurde bei der Feldarbeit und bei der Hausarbeit, um die eintönige Tätigkeit zu erleichtern, an langen Winterabenden und auf langen Reisen, um die Zeit zu verkürzen. Unter Männern in der Gastwirtschaft oder beim Militär wurden andere Geschichten erzählt als unter Frauen in der Spinnstube oder im Kinderzimmer. Als Erzähler eigneten sich, wie Walter Benjamin in seinem Essay "Der Erzähler" von 1936 ausführt, vor allem die Angehörigen zweier Gruppen: der Reisende, "der von weither kommt", und der Ackerbauer, der "im Land geblieben ist und

10 Enzyklopädie des Märchens. Handwörterbuch zur historischen und vergleichenden Erzählforschung, hrsg. v. Kurt Ranke, Berlin/New York 1975ff., Bd. 4, Sp. 315-342

dessen Geschichten und Überlieferung kennt".[11] Auch Handwerker, die erst auf Wanderschaft gingen und dann seßhaft wurden, hatten in der Regel viel zu erzählen. Volksgruppen wie die Sinti und Roma, die eine Zeit lang mit den ansässigen Volksgruppen zusammenlebten und dann weiterzogen, besaßen naturgemäß einen großen Schatz an Erzählungen.

In all diesen Gruppen gab es einzelne Personen, die sich, weil sie ein besonderes Talent zum Erzählen bewiesen, vielleicht auch weil sie aufgrund einer Behinderung keine körperliche Arbeit verrichten konnten, zu berufsmäßigen Erzählern ausbildeten. Da sich die mündliche Erzählweise durch die schriftliche Aufzeichnung nicht wiedergeben läßt, haben viele Sammler ihre Informanten oder Gewährspersonen im Vorwort charakterisiert. Demnach gab es Erzähler und Erzählerinnen, die die wörtliche Wiedergabe und die freie Improvisation zur Meisterschaft entwickelt hatten und dank ihres lebenslang geschulten Gedächtnisses über ein immenses Repertoire von Erzählungen verfügten.[12] Sie beherrschten das Erzählen als Kunst und waren ähnlich wie berufsmäßige Schriftsteller hoch geschätzt und weithin bekannt.

Die Sinti und Roma suchen die Erzählkultur ganz bewußt über das Erzählen als Alltagshandeln herauszuheben, wie Milena Hübschmannová auf der Tagung mehrfach hervorhob. So veranstalten sie regelmäßig Erzählwettbewerbe, damit das Erzählen den Zuhörern als Kunst präsentiert und als Kunst gepflegt wird. In ländlichen Gegenden der USA sind Lü-

11 Walter Benjamin, Der Erzähler. Betrachtungen zum Werk Nikolai Lesskows, in: W.B., Gesammelte Schriften Bd. II.2, Frankfurt 1977, S. 438-465, S. 440

12 J. Faragós stellt in seinem Verzeichnis osteuropäischer Erzähler außergewöhnliche Persönlichkeiten heraus wie die Tschechin Hornychová mit 500 Erzählungen oder den Ungarn K. Györi mit 450 (vgl. Dégh, EM, Sp. 328). Carl Hermann Tillhagen gibt in seinem Nachwort zu "Taiku erzählt Zigeunermärchen und -geschichten", Zürich 1948, ein beeindruckendes Portrait dieses "Erzählkünstlers", eines hochgebildeten und viele Sprachen beherrschenden 'Analphabeten', von dem er neben einer "großen Anzahl von Sagen, Liedern, Sprichwörtern und Rätseln" ungefährt "250 Märchen" aufgezeichnet hat (S. 256).

genwettbewerbe verbreitet (vgl. Dégh), und in Deutschland werden neuerdings Märchenerzähl-Wettbewerbe durchgeführt.[13]

Die Tradition des mündlichen Erzählens ist in Deutschland seit Beginn des 19. Jahrhunderts zurückgegangen. Die damals einsetzende industrielle Revolution führte dazu, daß alle lesen und schreiben lernten und daß die traditionellen Orte und Zeiten des Erzählens verdrängt wurden.

Die Brüder Grimm stellten in ihrer Vorrede zu den Kinder- und Hausmärchen von 1812 fest: "Die Plätze am Ofen, der Küchenherd, Bodentreppen, Feiertage noch gefeiert (...) sind die Hecken gewesen, die sie gesichert und einer Zeit aus der andern überliefert haben."

In manchen ländlichen Gegenden, die von der Industrie unberührt geblieben waren, wurden noch vor einer Generation Lieder, Märchen und Sagen mündlich vorgetragen und weitergegeben. Ich habe noch als Kind erlebt, daß die Frauen des Orts zusammenkamen, um Zwetschgenmuß oder Zuckerrübensirop zu kochen, und daß sie während der Arbeit Lieder sangen und reihum erzählten. Meine Marburger Kollegin Charlotte Oberfeld hat noch nach dem Krieg in der Schwalm und im Marburger Land Märchen und Sagen gesammelt. Aber heute ist die mündliche Überlieferung bei uns versiegt.

---

13 Vgl. den Bericht von Barbara Gobrecht im Märchenspiegel. Mitteilungen der Europäischen Märchengesellschaft e.V. und der Märchen-Stiftung Walter Kahn, Juni 1991

4. Schriftliches Erzählen

Viele mündlich überlieferte Geschichten wurden schon im Mittelalter gleichzeitig schriftlich festgehalten. In der Neuzeit aber wurde das mündliche durch das schriftliche Erzählen abgelöst. An die Stelle des Erzählers und seiner Zuhörer sind Autor und Leser getreten. Damit hat sich die ursprüngliche Erzählgemeinschaft in eine ideelle Gemeinschaft verwandelt.

Dieser Wandel läßt sich an der Entstehungsgeschichte der Grimmschen Märchensammlung gut verfolgen. Die Brüder Grimm schreiben in der Vorrede zum ersten Band der Erstausgabe von 1812:
"Es war vielleicht gerade Zeit, diese Märchen festzuhalten, da diejenigen, die sie bewahren sollen, immer seltener werden." Sie haben zunächst Volkslieder und dann Märchen und Sagen aufgezeichnet oder dazu aufgerufen, sie aufzuzeichnen, weil die mündliche Überlieferung zum Stillstand kam, und sie durch ihre Aufzeichnung vor dem Vergessen bewahrt.[14]

Viele Texte aus den Kinder- und Hausmärchen beruhen auf mündlichen Erzählungen, die ihrerseits mit Texten aus früheren Märchensammlungen wie den *Contes des fées* von Perrault oder dem *Pentamerone* von Basile verwandt sind. Ein Fünftel der Grimmschen Märchen geht sogar direkt auf schriftliche Quellen zurück. Außerdem haben die Brüder Grimm durch ihre Sammlung und Edition bewirkt, daß die bis dahin kaum beachteten, wenn nicht verachteten Volksmärchen salonfähig geworden sind. Die Grimmschen Buchmärchen wurden im 19. Jahrhundert in

---

14 Wenn Volkskundler die Auffassung vertreten, daß die schriftliche Fixierung mit dem Charakter der Volkspoesie unvereinbar sei und die mündliche Überlieferung zum Versiegen gebracht habe, dann verwechseln sie Ursache und Wirkung. Wenn Konrad Ehrlich feststellt, "Vor lauter Erzählungen scheint das Erzählen abhanden gekommen" (a.a.O., S. 11), unterstellt er gleichfalls, daß die Entwicklung der Gattung Erzählung der Grund für den Schwund des Erzählens gewesen sei.

vielen bürgerlichen Familien von den Müttern ihren Kindern vorgelesen. Und sie werden heute von Märchenerzählerinnen vor einem ständig wachsenden Hörerkreis häufig wortgetreu vorgetragen. Zwischen mündlicher und schriftlicher Überlieferung besteht also kein Gegensatz, sondern eine lebendige Wechselwirkung.

Wilhelm Grimm, dem sein Bruder Jacob nach der Erstausgabe die Bearbeitung der Märchen überließ, hat die Texte bis zur siebten Ausgabe von 1857 immer wieder umgearbeitet und dabei den "Märchenton" geschaffen, der lange Zeit als das Merkmal der echten, mündlich überlieferten Volksmärchen galt.

Der Anfang vom *Dornröschen* lautet in der Handschrift: "Ein König und eine Königin kriegten gar keine Kinder." Er wird bis zur Ausgabe letzter Hand wie folgt erweitert: "Vorzeiten war ein König und eine Königin, die sprachen jeden Tag: 'Ach, wenn wir doch ein Kind hätten!', und kriegten immer keins." Wilhelm Grimm verwendet den Singular "war" statt dem Plural "waren", um König und Königin als ein Paar zusammenzufassen, er unterstreicht ihren Wunsch durch die zweimalige Zeitangabe "jeden Tag" und "immer", behält den umgangssprachlichen Ausdruck "kriegten" bei, trägt den Wunsch in wörtlicher Rede vor und stellt durch den Satzrhythmus "ein Kind" und "keins" einander entgegen. So können wir am Wunsch und an der Verzweiflung des Königspaars Anteil nehmen.

Wilhelm Grimms Erzählstil ist stets auf die Handlung bezogen. Er berichtet, was geschah, ohne die Motive der handelnden Figuren mitzuteilen oder die Handlung zu kommentieren. Er verwendet Zeitangaben ("Vorzeiten"), um die einzelnen Episoden der Handlung hervorzuheben. Er benutzt Ausdrücke der Umgangssprache ("kriegten") und optische und akustische Signale. Wenn wir im *Froschkönig* hören: "Da kam, plitsch platsch, plitsch platsch, etwas die Marmortreppe heraufgekrochen", erraten wir sofort, wer dieses "etwas" ist. Er verwandelt den Bericht an wichtigen Stellen in wörtliche Rede oder Dialog und fügt Sprüche und Redensarten ein, die er gesammelt, oder Zaubersprüche, die er in alten Quellen gefunden hat. Er erreicht durch diese Stilmittel den gleichen Effekt, den ein Erzählkünstler durch Tonfall, Mimik und Gestik erzielt. Er läßt das Geschehen unmittelbar vor unseren Augen ablaufen und erzeugt dadurch den Eindruck, daß uns die Märchen mündlich erzählt würden. Wilhelm Grimm entwickelt das schriftliche Erzählen also nicht dadurch zur Kunst, daß er sich vom mündlichen Erzählen abgrenzt, sondern dadurch, daß er durch seinen Erzählstil die Fiktion mündlichen Erzählens aufrecht erhält.

Die literarische Gattung "Erzählung" erlebte ihre Blüte in der zweiten Hälfte des 19. Jahrhunderts, der Epoche des "Realismus". Zu den großen Erzählern deutscher Sprache werden Keller, Stifter, Raabe, Storm und Fontane gerechnet.

Schon in den klassischen Erzählsammlungen wie in Boccaccios *Decamerone* und Basiles *Pentamerone*, in Goethes *Unterhaltungen deutscher Ausgewanderter* oder in Chaucers *Canterbury Tales*, aber auch in Kellers *Sinngedicht* wird in einer Rahmenerzählung eine Erzählgemeinschaft geschildert, in der die einzelnen Geschichten vorgetragen und kommentiert werden.

Storm erzählt mehrfach zu Beginn seiner Novellen und Märchen, wie der "Erzähler" in seiner Jugend die Geschichte von einer der inzwischen alt gewordenen Protagonisten vernommen hat. In Stifters *Brigitta* erfährt der "Erzähler" die Vorgeschichte und erlebt dann das eigentliche Geschehen als Augenzeuge mit.

Die Erzählungen zeigen nicht nur Spuren des mündlichen Erzählens, sondern haben vermutlich auch ihrerseits das Erzählen im Alltag beeinflußt. Bekannt ist, daß Folkloristen nach Grimm bis in die jüngste

Zeit vor allem solche Erzählungen aufgezeichnet haben, die der "Gattung Grimm" entsprachen. Das Erzählen als literarische Kunst hat sich also nicht in Abgrenzung, sondern in Anlehnung an das mündliche Erzählen entwickelt. Die in der Erzählforschung genannten Merkmale der Erzählkunst betreffen allerdings fast ausschließlich die Erzählweise oder die Form der Erzählung. Läßt sich das Erzählen also nur im eingeschränkten Sinn von Kunstfertigkeit oder Artistik als Kunst bezeichnen?

Der Kern der Erzählung

Beide, die mündliche Erzählweise und der Stil der schriftlichen Erzählung, sind auf den Inhalt, das erzählte Geschehen, bezogen. Vermutlich ist dies der Grund, weshalb die Einzelgattung "Erzählung" im Unterschied zu anderen Erzählgattungen wie Novelle oder Kurzgeschichte den Eindruck der Kunstlosigkeit erweckt (s.o.). Der Erzähler setzt seine Vortrags- oder Schreibkunst dazu ein, das erzählte Geschehen den Zuhörern oder Lesern so nah als möglich vor Augen zu stellen. Denn der Sinn und Zweck der Erzählung liegt nicht in einer bestimmten Lehre, die durch sie illustriert wird, sondern in der erzählten Geschichte. Eine Geschichte ist, wie der Name sagt, etwas, das bereits geschehen ist, das in der Vergangenheit liegt. Indem die Geschichte erzählt wird, wird sie der Vergangenheit und damit der Vergänglichkeit entrissen und in die Gegenwart zurückgeholt. Der Erzähler merkt sie sich oder schreibt sie auf, weil er meint, daß sie für andere wichtig sein könnte, weil er sie als einen bedeutenden Fall ansieht.

"Diese Geschichte zu erzählen", so beginnt Gottfried Keller seine Erzählung *Romeo und Julia auf dem Dorfe*, "würde eine müßige Nachahmung sein, wenn sie nicht auf einem wirklichen Vorfall beruhte, zum Beweise, wie tief im Menschenleben jede jener Fabeln wurzelt, auf welche die großen alten Werke gebaut sind." Und er erzählt den wirklichen Vorfall, den er in einer Zeitung gelesen hat, so, daß wir an die Fabel von Romeo und Julia erinnert werden und deshalb an dem traurigen Los von Sali und Vrenchen Anteil nehmen. Und zu diesem Zweck scheut er sich auch nicht, die durch die Zeitung mitgeteilten Fakten zu verändern.

Der Erzähler gibt die Ereignisse, von denen er gehört oder gelesen oder die er selbst erlebt hat, nicht einfach wieder, sondern gestaltet sie um, indem er einzelne Episoden umstellt, verändert, wegläßt oder ergänzt, damit ihre exemplarische Bedeutung sichtbar wird. Die Wahrheit einer Erzählung besteht nicht in ihrer Wirklichkeitstreue, sondern in ihrer Aussagekraft.

Ein guter Erzähler hält sich davor zurück, die Vorfälle zu bewerten und ausdrücklich für oder gegen bestimmte Figuren Partei zu nehmen. Er verhält sich aber auch nicht umgekehrt neutral. Seine Parteinahme für eine Person besteht darin, daß er sich ihrer annimmt. Er berichtet, was sie getan hat oder was mit ihr geschehen ist, läßt sie vielleicht selbst zu Wort kommen oder verleiht ihr in Form der Ich-Erzählung seine Stimme. Er überläßt es seinen Zuhörern oder Lesern, das Geschehen zu beurteilen und auf ihr eigenes Leben zu beziehen. Indem er die Zeit und den Ort des Geschehens sowie die näheren Umstände schildert, ermöglicht er es ihnen, sich in die betroffene Figur zu versetzen und ihr Verhalten zu beurteilen.

Da der Sinn und Nutzen der erzählten Geschichte in ihr selbst besteht, braucht er nicht in Form einer Moral, einer praktischen Anweisung oder eines Sprichworts an sie angehängt zu werden. Verschiedene Zuhörer oder Leser werden aus derselben Geschichte verschiedene Nutzanwendungen ziehen. Ein Erzähler ist nicht jemand, der seine Zuhörer oder Leser belehrt oder indoktriniert, sondern der ihnen "Rat weiß"[15].

Die "Krise des Erzählens"

Walter Benjamin hat die These aufgestellt, daß das Erzählen durch eine neue Form der Mitteilung, nämlich die "Information", abgelöst worden sei.[16] Und Theodor W. Adorno hat ihm zwanzig Jahre später beigepflichtet: "Es läßt sich nicht mehr erzählen", weil "dem Roman durch die Reportage und die Medien der Kulturindustrie" das Berichten entzogen worden sei.[17] Gegen Ende der sechziger Jahre wurde dann von vielen Autoren wie Handke oder Wondratschek die "Krise des Erzählens" festgestellt, womit das schriftliche Erzählen, das Schreiben von Erzählungen und Romanen gemeint war.

Die "Information" oder das "Berichten" in den modernen Medien soll dem Erzählen dadurch überlegen sein, daß "uns keine Begebenheit mehr erreicht, die nicht mit Erklärungen schon durchsetzt wäre"[18]. Aber wird uns das betreffende Ereignis aufgrund dieser "Erklärungen" wirklich erklärt? Eine "Information", die durch Fernsehen, Radio oder Zeitung verbreitet wird, erscheint uns zwar als glaubwürdig, weil sie in der Regel den Tatsachen entspricht und mithilfe anderer "Informationen" nachgeprüft werden kann. Sie ist aber für sich genommen nicht verständlich, weil jedes Faktum losgelöst aus seinem Zusammenhang auftaucht und sofort durch das nächste Faktum aus dem Bildschirm und aus dem Bewußtsein verdrängt wird. Wir werden durch die "Infomationsflut" der Medien, wie

15 Walter Benjamin, wie Anm. 11, S. 442

16 ebenda, S. 444

17 Theodor W. Adorno, Standort des Erzählens im zeitgenössischen Roman, in: Noten zur Literatur, Frankfurt 1958, S. 61 u. 71, S. 61f.

18 Walter Benjamin, a.a.O., S. 444f

dieser Begriff sagt, überflutet, aber nicht aufgeklärt. Die neuen Medien erzeugen durch ihre Informationsflut ein Bedürfnis nach Erklärung, das sie selbst auf vielfältige Weise, durch Kommentar, Interview, Hintergrundsbericht, An- und Abmoderation, zu befriedigen suchen. Bei diesen Stellungnahmen, die die bloßen Nachrichten ergänzen, handelt es sich aber weniger um Erklärungen als um Bewertungen. Konnte ein Streik der Solidarnosc in unseren Medien mit Zustimmung rechnen, so stößt ein Streik deutscher Arbeiter mit Sicherheit auf Ablehnung. Und Anhänger des Islam, die zu den Waffen greifen, werden in Afghanistan als Freiheitshelden, im Libanon oder anderswo dagegen als Fanatiker bewertet. Weil wir über viele Fakten informiert werden, bilden wir uns vielleicht ein, wirklich informiert zu sein und mitreden zu können, vermögen das jeweilige Ereignis aber mit dem besten Willen nicht zu beurteilen.

Dagegen hält der Erzähler seine Geschichte sowohl von "Erklärungen" (Benjamin) als auch von Bewertungen frei und ermöglicht uns dennoch, ein eigenes Urteil zu gewinnen.

Erzählen im Familienalltag

Läßt sich heute noch erzählen? Inzwischen mehren sich die Anzeichen für eine Renaissance des Erzählens, und zwar in mündlicher und in schriftlicher Form. Dies zeigt sich ebenso an der ansteigenden Flut von Unterhaltungsliteratur wie an der wachsenden Zahl von Märchenerzählerinnen und an den arabischen Autoren, die als orientalische "Kaffeehauserzähler" durch die deutschen Lande ziehen. Hier handelt es sich jedoch weniger um eine Renaissance als um eine Pflege oder Restauration des traditionellen Erzählens, weil es seine frühere gesellschaftliche Funktion, sei es zur Auflockerung der eintönigen Hausarbeit oder zur Erziehung der Kinder, verloren hat. Diese Phänomene zeigen aber, daß das Bedürfnis, Geschichten zu erzählen und zu hören oder zu lesen, durch die Informationsflut der Medien nicht gemindert, sondern eher verstärkt wurde.

Die Tradition des Erzählens wird dann fortleben, so läßt sich allgemein antworten, wenn es wieder einen "Sitz im Leben" hat, wenn es den Menschen ermöglicht, eigene Erfahrungen weiterzugeben, an fremden Erfahrungen teilzuhaben und dadurch zu anderen und zu sich selbst eine neue Beziehung zu gewinnen.

Wenn auch viele traditionelle Anlässe zum Erzählen in der modernen Gesellschaft verschwunden sind, so haben sich doch einige in Enklaven oder Randgebieten erhalten, und andere sind neu hinzugekommen. Linda Dégh hat die Erzählgelegenheiten, die zumindest bis 1945 charakteristisch waren, nach drei Kategorien klassifiziert: 1. Gemeinschaften mit Angehörigen von Wanderberufen in ländlichen Gebieten, 2. Zusammenkünfte innerhalb der Dorfgemeinschaft, 3. Unfreiwillige, zeitlich begrenzte Gemeinschaften im Krankenhaus, Gefängnis, bei Reisen oder beim Militär.[19] Dies alles sind Gelegenheiten, von denen der moderne Normalbürger nicht oder nur ausnahmsweise betroffen ist.

Deshalb will ich die Frage, ob heute noch ein Bedürfnis nach dem Erzählen oder Hören von Geschichten besteht, stellvertretend für den Leser mir selbst vorlegen. Dabei denke ich nicht an das Erzählen als Kunst, sondern an das Erzählen im Alltag, genauer, im Familien- oder Freundeskreis.

Kinder haben sicherlich große Probleme mit der Autorität der Erwachsenen, zumal ihrer Eltern. Sie erfahren täglich, daß sie ihnen körperlich und geistig unterlegen sind, und werden dazu noch ständig zurechtgewie-

---

19 Dégh, Linda: "Erzählen, Erzähler", wie Anm. 10, Sp. 334

sen und belehrt. Deshalb wirkt es auf sie befreiend, wenn ihr Vater ihnen vor dem Einschlafen erzählt, wie er als Kind gewesen ist, was er erlebt hat, wie er einmal gelogen oder geklaut oder sich mit anderen gestritten hat.

"Erzähl doch bitte die Streitgeschichte von Onkel Philipp und Dir!" Und so mußte ich zum wiederholten Mal erzählen, wie wir im Schloßmuseum auf die Garde-du-Corps-Uniform unseres Großvaters gestoßen waren. Ich wollte als erster den goldenen Helm mit dem Kaiseradler mir aufsetzen. Mein Bruder Philipp entriß ihn mir und schlug ihn mir auf den Kopf, so daß die Spitze des Adlers in meinem Schädel stecken blieb und das Blut herausspritzte. Ich lief heulend aus dem Zimmer und die Treppe hinauf. "Der hat jetzt genug", dachte mein Bruder, kam aus dem Zimmer ins Treppenhaus, und schon flog ihm von oben ein Backstein auf den Kopf. Zuletzt lagen wir beide zähnefletschend mit genähten Köpfen im Krankenhauszimmer nebeneinander.

Einmal erzählte ich einen Vorfall, der mir immer äußerst peinlich gewesen ist. Eines Tages, ich dürfte etwa acht Jahre alt gewesen sein, entdeckte ich im Turmzimmer eine bunte, runde Streichholzschachtel, in der große Streichhölzer mit dem Kopf nach unten steckten. Ich brauchte ein Streichholz nur herauszuziehen, und schon brannte es. Ich blies es aus und warf es in das Rouleau aus schwarzem Papier, mit dem das Fenster wegen der Luftangriffe verdunkelt war. Dann steckte ich zwei, dann fünf auf einmal an und warf sie wieder in das Rouleau, das plötzlich zu brennen anfing. Ich wollte die Flamme ausblasen und fachte sie nur noch mehr an. Das Feuer griff erst auf den seidenen Vorhang und dann auf den hölzernen Fensterrahmen über. Ich schlich mich davon und stieß im Vorzimmer auf meine um ein Jahr jüngere Schwester. "Du, hier riecht es aber komisch." "Ich rieche nichts", antwortete ich und ging weiter. Das Feuer wurde von den Erwachsenen mit Wassereimern gelöscht. Als

Strafe wurde ich von meiner Mutter für längere Zeit eingeschlossen, um über den Vorfall nachzudenken.

Unter Untaten haben auch die Täter zu leiden. Wieviele Menschen mögen unter uns leben, die vor mehr als einem halben Jahrhundert freiwillig oder auf Befehl an einem Pogrom beteiligt waren und es nie gewagt haben, ihrer Frau, ihren Eltern, Kindern oder Freunden davon zu erzählen. Indem ich anderen ein Vergehen von mir erzähle, setze ich mich ihrer moralischen Beurteilung aus und habe die Chance, mit ihnen und mit mir selbst ins Reine zu kommen.

Manche Filme wie *Das Verbrechen des Monsieur Lange* von Renoir oder *Hiroshima mon amour* von Resnais sind Erzählungen in diesem existentiellen Sinn. Ein solches Erzählen setzt allerdings voraus, daß es noch oder wieder so etwas wie ein Familiengeheimnis oder ein Geheimnis unter Freunden gibt. In der Öffentlichkeit will man nichts preisgeben, weil man, wenn schon nicht die Strafe der Justiz, so doch den Klatsch der Gesellschaft befürchten muß. Viele Menschen können nicht mehr erzählen, weil sie andere ohne Ausnahme als ihre Konkurrenten ansehen und sich vor ihnen nicht bloßstellen wollen.

"Keiner hat wen gebraucht. Das ist nun wohl wirklich der Westen." So hat Thomas Rosenlöcher nach dem Ende der DDR in seinem *Dresdener Tagebuch* notiert.[20] Vielleicht fehlt uns im Westen ganz einfach der Mut zum Erzählen.

---

20 Thomas Rosenlöcher, Die verkauften Pflastersteine. Dresdener Tagebuch, Frankfurt a.M. 1991, S. 91

Reinhold Lagrene

Die Erzählkultur und Erzählkunst Deutscher Sinti und Roma

Sinti kommt, kommt alle! Unser Feuer droht zu erlöschen.
Spürt ihr denn nicht, daß es kalt wird?
Die Zeit, da wir uns gemeinsam am Feuer wärmten, vergeht.
Und langsam schleicht die Kälte sich an uns heran.
Sie sucht Einlaß in unser Herz. Gebt acht!
Die Kälte zerstört unser aller Sinti Leben.
Viele Sinti glauben sich geborgen ohne ihre Leute,
Ohne die Leute, die ihnen Wärme und Achtung wiedergeben,
Ohne die Leute, die den gleichen Weg hinter sich
Und noch vor sich haben, wie wir alle.
Sie gehen allein ihren Weg, allein in der Kälte,
Wo es kein Überleben mehr gibt.
Darum laßt uns acht geben, daß unser Feuer nicht erlischt.
Denn es brennt schon lange nicht mehr, wie es einst brannte.
Beinahe abgebrannt ist es schon.
Deshalb laßt uns schnell unsere Leute rufen:
"Kommt , kommt alle!
Laßt uns alle gemeinsam Holz suchen
Und wieder ein großes Feuer machen für uns alle!"

Oft denke ich darüber nach, wie unsere Überlieferung heute gepflegt und an die nach uns kommenden Generationen weitergegeben werden kann. Der Holocaust an Sinti und Roma hat eine Generation nahezu ausgelöscht: nur jeder Dritte der deutschen Sinti und Roma überlebte die nationalsozialistischen Verfolgungen, der unsere Angehörigen allein aus

Gründen einer ihnen unterstellten "Rassezugehörigkeit" bis 1945 ausgeliefert waren. Und die wenigen, die aus den Vernichtungslagern oder von ihrer Flucht in ihre alte Heimat zurückkehrten, waren krank und erschöpft. Das Trauma der Verfolgung konnte keiner überwinden, und selbst noch in meiner Generation wirkt es unmittelbar nach. Dies hat unsere Kultur, die von mündlicher Überlieferung lebt, in einem Ausmaß geschwächt, daß wir es nur schwer ausgleichen können.

Dazu kommen die gewandelten Lebensbedingungen in unserer modernen Zeit, die es uns erlauben, anonymer zu leben und unsere ethnische Zugehörigkeit öffentlich nicht sichtbar werden zu lassen. Auf diese Weise versuchen viele Sinti und Roma, sich der öffentlichen Diskriminierung und Benachteiligung gerade auch im Beruf, aber auch schon in der Schule und Ausbildung zu entziehen. Erlangen Sinti/Roma endlich akzeptable Wohnungen, dann sind diese in der Regel zu klein, um drei Generationen Platz zu bieten, so daß die Gesamtfamilie sich über die ganze Stadt verteilen muß. So brachten manche Verbesserungen in sozialer Hinsicht auch Veränderungen mit sich, die es uns heute schwerer machen, unsere kulturelle Identität lebendig zu bewahren. Vielleicht ist manches schon unwiederbringlich verloren gegangen bzw. dem Wandel der Zeit zum Opfer gefallen.

Ich bin kein Spezialist für Märchen oder für die Erzählkultur meines Volkes. Die Aussagen, die ich hier mache, sind aus den persönlichen Erinnerungen und Erfahrungen in meiner Familie erwachsen. Soweit reicht die Gültigkeit dessen, was ich Ihnen berichten will.

Die Zigeunerforscher haben immer wieder den Fehler gemacht, daß sie das, was sie bei den ihnen bekannten Sinti oder Roma fanden (und z.T. auch zur Bekräftigung ihrer vorurteilsvollen Sichtweise dazuerfunden haben), auf unser gesamtes Volk übertragen haben. Darauf möchte ich gerade auch alle Nicht-Sinti hinweisen, ist man doch immer in der Gefahr, selbst beim Lesen den gleichen Fehler der Generalisierung zu machen. Ich spreche also nicht in der allgemeinen Form und ich spreche nicht für alle deutschen Sinti und Roma. Im Gegenteil bitte ich interessierte Sinti und Roma, meine Ausführungen durch ihre eigenen Erfahrungen und Einschätzungen zu ergänzen.

Wir deutschen Sinti sind sehr zurückhaltend, öffentlich über uns zu sprechen. Wir sind gebrannt. Unsere Geschichte hat uns Zurückhaltung gelehrt. So erkläre ich mir die Tatsache, daß man in Märchensammlungen oder in Aufsätzen über sog. Sinti/Roma-Märchen wiederholt die Aussage findet, die deutschen Sinti/Roma hätten keine Märchen.[1] Im Gegensatz dazu berichtet der Märchensammler Johann Wilhelm Wolf im Vorwort seiner 1851 erstmals veröffentlichten "*Deutsche*(!) Hausmärchen", viele seiner Märchen habe er von einem "Zigeuner", der diese in Wirtshäusern zur Unterhaltung der Gäste vorgetragen hätte. [2]

---

1 Vgl. Heinz Mode: Vorwort, S. 9, in: Heinz Mode Hrsg. Zigeunermärchen aus aller Welt, Erste Sammlung, Wiesbaden / Leipzig 1983, und Walter Aichele, Nachwort (1925) S. 348, in Aichele, Block Hrsg., Zigeunermärchen, Köln 1962. Auf dessen Aussage stützt sich dann Georgia A. Rakelmann mit der gleichen Behauptung: "Als Martin Block und Walter Aichele in den 20ger Jahren ihre Märchen zusammenstellten, da fanden sie keine Märchen deutscher Zigeuner (...)." S. 186, und: "Von einer Märchentradition von Zigeuern im deutschsprachigen Raum ist kaum etwas bekannt, zumindest treten Zigeuner als gewerbliche Erzähler auch vor der Periode der Industrialisierung nicht in Erscheinung." S. 193, in: "Orale Tradition im Wandel - Mündliche Überlieferung bei Zigeunern", in: "Wie alt sind unsere Märchen" / Hrgs.: Oberfeld . - Veröffentlichungen der Europäischen Märchengesellschaft, Bd. 14 - Regensburg, 1990, S. 185-198

2 "Auch ein Zigeuner, Bletz heißt er, brachte sie (die Märchen, d.V.) mir zu Dutzenden ein und auch aus aller Herren Länder, doch weiß er genau wo und wann er jedes einzelne Stück gehört hat. Besonders viele dankt er seiner Mutter, welche ihm ebenfalls stets dabei erzählte, bei welcher Gelegenheit sie dieselben gelernt und es ist höchst interessant, ihr und ihm auf die verschiedenen Streifzüge zu folgen (...)." Aus: Johann Wilhelm Wolf, Verschollene Märchen, Frankfurt a.M. 1991, S. 6, Wiederauflage der ursprünglich unter dem Titel "Deutsche Volksmärchen" erschienen Sammlung des o.g. Autors

War dieser Sinto ein Sonderfall? Oder gab es die Märchenerzähler bei uns damals noch, inzwischen aber schon lange nicht mehr?

Lassen Sie mich dazu berichten, wie ich es aus meinem persönlichen Erleben weiß.

Wie jedes andere Kind hierzulande habe ich "Märchen" kennengelernt vor allem als Märchen der Gebrüder Grimm. Diese im letzten Jahrhundert erst gesammelten und aufgeschriebenen Geschichten sind in meiner Erinnerung "Märchen", wobei ich vielleicht im Unterschied zu den meisten anderen deutschen Kindern das Glück hatte, daß ich diese Märchen nicht nur in der schriftlichen Form aufgenommen oder von den Eltern oder Großeltern vorgelesen bekommen habe. Bei uns zu Hause wurden sie einfach erzählt, und ich weiß nicht, was kunstvoller war: die gedruckte Form der Grimmschen Märchen oder die lebendige Erzählweise meiner Mutter, meines Vaters oder anderer Angehöriger, die diesen Erzählstoff möglicherweise selbst auch nur in der mündlichen Überlieferung aufgenommen hatten. Auch vermag ich nicht mehr in meiner Erinnerung zu unterscheiden, welche Märchen ich aus den Erzählungen in meiner Familie kenne, und welche aus der Schule oder der Literatur. Jedenfalls verbinde ich das Wort "Märchen" mit diesem allgemeinen Kulturschatz, der auch für uns Sinti Bedeutung hat.

Zu Recht, so meine ich, stellen die Veranstalter dieser Tagung in den Mittelpunkt der Diskussionen nicht Märchen, sondern das Erzählen. Wenn Sie Sinti fragen, ob es bei uns besondere Märchen gäbe, wird das wohl jeder verneinen. Allerdings wurden und werden bei uns Sinti viele Geschichten erzählt. Das Erzählen gehörte ganz selbstverständlich zu unserem Alltag. Das Erzählen war und ist Teil unserer Lebensweise und Kultur.

Zunächst ist das Erzählen ja nicht Kunst, sondern vielmehr Bestandteil einer Situation: man war den Tag über unterwegs gewesen und nun kehrt einer nach dem anderen wieder nach Hause und zur Familie zurück. Natürlich wird erzählt. Oder es kommt jemand zu Besuch, und schon erzählt man. Unsere Menschen, die Sinti, sind zusammen, die Hände verrichten vielleicht eine gewohnte Arbeit, und man spricht und unterhält sich über die verschiedensten Dinge aus dem Alltag, die teils erfreulich und lustig, oder auch weniger erfreulich und mehr ernst sind. Dabei fällt einem eine Geschichte ein, und sie wird erzählt. Vielleicht soll die Geschichte einen Gedanken oder ein Gefühl deutlich machen oder begründen, vielleicht kommt einem eine Geschichte in den Sinn, weil sie mit ihrer überraschenden, witzigen Pointe gerade paßt oder weil herzhaftes Lachen die Stimmung heben soll.

Es sind nicht immer neue Geschichten, im Gegenteil, viele sind längst bekannt, tausendmal erzählt, trotzdem hört man sie gerne wieder, erinnert sich, und jedesmal hat die Geschichte einen etwas anderen Gehalt, geprägt durch den aktuellen Zusammenhang, in den hinein die Geschichte erzählt wird. Und aus einer Geschichte werden mehr, sie reihen sich aneinander wie Perlen an einer Schnur.

Das ist "Erzählen", und dieses "Erzählen" gab es eigentlich immer. Mir scheint, "Erzählen" gehört in einer ganz ursprünglichen Weise zum Menschen, wenn er sich nicht auf sich selbst zurückzieht. Erzählen gehört in jeden Tag. Für eine lebendige Gemeinschaft ist es wie tägliches Brot. Unbefangen erzählen können gibt einem die Möglichkeit, sich in einer ungezwungenen Weise mitteilen zu können, dem als unverständlich Erlebten oder Empfundenen im Erzählen die nötige Gegenständlichkeit zu geben, um es greifbar und damit begreifbar zu machen. Da gibt es wohl keinen Unterschied zwischen Sinti/Roma und Nicht-Sinti.

Dennoch möchte ich behaupten, daß das Erzählen bei uns eine andere Bedeutung hat, in anderer Weise unmittelbar zu unserer Kultur gehört. Ich möchte versuchen, das im folgenden zu verdeutlichen.

1. Sinti / Roma leben meinem Eindruck nach gemeinschaftsorientierter als die Mehrheitsbevölkerung.

Ich bin aufgewachsen in einer großen Gemeinschaft. Meine gesamte Familie lebte zusammen. Das ganze Leben spielte sich in der Familie ab , und wenn wir Kinder abends ins Bett geschickt wurden, so bekamen wir doch alles mit, was die Erwachsenen untereinander besprachen. Überhaupt kannten wir eigentlich keine geschlossenen Türen. Jeder konnte überall einfach dazukommen. In einem solchen engen Zusammenleben gedeiht das Erzählen ganz anders als wir es uns heute vorstellen können.

Heute lebt auch meine Familie nicht mehr so eng zusammen und das Fernsehen bindet auch bei unseren Leuten die Zeit und die Aufmerksamkeit und leitet unsere Phantasie mit seinen Bildern.

Dennoch hat die Familie bei uns traditionell einen anderen Stellenwert. Sie ist auch heute noch die Mitte unseres Lebens. Zuerst kommt die Familie, dann der Job, dann vielleicht irgendwelche persönlichen Interessen. Die Familie ist Trägerin unserer Sprache und Kultur. Dieser Bindung an die Familie verdanken wir all das, was wir bis heute, also nahezu eintausend Jahre lang, an Überlieferung erhalten haben. Gemeinschaft aber fördert und fordert das Erzählen. So gibt es eigentlich in jeder Familie besondere Erzähler, die genügend Möglichkeit finden, ihr Talent zu entfalten und zur Geltung zu bringen.

Dazu kommt noch, daß bei uns die alten Menschen besonderes Ansehen genießen. Ich glaube, es ist bei uns viel selbstverständlicher, daß man ihnen zuhört, wenn sie erzählen. Das Erzählen kommt mit dem älter werden. Es reift mit der Lebenserfahrung und gewinnt dann seine Farbe nicht nur aus einer blühenden Phantasie, sondern nun auch aus dem Schatz angesammelter Erinnerungen, spezieller Erlebnisse und Eindrücke eines langen Lebens.

2. Über wieder und wieder erzählte Geschichten reflektieren wir die grundlegenden historischen Erfahrungen unseres Volkes.

Auch dafür will ich ein Beispiel geben. Oft wurde bei uns die Geschichte einer Flucht erzählt, die besonders tragisch endete. Die Handlung spricht eine Verfolgungssituation an, wie sie jedenfalls noch für das 18. Jahrhundert kennzeichnend war. Unsere Leute waren damals eigentlich immer auf der Flucht. Denn wer konnte sich sicher fühlen, solange man als Sinto vogelfrei und regelmäßig staatlichen Verfolgungen ausgesetzt war, und zwar unabhängig von Geschlecht und Alter, allein deswegen, weil es uns gab und weil wir folglich irgendwo ankommen, auftauchen mußten.

Und so erzählt die Geschichte von einer Sinti-Familie, die sich irgendwo im Wald versteckt mehr schlecht als recht am Leben hielt. Alle wußten es: wurde einer erwischt, mußte er sterben. Doch galt die Gefahr nicht nur ihm, dem Einzelnen, sondern der ganzen Gruppe; denn hatte man den einen, dann wollte man auch alle seine Leute, dann jagte man auch die in der Nähe vermutete übrige Gruppe. Nun war aber einer von unseren Leuten auf den Tod erkrankt. Kein Mittel noch Kraut wollte helfen. Da machte sich einer der Jungen gegen Abend auf, denn man wußte in der nahegelegenen Ortschaft einen Arzt, von dem es hieß, er habe sich schon einmal in ähnlicher Stiuation als Mensch gezeigt und unseren Leuten geholfen.

Natürlich war es ein Wagnis, nach diesem Arzt zu suchen und so warteten alle voller Sorgen auf die Rückkehr des Jungen. Als dieser jedoch auch am nächsten Morgen noch nicht zurück war, schickte man einen weiteren aus, sich umzuhören. Dieser kam nur wenig später zurückgerannt und berichtete von einer großen Meute Menschen, die in Richtung des Lagers den Wald druchstreiften, offensichtlich schon auf der Jagd nach unseren Menschen, d.h. nach der sogenannten "Zigeunersippe".

In wilder Angst brachen unsere Leute das Lager ab und ergriffen die Flucht. Der Kranke wurde geschultert, die jungen Mütter und ebenso ältere Geschwister griffen nach kleinen Kindern. Da hörte man plötzlich eines von den Jüngsten - von der allgemeinen Panik angesteckt - wimmern und schreien. Das mußte doch die herannahende Meute auf die fliehende Gruppe aufmerksam machen. Entsetzt packte die Mutter ihr Kind und drückte es im Davonlaufen mit dem Gesicht fest gegen die Brust, damit das Weinen nicht länger im Wald zu hören sein sollte. So stoben sie in alle Richtungen davon und suchten sich zu retten. Die Flucht gelang. Im Augenblick der ersten Erleichterung aber bemerkte die junge Mutter, daß sie in ihrer Angst, das Weinen und Wimmern ihres Kindes würde alle verraten, dieses ungewollt an der eigenen Brust erstickt hatte. Es war tot, von der eigenen Mutter unglücklich getötet. Darüber, so wurde erzählt, verlor die junge Mutter ihren Verstand.

Hat sich dies so ereignet? Möglich war es jedenfalls und wir brauchten danach nicht zu fragen, konnten wir es uns doch gut gerade so vorstellen.

In meiner Kindheit habe ich viel Erzählen gehört. Die Eltern, die Onkel und Tanten, Freunde und Bekannte, die uns besuchten, erzählten sehr oft aus ihrer Erinnerung an Begebenheiten aus der Zeit der NS-Verfolgung. Ich vernahm manches, was ich als Kind in seiner ganzen Bedeutung noch gar nicht begreifen konnte. Dennoch hat sich das meiste unauslöschlich in mein Gedächtnis eingegraben.

Von diesen Erzählungen her ist das Bild, welches ich von der NS-Verfolgung und von den Schrecken der Vernichtungslager habe, ganz anders als man die Ereignisse des Dritten Reichs in Geschichtsbüchern liest. Dort wird die Politik, die Propaganda, die administrative Struktur und der Vollzug der Verfolgung beschrieben, in manchen Büchern auch Einzelschicksale oder der Alltag dieser beispiellosen Massenvernichtung. In den Erzählungen der Älteren tritt die alltägliche Qual oft in den Hintergrund, erzählt wird dagegen das besondere Ereignis. Im Erzählen durchleben unsere Menschen wieder und wieder die schlimmsten Demütigungen und ihre gezielt betriebene Entehrung, mit der die Nazis sie brechen und ihren Zusammenhalt zerstören wollten. Und viele Erzählungen ranken sich um wirkliche Bagatellen: Eine für die allgemeine Lage sicherlich bedeutungslose Geste des Widerstands, der Selbstbehauptung, des eigenen Lebenswillens, die aber für die betreffende Person entscheidend im Gedächtnis haften blieb. Oder die Geschichte einer harmlosen Schürfwunde, die man sich bei der erschöpfenden Arbeit zugezogen hatte und die nun panische Angst auslöste, weil man Sorge haben mußte, daß diese kleine Verletzung nicht heilen, sondern sich entzünden würde. Es war die Angst vor Fieber, Schwäche, die Angst vor Aussonderung, die Angst vor dem Gas. Und tat man nicht oftmals die verrückesten Dinge aus bloßer Angst?

Wenn ich heute über das Erzählen in meiner Familie nachdenke, dann wird mir deutlich, wie sehr seine Inhalte von diesen schrecklichen Erinnerungen bestimmt sind. Wie aber die Erfahrungen des Holocaust in Geschichten verarbeiten? Sie können nicht ausgemalt werden, nicht schrecklicher, unheimlicher, bedrohlicher, quälender, ja nicht einmal bizarrer und verrückter dargestellt werden. Sie waren all dies und sie waren jenseits aller menschlichen Wirklichkeit und Vorstellung. Es ist ein eigentümlicher Gedanke, daß möglicherweise auch dies: das sich immer wieder vordrängende Erinnern an den Holocaust, zum Absterben des Erzählens im Sinne von "Geschichten erzählen" beigetragen haben könnte.

Es wäre jedoch eine falsche Vorstellung, wenn man meinte, daß im Unterschied dazu früher, vor dem Holocaust, vorwiegend erfundene Geschichten erzählt worden seien. So war es nicht. Denn immer schon war im Erzählen beides verwoben: das Erzählen wahrer Begebenheiten und das Erzählen von "Geschichten"; denn beides geht zwangsläufig ineinander über, sobald eine wahre Begebenheit, das konkrete Erlebnis über die Einzelsituation hinaus beispielhafte, zeichenhafte Bedeutung gewinnt, weil sie generelle Erfahrungen unserer Menschen widerspiegelt, etwa die Erfahrungen der Verfolgung.

3. Ein dritter Unterschied der Bedeutung des Erzählens für unsere Kultur im Vergleich zur Mehrheitskultur liegt darin, daß wir Sinti/Roma das Erzählen wohl immer gebraucht haben, um uns selbst zu bestärken und unseren Stolz zu behaupten.

Ich erinnere mich gut: wir hatten uns große Teile des Tages in der Welt Nicht-Sinti bewegt: wir waren in der Schule gewesen, hatten draußen auf der Straße gespielt, waren vielleicht zum Einkaufen gegangen oder hatten den Vater, die Mutter oder andere begleitet, wenn sie Möbel, Bilder und andere Antiquitäten aufkaufen oder an die Händler verkaufen wollten. Dabei mußten wir erleben, daß wir als Menschen zweiter Klasse angesehen und entsprechend behandelt wurden.

Wenn wir Kinder damit zu kämpfen hatten, uns gedemütigt fühlten und wütend, enttäuscht, gedrückt und unglücklich nach Hause kamen, dann erzählte uns oft irgend jemand eine Geschichte.

Ja, unsere Leute, die können mit Feuer umgehen! Was aber, wenn der Förster kommt? Um Gottes willen! Immer gibt es Ärger. Schnell weg mit dem Topf, die Flammen austreten und Sand über die Glut, zuletzt die Decke drauf und allemann draufsitzen. Nein, zu verbergen haben wir nichts. Alles wie es sein soll, ganz normal. Grüß Gott, Herr Oberförster.

Der Förster aber, der Hund, will's wieder besser wissen. "Und - was riecht es hier nach Feuer?" - Vielleicht sind ein paar Köhler im Wald. - "So, und den brandheißen Topf da habt ihr auch von ganz allein!" - Ja dieser Wundertopf, da haben Sie ganz recht, der ist allerdings etwas besonderes, ein Schatz ist er, immer voll und stellt man ihn auf den Boden, so fängt die Suppe auch schon zu kochen an. Was brauchen wir da ein Feuer. Nein, Herr Oberförster, so gut wie uns möcht's Euch bestimmt auch gehen. Mit so einem Topf hat man ausgesorgt.

Den Förster, den hat's gepackt! Schon will er um den Topf handeln, als sei der wie jeder andere käuflich zu haben. Schrecklich zerrt der Mensch. Was soll man machen, er will's und erzwingt das Geschäft. Und der Topf, das gute Stück wechselt für einige Dukaten seinen Besitzer. Ob der Topf aber kann, was der jetzt von ihm will? Man sieht schon und hört den Förster schreien daheim, als sei er der Betrogene: "Wenn ich die nochmal erwische -!"

Nun gut, über ein Jahr später kamen die Leute wieder in die Gegend. Schlechte Zeiten waren es, der Hunger riß an den Bäuchen, was sollte man tun? Besser es kostet einen Hasen als das Leben der Kinder. Das Wild war schnell gefangen, erlegt und ausgeweidet. Da kam einer von den jungen Burschen angerannt. Er hatte den Förster gesehen, ja genau den vom vergangenen Jahr. Ohweh, was tun, das gibt Ärger. Nur weg mit dem Hasen, dem Fell, - und das Eingeweide? Wird halt dem Nächststehenden in den Wams gestopft. So alles in Ordnung: Wir haben nichts zu verbergen. Alles wie es sein soll, ganz normal. Grüß Gott, Herr Oberförster.

Aber der? Nicht gut zu sprechen ist er auf die Leute, hat nichts vergessen und meint noch, er wüßte schon alles. Das Blut im Gras? - Ja, was wird gewesen sein - ein Fuchs hat sich ein Täubchen geschnappt oder einen jungen Hasen. Wer weiß, Herr Oberförster, in so einem Wald. - Und -

was soll schon sein mit dem Messer? - Blut? - Ja g'rad hab ich's noch demonstriert. Ist halt ein besonderes Messer, ein ganz besonderes Messer. Den Bauch aufschneiden kannst Du damit und kaum ziehst Du das Messer wieder raus, ist nichst mehr zu sehen, und mehr noch, wer's zuvor mit dem Magen hatte oder an der Galle, der ist wieder gesund, so wahr ich hier stehe! Der Herr Oberförster will es nicht glauben? Ich zeig's ihm gern. Komm her, ja Du, grad' Du! Ziehr Dich nicht, hast doch eben noch über Leibschmerzen geklagt. Wirst Dich halt wieder überfressen haben. Das haben wir gleich! Und schnitt ihm den Wams auf, daß die Eingeweide recht grauslich hervorquollen. Der so Aufgeschlitzte aber lachte als sei rein gar nichts.

Mein Gott, hat's da den Förster gepackt. Das Messer mußte er haben, gleich was es kosten sollte. Dem Teufel hätte er sich verraten und seine Frau dazu, wenn er nur das Messer bekäme. Was war da anderes zu tun, als es ihm geben und den gerechten Preis zu nehmen, weiß man doch, was nichts kostet, taugt nichts. Und schon lief der Förster davon, seine Frau kurieren, wie er noch rief.

Ob das Messer aber kann, was der jetzt von ihm will? Man sieht schon und hört den Förster schreien daheim, als sei er der Betrogene: Wenn ich die nochmal erwische - !"

Und der Förster, der arme Witwer, erwischte sie. Ein Jahr hat er warten müssen, da fand er sie wieder. Den Größten schnappt er sich, stopft ihn gefesselt in einen Sack und schleppt ihn runter zum Fluß. Auweh, was der schreit und jammert im Sack, als habe sein letztes Stündlein geschlagen. Schon will der Förster ihn im Sack mit einem letzten Fluch in den Fluß stoßen, da heult der Elende auf und fleht und bittet, ihm einen letzten Wunsch noch zu erfüllen: "Ich weiß, ich muß jetzt sterben. Doch bitt' ich Euch, Herr Oberförster, ersauft mich nicht hier am Rand. Tut's in der Mitte. Denn komm' ich vom Rand her da unten an, dann bin ich dort geringer als ein Schweinehirt. So fleh' ich, gebt mir doch die Chance und fahrt mich mitten auf den Fluß. Denn komm' ich von der Mitte, so bin ich unten ein gemachter Mann, der Erste im Rat und Bürgermeister dieses Gewässers."

Was tat der Förster? Damit ihm auch niemand zuvor kommen könne, ließ er den armen Kerl gefesselt im Sack, nahm sich den nächstbesten Kahn, ruderte mitten in den Fluß und sprang dort, wo das Wasser am tiefsten ist, kopfüber hinein, nur um sich so - aus bloßem Eigennutz - selbst zu ersäufen.

Über den Ursprung dieser Geschichte kann ich nichts sagen. Ich kenne sie aus dem Erzählschatz meiner Familie, habe aber eine ganz ähnliche Geschichte auch schon im Radio gehört. Oft hatten solche Geschichten die Gestalt von Märchen und formten den Stoff aus typischen Märchenmotiven. Das Buch von Philomena Franz ist voll von solchen Geschichten bzw. Märchen.[3]
Es gibt diese Art von Geschichten eigentlich in allen Familien und sie können sehr unterschiedlich ausfallen. Manche sind eher depressiv gehalten: Wir bemitleiden uns darin selbst, beschreiben uns als traurige Tröpfe. Manche behaupten unsere Überlegenheit, unseren Stolz: Aus den verzwicktesten Situationen gehen wir als die Geschickteren, Klügeren und Tüchtigeren hervor. Manche geben uns die Würde zurück: Wir handeln edelmütiger, gütiger, menschlicher und werden dafür belohnt, die Heiligen sind auf unserer Seite.

Diese Art Geschichten halfen uns über die Erlebnisse eines schlimmen Tages hinweg. Es ist für sie kennzeichnend, daß sie gute und schlechte Erfahrungen im Kontakt mit Nicht-Sinti aufnehmen, um sie in einer Phantasiewelt aufzuheben und aufzulösen. Die Erfahrung, als Sinti ab-

3 Philomena Franz, Zigeunermärchen, Bonn 1982

gelehnt zu sein, lasteten nun nicht mehr so schwer auf uns. Sie wurden eingebunden in den Lebenszusammenhang aller Sinti/Roma. Wir konnten uns an diesen Geschichten moralisch wieder aufbauen und unsere Selbstachtung zurückgewinnen.

Ich glaube, das Geschichten-Erzählen hatte auf unsere Menschen in ihrer Situation als Minderheit in allen Zeiten eine reinigende Wirkung, als würden dadurch negative Gefühle, die man uns von außen entgegenbrachte, abgeleitet oder durch die Kraft unserer Selbstachtung, die wir in diese Geschichten hineinlegten, überwunden.

4. Damit eng verbunden ist ein vierter Aspekt: bei uns werden Geschichten erzählt, um Kinder in eine gute Lebenshaltung einzuführen, um ihnen deutlich zu machen, wie sie sich verhalten sollen, um ihnen die Richtung anzuzeigen.

Ich erinnere mich gut an solche Situationen, wo uns Kindern eine Geschichte erzählt wurde, die uns in unsere spätere Lebenshaltung einführen sollte. Mein Vater erzählte uns z.B. die Geschichte vom Wolf und der Krähe, die sich zeitlebens gegenseitig geplagt und bekämpft hatten. Eines Tages kam ein Jäger in den Wald. Die Krähe erspähte den Jäger und brachte sich in Sicherheit. Von ihrem Platz in einer dunklen Tanne aus sah sie, wie der Jäger sich an den Wolf anschlich, der in der warmen Sonne ein Mittagsschläfchen hielt. Statt den Wolf mit ihrem Ruf zu warnen, hielt sie gespannt den Atem an. Der Jäger legte an und schoß den schlafenden Wolf ungehindert ab. Die Krähe feixte und freute sich über den frühen Tod ihres Erzfeindes und meinte, sich nun ihres Lebens so recht erfreuen zu können. So verging ein Jahr. Es war wieder ein warmer Sommertag, die Sonne schien auf das schwarze Gefieder der Krähe, sodaß es im Licht in wunderbar blauschwarzen Tönen schimmerte. Die Krähe, welche ganz beschäftigt war mit dem Picken von Beeren, Maden und Würmern, hüpfte etwas unachtsam auf eine Schale, die - ihren Weg behindernd - vor ihr auf der Erde lag. Sie hüpfte so ungeschickt auf den Rand dieser Schale, daß diese umkippte und dabei die Krähe unter sich begrub. Die Krähe mochte sich mühen, wie sie nur wollte, sie kam nicht mehr frei. Und so starb sie einen grausamen Tod. Nun fragte uns mein Vater, was für eine Schale es wohl gewesen sei, die die Krähe unter sich begrub: Es war die ausgeblichene Hirnschale des Wolfes, die den Tod der Krähe verursacht hatte. Diese Geschichte war eine Warnung, war ein Gleichnis: Wolf und Krähe hatten nie den Weg der Versöhnung gefunden, und selbst der Tod des Feindes sollte der Krähe nicht das ruhige Leben schenken. Die letzten Reste des Wolfes wurden am Ende zur tödlichen Falle für die Krähe.

Mit ist bewußt, daß nicht nur bei Sinti/Roma Fabeln und Märchen dazu dienen sollen, bei Kindern oder überhaupt bei den Menschen eine gute innere Lebenshaltung anzuregen. Doch habe ich den Eindruck, daß dies bei uns noch ein ganz übliches und selbstverständliches Erziehungsmittel war. Mein Vater erzählte nicht "gezielt pädagogisch", denn das Geschichten Erzählen war etwas Normales, Natürliches. Er machte uns aber mit seiner Geschichte in einer konkreten Situation auf eine innere Werthaltung aufmerksam, die uns ansprechen und zum Guten befähigen sollte.

5. Eine fünfte Besonderheit sehe ich darin, daß sich bei vielen Erzählungen das Wirkliche und das Unwirkliche vermischen, z.B. dadurch, daß meine Verwandten persönliche Erlebnisse erzählten, die ganz unwirklich erscheinen.

Auch dies möchte ich an einem Beispiel verdeutlichen:

Die Familie meiner Mutter hatte in der Zeit ihrer Kindheit das weite Rußland bereist. Sie waren bis weit in die Tundra gezogen, dort wo nur wenige Menschen siedelten und wo man kilometerlang keine Menschenseele traf. Aber auch dort gab es Sinti und Roma, die ihnen auf ihren Wegen begegneten. Bei der Gelegenheit tauschte man wichtige Informationen aus über dieses und jenes. Auch über einen gewissen Ort, der sich auf ihrem Weg befand, und der, wie berichtet wurde, verwunschen sei; daß es dort nicht mit rechten Dingen zuginge und selbst die Einheimischen dieser Gegend einen großen Bogen um besagten Ort machen würden. - Was meine Leute allerdings nicht davon abhielt ihren Weg trotzdem in diese Richtung fortzusetzen.

Und so erzählte meine Mutter, wie ihre Leute eines Tages auf ihrem Weg durch die endlose Tundra plötzlich vor sich die Spitze eines Kirchturms aus dem Boden ragen sahen. Der erste, der es gesehen hatte, hatte erst gar nichts gesagt, weil er dachte, aus Erschöpfung würde er schon anfangen zu phantasieren. Als aber auch die anderen stockten und im Schritt innehielten, als sie sich gegenseitig auf diese merkwürdig aus dem Boden ragende Kirchturmspitze aufmerksam machten, war allen klar, daß dies kein Trugbild sein könne. Man ging hin und untersuchte den Fund: der Wind hatte schon einige Ziegel losgerissen, die Balken waren alt, aber noch gut im Holz. Und besonders beeindruckte das Doppelkreuz, wie es bei orthodoxen Kirchen oder Kapellen üblich ist.

Alle sprachen aufgeregt durcheinander und rätselten über diesen sonderbaren Fund und was das ganze wohl zu bedeuten habe. Am einleuchtendsten schien noch die Erklärung des Onkels meiner Mutter, die Kirchturmspitze zeige sicher, daß an dieser Stelle eine ganze Stadt von der Erde verschluckt worden war, vielleicht weil die Menschen untereinander in Haß und Unfrieden lebten.

Einerseits gruselte es die Leute, andererseits kam man irgendwie gar nicht los von diesem Ort. Alle waren wie in einen sonderbaren Bann gezogen. Die Großmutter drängte zwar, man solle doch weiterziehen, aber irgendwie verrann die Zeit und schon brach die Dunkelheit über die

Steppe, sodaß gar nichts anderes übrig blieb, als schnell noch etwas Holz zu sammeln und die Feuer anzufachen für die Nacht. Erschöpft von den Strapazen des Tages saßen meine Leute um die Feuer, um sich etwas zu erholen.

Hin und wieder flackerte das Feuer auf und warf einen rötlichen Schimmer auf das Kreuz der Kirchturmspitze. Das wärmende Feuer, das Gespräch in der Runde nahm dem Ort allmählich seine Unheimlichkeit. Ohne daß man hätte sagen können, wer ihn eigentlich aufgebracht hatte, kam einigen jungen Männern der Gedanke, ihren Mut unter Beweis zu stellen, indem sie sich anschickten, in die Kirchturmspitze einzudringen, um ihr das Geheimnis zu entreißen.

Die Großmutter hob warnend ihre Stimme, doch die Männer vertrieben Bedenken und Ängste und der Gedanke reifte zur Tat. Nur wenig vor Mitternacht stand der Beschluß: jetzt gleich wollte man das Geheimnis lüften. Am Morgen in der Früh könnten sie dann aufbrechen und weiterziehen.

Einige hielten brennende Holzscheite zum Leuchten, andere bemühten sich mit schlechtem Werkzeug, durch das Dach in das Innere des Kirchturms zu kommen. Doch wollte es einfach nicht gelingen, zu fest war das Gebälk der Kirchturmspitze gefügt. Schließlich griff einer der Jungen nach einem Beil, um die Balken der Kirchturmspitze zu zerschlagen. Schon holte er aus zum Schlag, da hörte man auf einmal ein Tosen fern über der Steppe, als sei irgendwo ein Wirbelsturm losgebrochen. Der Junge hatte einen Moment im Schlag innegehalten. Doch holte er erneut aus, denn nun drängte es ihn sich zu beeilen. Doch kam er nicht mehr dazu, seinen Schlag auszuführen. Urplötzlich schwoll das Tosen an zu einem wilden Dröhnen, als würden tausend Reiter auf rasenden Pferden über die Steppe direkt auf den Rastplatz meiner Leute bei der Kirchturmspitze mitten in der weiten Tundra zugaloppieren. In panischer

Angst warfen sich meine Leute zu Boden. Jeder dachte, nun sei sein letztes Stündlein gekommen, denn schon raste eine riesige, unüberschaubare Sandwolke wirbelnd, tosend und alles mit sich reißend über ihre Köpfe hinweg.

Lange rührte sich nichts und niemand, bis das leise Wimmern eines Kindes die Leute aus ihrem Schock weckte. Eine Frau hob ihren Kopf, um nach dem Kind zu sehen. Es war nicht zu begreifen, keinem war etwas geschehen, alle waren unversehrt geblieben. Da bemerkte es einer: Die Kirchturmspitze war verschwunden, als hätte es nie eine gegeben. Jetzt wurde ihnen bewußt, daß sie sich an jenem geheimnisvollen, verwunschenen Ort befanden, von dem ihnen berichtet worden war. So hatten sie erfahren, daß es Dinge auf dieser Welt gibt, die jenseits unserer Vorstellung liegen. Unsere Alten aber verurteilten das Verhalten der Jungen. Sie waren sich einig, daß die jungen Männer an diesem besonderen, geheimnisvollen Ort durch ihr Verhalten gegen die Gesetze der Natur verstoßen hatten. Denn der Mensch lebt durch die Gesetze der Natur. Er muß sich der heiligen Ordnung der Schöpfung anpassen.

Meine Mutter erzählte diese Geschichte als lebendige Erinnerung an ihre Kindheit in Rußland und so haben wir sie aufgenommen und erzählen sie weiter als eine wahre Geschichte der Familie meiner Mutter.

Einiges habe ich über die alltägliche Erzählkultur bei Sinti/Roma berichtet. Ich vermute, daß mancher der hier anwesenden Sinti und auch der Roma, die die weite Reise zu uns auf sich genommen haben, um von ihren Erfahrungen zu berichten, ähnliches berichten kann. So sehe ich das Erzählen in der Familie oder bei Zusammenkünften zu den verschiedensten Anlässen als den Boden und Hintergrund für das, was man vielleicht "Erzählkunst" nennen könnte. Aufgrund der oben beschriebenen Bedingungen gibt es bei unseren Leuten sicherlich einen guten Boden dafür, daß einzelne ihre besondere Erzählbegabung entfalten können und in der Tat wahre Künstler des Erzählens sind.

Ich erinnere mich an einen Sinto, der allgemein Muckepatsch genannt wurde. Er war damals schon ein älterer Mann, der gerne und gut erzählte, so auch die Geschichte, wie er vor Jahren einmal im Wald Pilze suchen gegangen war. Er hatte seinen Korb auch tatsächlich randvoll mit guten Pilzen bekommen, doch war er müde geworden vom Pilzesuchen und so hatte er beschlossen, sich ein wenig auszuruhen. Er fand auch ein schönes Plätzchen unter einem Baum mit weichem Gras. Dort legte er sich hin, zog in alter Gewohnheit sein Pfeifchen aus der Tasche, stopfte es sorgfältig mit gutem Tabak, zündete es an und begann genüßlich zu schmauchen.

So also lag er da unter seinem Baum im weichen Gras, das würzig nach den verschiedenen Gräsern und Kräutern roch. Immen summten emsig von Blume zu Blume, welche im lau wehenden Wind ihren eigenartig wippenden Reigen tanzten. Tief im Wald schlug ein Specht sein trommelndes Stakkato , die Amseln und Drosseln, die Meisen und Rotkehlchen zwitscherten und sangen ihre Weisen so lieblich und süß und irgendwo in der Ferne läuteten feierlich die Glocken einer Kirche, die mit ihrem vollen und melodiösen Klang das Land und seine Menschen grüßten und segneten. Ach, es war mit einem Mal alles so friedvoll und zauberhaft schön. Und Muckepatsch drückte sich zufrieden seinen Hut ins Gesicht, verschränkte die Arme unterm Kopf und schloß die Augen. Mit seinem stetig qualmenden Pfeifchen im Mundwinkel lag er da und war auf einmal eingeschlafen.

Er wußte nicht, wie lange er so gelegen und geschlafen hatte, als er jäh aus seinem süßen Schlummer gerissen wurde. Ein tiefes, böses Knurren hatte ihn geweckt. Wie groß war sein Schreck, als er vorsichtig unter seinem Hut hervorblinzelnd direkt über seinem Gesicht in die Augen eines großen, zähnefletschenden und knurrenden Hundes schaute. Der aber fiel, wohl durch das jähe Erwachen des Schlafenden selbst erschrocken, in wütendes Gebell.

Das war wohl so ein streunender, halbwilder, gefährlich großer Hund gewesen, so meinte Muckepatsch. Er jedenfalls hätte mit der einen Hand seinen Korb mit den Pilzen geschnappt, mit der anderen Hand seinen Hut und so sei er blindlings davon, ab durch den Wald, bloß weg von diesem Riesenhund. Der habe ihn sogar noch eine Strecke verfolgt, sei aber dann immer noch laut und bedrohlich bellend zurückgeblieben.

Muckepatsch war gerannt und gerannt, bis er den Wald hinter sich gelassen hatte und er sich sicher war, daß er dem gefährlich großen Hund entkommen war. Da erst bemerkte er, daß von seinen Pilzen nicht mehr viel übrig war. Fast alle waren ihm bei seiner Flucht aus dem Korb gefallen. Aber noch viel mehr habe er sich geärgert, als er feststellte, daß ihm auch sein Pfeifchen fehlte, das Pfeifchen, das ihm sein Onkel, der schon vor Jahren verstorben war, zu Lebzeiten noch geschenkt hatte. Danach zu suchen war wohl zwecklos. Auch getraute er sich nicht mehr in den Wald aus Furcht, ihn könne der gefährlich große Hund doch noch erwischen. Und so verabschiedete er sich ziemlich zerknirscht in Gedanken für immer von seinem Pfeifchen.

Lange habe ihn dieser Verlust geschmerzt. Er konnte sich nicht erinnern, jemals so ein gutes Pfeifchen besessen zu haben. Auch wenn man nicht ständig daran zog, ging sie doch nie aus, wie es sonst bei Pfeifen üblich ist. Und der Tabak, ha! - In diesem Pfeifchen schmeckte er allemal. Ach und er hatte das Pfeifchen doch so in Ehren gehalten, dieses schöne Pfeifchen, das ihm sein Onkel selbst vor seinem Tode noch geschenkt hatte.

Wir Kinder hörten dem alten Sinto Muckepatsch besonders gerne zu, verstand er es doch, uns die jeweiligen Situationen, die er beschrieb, noch durch die merkwürdigsten und witzigsten Grimassen, durch wildes Augenrollen, untermalende Gesten, temperamentvolle Armbewegungen oder kennzeichnende Körperhaltungen mimisch vor Augen zu führen. Dieses gestikulierende Getue war für uns Kinder, aber auch für die Erwachsenen sehr lustig. Muckepatsch's Erzählen war wirklich eine Art sprechender, lebendiger Pantomime.

Aber Muckepatsch hatte noch nicht zu Ende erzählt. Die Geschichte ging noch weiter. Und so erfuhren wir Kinder und mit uns die Erwachsenen, die sich inzwischen zu uns gesellt hatten, daß er vor ein paar Jahren zufällig wieder in diese Gegend gekommen sei, wo er damals in den Wald Pilze suchen gegangen war. Natürlich erinnerte er sich gleich an sein Erlebnis mit dem gefährlich großen Hund. Jetzt nach Jahren mußte er doch über seine wilde Flucht lachen. War der gefährlich große Hund damals wirklich so groß gewesen? Und war er nicht zuerst vor *ihm*, dem Muckepatsch, erschrocken, wie er so plötzlich aus dem Schlaf aufgefahren war dem Hund fast ins Gesicht? Es reizte ihn, den Weg in den Wald noch einmal zu gehen. Und er fand auch den sonnigen Platz mitten im Wald wieder. Und weil er vom Laufen müde geworden, hatte er Lust, wie damals sich gerade wieder unter den gleichen Baum ins Gras zu legen. Wie er sich nun niederlegen wollte, brannte ihm plötzlich heiße Glut die Hand. Was sollte das sein? Tatsächlich, sein treues Pfeifchen, das noch immer schmorte und qualmte. Er brauchte es sich nur zwischen die Zähne zu schieben und genüßlich weiterzuschmauchen.

Und zu unserer großen Verblüffung griff Muckepatsch in seine Hosentasche und zog selbiges Pfeifchen heraus, das, geradeso wie er es beschrieben hatte, tatsächlich brannte und qualmte. Und mit der abschließenden Bemerkung: "Ja -. Genauso war es." steckte er es sich in den Mund und zog bedächtig ein paar Züge, vom Lachen und Klatschen seiner Zuhörer begleitet.

Bei uns in Deutschland wird von der Erzählkunst unserer Leute öffentlich nur wenig sichtbar, denn nur wenige nutzen ihre Begabung und Möglichkeit für öffentliche Auftritte. Allerdings gibt es bei uns eine lange Tradition der Puppenspieler. Es wäre sicher interessant, die Geschichte des Puppentheaters in Deutschland auf ihre Sinti/Roma-Einflüsse hin zu untersuchen. Allerdings präsentieren sich diese Puppenbühnen selten als Sinti/Roma-Erzählkunst. Bei der Auswahl ihres Repertoires greifen sie zudem in Orientierung an einem Publikum der Bevölkerungsmehrheit vorwiegend auf das allgemein zugängliche Märchengut zurück oder zeigen Stücke von namhaften Autoren der deutschen Klassik. Und ihre spezifische Begabung könnte sich allenfalls erweisen in einer sehr eigenen und lebendigen Weise der Präsentation eines allgemein bekannten Stoffs. Ich möchte das mit der Musik vergleichen, bei der Sinti sich auch an Motiven, am Musikstil und Geschmack der Bevölkerungsmehrheit orientiert haben, dabei jedoch in der Lage waren, etwas Eigenständiges daraus zu entwickeln. Man denke an den Django-Reinhard-Swing, der als eigener Stil in die Geschichte der Jazz-Musik eingegangen ist.

Milena Hübschmannová ; Margita Reiznerová ; Gejza Demeter

Bedrohung und Verlust der eigenständigen Kultur?

Anmerkungen zur Situation der Roma in der Tschechoslowakei[1]

Milena Hübschmannová: Ich möchte zunächst ein wenig über uns Auskunft geben: *Margita Reiznerová* ist die Vorsitzende des Vereins der Rom-Schriftsteller in der Tschechoslowakei. Der Schriftstellerverein ist im November 1990 gegründet worden und ihm gehören mittlerweile etwa fünfzig Roma an, die in ihrer eigenen Sprache schreiben - bei geschätzten 800 000 Roma, die in der Tschecheslowakei leben. Margita Reiznerová schreibt wunderbare Gedichte, ihre Schwester zeichnet Märchen auf. Bezeichnend für ihre Familie ist, daß sechs von acht Geschwistern schreiben und einiges von dem aufzeichnen, was ihnen der Vater, der ein Mann voller Phantasie war, erzählt hatte. *Gejza Demeter* war früher als Arbeiter tätig und ist nun Journalist. In der Tschechoslowakei erscheinen mittlerweile fünf Zeitschriften, die von Roma herausgegeben werden und teils in tschechisch, teils in slowakisch, teils in Romani geschrieben sind. Ich selbst gehöre von meiner Herkunft her nicht den Roma an. Ich habe an der Universität in Prag Indologie studiert.

Als ich zu den Roma kam, war es für mich ein eindrückliches, wunderbares Erlebnis, zu merken, daß ich ihre Sprache teilweise verstehen konnte. Ich kann Hindi sprechen und ich war so bezaubert, daß hier in Europa eine Volksgruppe lebt, die ihre Sprache über 1000 Jahre hinweg erhalten hat.

---

1 im Gegensatz zu den anderen Beiträgen dieses Bandes handelt es sich hier um eine lediglich redigierte, nicht aber überarbeitete Fassung eines während der Tagung frei vorgetragenen, von Frau Hübschmannová simultan übersetzten Beitrags.

Ich habe bei den Roma viel gelernt und war immer sehr glücklich unter ihnen. Ich fand stets herzliche Aufnahme und Gastfreundschaft. Bezaubert war ich von den Märchen, denn oft erzählten die Roma Märchen, manchmal bis in die frühen Morgenstunden. Ich kann gar nicht in Worte fassen, was für ein großes Erlebnis es für mich war, Märchen der Roma authentisch zu erfahren. Es ist, wenn ich dies als Überzeugung hier anführen darf, kaum möglich, Märchen der Roma in eine andere Sprache angemessen zu übersetzen. Nun unterrichte ich die Sprache der slowakischen Roma an der Universität.

Wir kommen direkt aus der Tschechoslowakei und halten es für notwendig, zunächst die derzeitige, aktuelle Situation in der Tschechoslowakei zu benennen. Es gibt zum einen Parallelen, zum anderen ist die Situation der Roma in der Tschechoslowakei aber in vielen Punkten grundlegend verschieden. Vergleichbar ist leider, daß dort wie hier die Roma immer noch am Rande der Gesellschaft leben müssen. Unterschiedlich ist die Bevölkerungszusammensetzung: Die etwa 800 000 Roma in der Tschechoslowakei bilden einen ungleich größeren Anteil an der Gesamtbevölkerung. Circa 80 % von ihnen leben seßhaft, wie historische Quellen nachweisen, schon seit vier Jahrhunderten in der Slowakei und waren vor allem als Schmiede und Musiker tätig. Gerade die Musiker standen in hohem Ansehen. In der Ostslowakei gab es geradezu ein Monopol: Bei allen Hochzeiten und Dorffesten spielten nur Roma. Dennoch war weder die materielle noch die Siedlungssituation zufriedenstellend. Die Roma lebten am Rande der Dörfer, der einzige Vorteil war, daß die großen Familien zusammenbleiben konnten.
Wie Sie wissen, war die heutige Tschechoslowakei während des Krieges zweigeteilt - in das Reichsprotektorat Böhmen-Mähren und in die Slowakei. In beiden Teilen unterschied sich das Schicksal der Roma. In Böhmen und Mähren fielen die Roma dem Nationalsozialismus zum Opfer. Von den circa 8 000 in KZs verschleppten Roma entgingen nur 600 dem Völkermord.

In dem von Tiso beherrschten Einparteienstaat Slowakei wurden die Roma mit einer Vielzahl rassistischer Gesetze verfolgt, aus den Dörfern vertrieben und in Zwangsarbeitslagern interniert, aber sie überlebten, wenn auch unter unsäglichen Bedingungen.
Im August 1944 kam es in der Slowakei zu einem im Oktober 1944 niedergeschlagenen Aufstand gegen Hitler. Zahlreiche Roma kämpften auf der Seite des Widerstands, und dies war sicher mit ein Grund für eine höhere Akzeptanz seitens der Mehrheitsbevölkerung.
Dazu kam, daß zahlreiche Roma Paten bei slowakischen Bauernfamilien waren. Auch gab es Siedlungen, in denen die Roma die Mehrheit bildeten. In dem Dorf Rakúsy u Kežmarku, in dem ich eine Zeit lang gelebt habe, wohnten etwa 1000 Roma und 200 Nicht-Roma, und viele von den Nicht-Roma sprachen die Sprache der Roma.
Doch der Kommunismus zerstörte dieses relativ gute gemeinschaftliche Verhältnis von Roma und Nicht-Roma. Die kommunistische Herrschaft hatte es sich zur Aufgabe gemacht, die Roma zu assimilieren. Es war nicht mehr gestattet, den Ausdruck 'Sinti und Roma' zu verwenden. Die ausgegebene Formel hieß nun 'Bürger zigeunerischen Ursprungs' und beinhaltete, daß diese somit schon gar kein 'Zigeuner' mehr seien. Es wurde weiter behauptet, daß die Roma lediglich eine soziale Gruppe mit reaktionärer Sprache, reaktionärer Ethnie und reaktionärer Kultur seien. Der Gebrauch der eigenen Sprache, die Ausübung der eigenen Kultur war in Mißkredit gebracht worden. Zahlreiche Gesetze, die die tatsächlichen Gegebenheiten nicht in Rechnung stellten, verschlim-merten die Lebensituation. Die Kinder, die der allgemeinen Schulpflicht nicht Folge leisteten, wurden den Eltern genommen und zwangsweise in Kinderheime eingewiesen. Jetzt vergegenwärtigen Sie sich aber einmal die reale Situation. Die Roma-Kinder wollten in die Schule gehen und wollten lernen. Sie wurden eingeschult, ohne ein Wort tschechisch oder slowakisch zu verstehen. Sie verstanden nichts von dem, was die Lehrerin lehrte und erklärte. Ein Lehrer äußerte mir gegenüber, die tschechischen und slowakischen Kinder fühlten sich wie bei der Mutter, die Roma-

Kinder hingegen wie bei der Stiefmutter. Hinzu kam der Spott der anderen Kinder und die alltäglichen Zurücksetzungen und Diskriminierungen. Die Roma-Kinder hatten in der letzten Bank zu sitzen. Sie können nachher Gejza Demeter und Margita Reiznerová fragen, die Ihnen all dies aus eigener Erfahrung bestätigen können. Die Kinder hatten verständlicherweise Angst, in die Schule zu gehen. Wie ich bereits erwähnt habe, wurden während des Krieges in der Slowakei die Roma aus den Dörfern heraus in unbewohnte Gebiete zwangsumgesiedelt. Viele dieser neuen Ansiedlungen waren nun kilometerweit von den Schulen entfernt, so daß die Kinder nicht in die Schulen kommen konnten. Als Folge des vorgeblichen Nicht-Erfüllens der Schulpflicht, wurden nun den Eltern die Kinder mit Gewalt weggenommen, es wurden Geld- und sogar Gefängnisstrafen über die Eltern verhängt.

Eine andere Verordnung während des Kommunismus verpflichtete jeden, auf sogenannten 'Legitimationskarten' einen Beschäftigungsnachweis zu führen. Bekamen Roma keine Arbeit, war es ihnen zwangsläufig auch nicht möglich, diese Legitimationskarte abstempeln zu lassen. Jeder, der diesen Stempel nicht nachweisen konnte, bekam Schwierigkeiten - die Roma jedoch in weit größerem Maße, aufgrund des auch bei uns verbreiteten Vorurteils, Roma wollten nicht arbeiten.

Ein anderes Gesetz im Zuge der Zwangsmaßnahmen verfügte das Verbot, in Familiengemeinschaften zusammen zu wohnen. Diese Zerspaltung verursachte größten Schaden bezogen auf die Kultur der Roma.

Ich hatte bereits erwähnt, daß die Roma sehr gute Musiker waren und als Musiker ihren Lebensunterhalt bestreiten konnten. Nun aber wurde gesetzlich bestimmt, daß nur der als Musiker arbeiten durfte, der vorher eine Prüfung abgelegt hatte. Diese Prüfungen sahen die Kenntnis von Noten, von Musiktheorie und Musikgeschichte vor. Es half den Roma nicht, daß sie wie Paganini spielen konnten, wenn Sie das Geburtsdatum von Beethoven und die politischen Lehren von Marx und Lenin nicht kannten. Die Folge war, daß die Roma nicht mehr als Musiker arbeiten

durften. Ein Musiker sagte einmal zu mir: 'Sie haben uns die Geige genommen und haben uns in die Hand die Schaufel gegeben.'
Die Zwangsassimilation begann in den Schulen. Wenn ein Kind in der Schule ein Wort der Roma-Sprache verwendete, konnte es vorkommen, daß es dem Lehrer eine Krone Strafe zahlen mußte. Es war ebenso Praxis, Kinder, die 'zigeunerisch' sprechen, vom Sommerlager auszuschliessen. Leider war festzustellen, daß daraufhin viele Eltern mit ihren Kindern nicht mehr in ihrer eigenen Sprache sprachen. Sie hofften, damit ihren Kindern in der Schule Schwierigkeiten ersparen zu können. Diese Generation, die Generation der Kinder, die heute etwa 20 bis 25-jährigen, beherrscht ihre Sprache zumeist nur passiv, und wenn diese nun nicht mit ihren Kindern sprechen, dann geht die Sprache der Roma ganz verloren und damit die traditionelle Kultur im allgemeinen und die der Märchen im besonderen.
In der Jugend von Gejza Demeter und Margita Reiznerová wurden bei jeder möglichen Gelegenheit Märchen erzählt. Man versammelte sich abends im größten Haus der Siedlung und erzählte bis spät in die Nacht hinein. Gute Erzähler waren sehr geschätzt, man veranstaltete gar Wettbewerbe im Erzählen. Ich kann mich noch gut an ein Wett-Erzählen im Jahre 1968, als ich selbst in einer großen Roma-Siedlung zu Gast war, erinnern. In verschiedenen Häusern wurden verschiedene Märchen erzählt und an die 700 Leute hörten zu. Damals war dies möglich, denn die alten Roma-Erzähler, die alten Männer, lebten noch. In der Öffentlichkeit wurden Märchen stets von Männern erzählt, jedenfalls die Märchen, die für Erwachsene bestimmt waren - im Unterschied zu den Märchen, die Mütter ihren Kindern erzählten. Derjenige Erzähler besaß das größte Ansehen, der ein möglichst langes Märchen erzählen konnte. Das längste Märchen, das ich selbst gehört habe, ist mir über zwei Tage hinweg erzählt worden, und als ich es vom Tonbandgerät auf Papier übertrug, kam ich auf 105 eng beschriebene Seiten. Ich hatte einen Erzähler um ein Märchen gebeten, doch blieb ich nicht die einzige Zuhörerin. Sobald man erfahren hatte, daß ein Märchen erzählt wurde, kamen all die, die es

ermöglichen konnten, herbei, um zuzuhören. Ähnliches kann Ihnen Margita Reiznerová aus ihrer Kindheit berichten. Ihre große Familie wohnte in Prag in einer kleinen Wohnung. Dennoch - und dies ist interessant - kam es nie zu Streit. Jeder kannte seinen Platz, jeder kannte seine Rolle, jeder wußte, was er darf und was er nicht darf. Man lebte in Harmonie zusammen. Margita Reiznerová sagte mir, daß man sich jeden Abend versammelt und erzählt hat: Man begann mit Alltäglichem, mit dem, was den Tag über geschehen war, um dann Märchen zu erzählen und um zuletzt Sinnfragen menschlicher Existenz zu erörtern. Die Kinder waren dabei, auch wenn es nicht für die Kinder bestimmt war. Sie haben sich unter dem Bett oder unter dem Tisch versteckt und lernten durch die Märchen, durch ein gutes Wort. Die Kinder wußten aber auch genau, was nicht für sie bestimmt war. Die Kinder haben ihre Eltern geehrt, hätten nie ein schlechtes Wort, ein Schimpfwort verwendet.

Ich will enden, will aber noch anfügen, daß es mir persönlich sehr leid tut, daß sich die Sprache und damit die Kultur verliert. Es wird schnell gehen und all dies wird nicht mehr existieren.
Dennoch darf man die Hoffnung niemals aufgeben. Kulturell hat sich die Situation für die Roma verbessert. Sie können eigene Zeitschriften publizieren, sie können ihre Kultur im Theater zeigen, etc. Jetzt wird es erlaubt, nachdem vorher beinahe alles vernichtet wurde. Ökonomisch gesehen ist für die Roma die Situation dagegen noch schlechter geworden. In der Tschechoslowakei herrscht große Arbeitslosigkeit und die, die es zuerst trifft, sind die Roma. Die Umbruchsituation, in der sich die Tschechoslowakei befindet, erzeugt bei den meisten Unsicherheit. Und von der Mehrheit der Bevölkerung werden die Roma in die Rolle des Sündenbocks gedrängt.
Aber was gibt es an guten Entwicklungen? Worüber ich mich freue, und worin sich meine Hoffnung gründet - eine Hoffnung für uns alle - ist, daß Menschen wie Margita Reiznerová und Gejza Demeter und viele andere

sich mit dem Bewußtsein engagieren, daß man durch die Kultur zeigen kann, daß Roma wertvolle Menschen sind, von denen andere lernen können. Es gibt nun bei uns viele Bemühungen, die Kultur der Roma ins öffentliche Bewußtsein zu heben. Unser Hauptbeweggrund bleibt, daß die kleinen Roma-Kinder zurück zur eigenen Kultur kommen können.

Margita Reiznerová: Ich fing mit dieser Arbeit an, weil es mir sehr leid tut, daß die Roma in der Tschechoslowakei vergessen. Sie vergessen, was es heißt und was es bedeutet, Rom zu sein.
Dies ist, wie schon gesagt, vor allem auch Folge des vorherigen kommunistischen Regimes.
In der Tschechoslowakei leben auch andere Minderheiten - Polen, Ukrainer, Deutsche, Ungarn. Diese Minderheiten sind, weil sie als ethnische Minderheit anerkannt wurden, vom Staat finanziell und kulturell gefördert worden. Die Roma dagegen haben kein Geld für die Entwicklung ihrer Kultur erhalten. Die ärmsten Familien erhielten eine geringfügige soziale Unterstützung, sogenanntes 'Zigeunergeld'. Durchschnittlich betrug die Summe pro Jahr für den einzelnen eine Krone und siebzig Heller. Und diese verschwindende Summe wurde von offizieller Seite tatsächlich zum Anlaß genommen, die Roma als privilegiert hinzustellen, um damit auf seiten derer, die die Höhe des Betrag nicht kannten, Ressentiments zu wecken.
Die Roma in der Tschechoslowakei sind sehr arm, es gibt keine reichen Roma.
Weit schwerer wiegt, daß wir genötigt wurden, eine Kultur, die nicht die unsrige ist, anzunehmen. Unsere Mentalität wurde nicht anerkannt, nicht geachtet. Ein Beispiel: Wenn jemand starb, kam früher die ganze Familie zusammen. Dies wurde uns unmöglich gemacht. Versammelten sich mehrere Leute in einer Wohnung, kam die Polizei und sprach von Aufstand.

Ordnungswidrigkeiten, für die ein Nicht-Rom eine Geldstrafe zu entrichten hatte, wurden zum Anlaß genommen, Roma ins Gefängnis zu stekken, um auf diese Weise billige Arbeitskräfte zu erhalten. Somit wurden Roma ohne eigenes Zutun und ohne Schuld kriminalisiert. Die allermeisten Familien sind, wie bei anderen Völkern, ehrlich und arbeiten redlich wie andere Menschen auch. Dadurch, daß Roma ins Gefängnis geworfen wurden, wurde das Vorurteil genährt, daß Roma kriminell seien.

Aber was ist eigentlich für mein Empfinden das Schlimmste? Es ist etwas geschehen, was es vorher niemals gab. Frauen arbeiten als Prostituierte. Dies wäre früher niemals möglich gewesen.

Während des kommunistischen Regimes, wurden Kinder mit Gewalt ihren Eltern weggenommen und in Kinderheime eingewiesen. Heutzutage gibt es leider Frauen, die dies von sich aus tun. Auch dies wäre früher nie möglich gewesen.

Vierzig Jahre kommunistisches Regime haben dazu geführt, daß viele von unseren Roma, nicht alle, aber zu viele, nicht mehr wissen, sind sie Roma, sind sie keine, nicht mehr wissen, was sie sind. Es gibt auch viele Roma, die sich schämen, sich als Rom erkennen zu geben.

Ich weiß, wie ich zu meiner Arbeit kam, ich weiß auch, daß es mittlerweile schon sehr schwer geworden ist, etwas zu verändern. Aber ich will nicht, daß unsere schöne Rom-Sprache verloren geht. Und ich will all das, was unsere Großväter uns hinterlassen haben, die wunderbaren Märchen und die Lieder, aufschreiben, die Weisheit erhalten, damit die Kinder, unsere Kinder, zurückkommen.

Es gibt viele Roma in der Tschechoslowakei, und wir wollen, daß die Roma-Sprache in die Schulen kommt, daß man auch in unserer Sprache unterrichtet.

Schmerzvoll ist es zu sehen, daß Roma-Familien aus materieller Not heraus alles verkaufen müssen, was sie besitzen, Möbel, Kleider - allein damit die Kinder etwas zu essen haben.

Das Gute, was wir hatten, das haben wir vergessen und das Schlechte haben wir von den anderen gelernt.

Gejza Demeter: Da meine beiden Vorrednerinnen bereits all das gesagt haben, was ich Ihnen berichten wollte, bleibt mir zunächst nur, Ihnen ein kleines Märchen zu erzählen, welches ich vor langer Zeit von meinem Großvater gehört habe. Es handelt davon, wie Gott den Menschen gebildet, genauer - wie er ihn gebacken hat.

Sie wissen, Gott hat eine ganze Woche gearbeitet und die Erde, die Pflanzen, die Tiere erschaffen. Am Sonntag hat er von oben auf die Welt geblickt und sich gewundert, wie schön sie geworden ist. Er ging hinunter und sprach zu sich: 'Na ja - etwas fehlt hier noch. Ich habe niemanden, mit dem ich reden, niemanden, dem ich erzählen kann. Ich werde mir einen Mensch schaffen, jemanden, der ist wie ich. Mit diesem werde ich mich hinsetzen, ein wenig trinken, ein wenig erzählen.'

Er nahm Lehm und formte einen Menschen, er machte Feuer und dann gab er den rohen Lehm in den Ofen, um ihn zu backen.

'Vielleicht ist er schon gebacken', dachte sich der liebe Gott und zog ihn aus dem Ofen heraus, und, als er ihn herausgezogen hatte, sah er, daß der Mensch noch sehr weiß war, weiß wie Mehl. 'Das ist mir ja gar nicht gelungen, der ist nicht schön.' Und er nahm mehr Holz, zündete ein größeres Feuer an. 'Der erste war zu kurz im Ofen gewesen, nun muß ich länger warten, auf das er schöner werde'.

Während der langen Zeit, die der Lehm im Ofen brannte, schlief der liebe Gott ein. Als er erwachte, nahm er den gebrannten Lehm aus dem Ofen und sah, daß der Mensch schwarz war. 'Dieser gefällt mir auch nicht, ich muß es noch einmal probieren.' Und er nahm noch einmal Lehm, formte noch einmal einen Menschen und schob ihn in den Ofen. Nun passte er genau die Zeit ab, nicht zu kurz, nicht zu lang, nicht zu viel Hitze, nicht zu wenig. Schließlich nahm er ihn aus dem Backofen und dieser Mensch war sehr schön, nicht zu weiß, nicht zu schwarz, sondern genau richtig.

'Mit diesem will ich reden, diesem will ich Märchen erzählen. Nur, was mache ich mit den anderen beiden, das sind Leute, die kann ich nicht einfach schlecht behandeln!'
So sprach er zu dem Weißen: 'Höre zu, wenn ich Dich schon geschaffen habe, so werde ich Dich nicht wegwerfen, ich werde Dir Erde geben.' Und zu dem Schwarzen sprach er ebenso. Der Braune aber fragte: 'Und was gibst Du mir?' 'Dir gebe ich nichts, weil Dir die ganze Erde gehört.'
So erklärt es sich, daß auf der ganzen Welt Roma leben.

Das Folgende wird Ihnen jetzt vielleicht wie ein Bruch erscheinen, aber Sie werden sehen, ich werde noch einmal auf die Märchen zurückkommen. Lassen Sie mich auch zunächst noch etwas zu der derzeitige Situation sagen und benennen, warum es mir notwendig erscheint, und warum es mir notwendig geworden ist, eine Zeitschrift zu publizieren und für andere Zeitschriften zu schreiben. Unsere Hauptintention, und dies klang bereits vorher an, ist, all das zu sammeln, all das zu erhalten, was wir Roma noch wissen, was noch nicht verloren gegangen ist in den langen Jahren der faschistischen und anschließend der kommunistischen Unterdrückung. Die reale Situation heutzutage hat sich in Bezug auf die Roma noch nicht entscheidend verbessert. Diskriminierungen sind nach wie vor an der Tagesordnung. Unlängst hat eine Umfrage in der Tschechoslowakei ergeben, daß 90 % der Mitglieder der Majoritätsbevölkerung den Roma nicht freundlich gegenüberstehen. Eine der Gründe scheint für mich in der feststellbaren Tatsache zu liegen, daß die Presse tendenziös negativ über unsere Volksgruppe berichtet. Wir wollen nun so objektiv, so wahrheitsgemäß wie möglich schreiben. Wir wollen darüber hinaus erreichen, daß diejenigen zur Verantwortung gezogen werden, die in verleumderischer, verhetzender Weise eine Nationalität beleidigen.
Ich bin bis zum Alter von 13 Jahren bei meinem Großvater aufgewachsen. Dieser erzählte mir Märchen. In diesen Märchen war der Held ein Rom, er war ein wenig klüger, ein wenig reicher, aber er war nicht besser,

nicht schlimmer als die anderen Figuren. Mir ist kein Märchen in Erinnerung, welches moralische Urteile oder Vorurteile in der einen oder anderen Richtung überliefert hätte. Mit 14 Jahren bekam ich dann zum erstenmal tschechische Bücher in die Hand, und in diesen Büchern fand ich erstaunlicherweise dieselben Märchen, die mir mein Großvater erzählt hatte - mit einem Unterschied: Hier waren die Helden alles Nicht-Roma, und die Roma in den Märchen stahlen und betrogen, waren dumm, faul, usw.

Mein Großvater konnte nicht lesen. Er hatte seinerseits die Märchen von seinen Eltern und Großeltern erfahren.

Mein Kind aber hat meinen Großvater nicht mehr erlebt, konnte die Märchen nicht mehr im Original hören. Wenn mein Kind nun die Märchenbücher in die Hand nimmt und liest, so frage ich Sie: "Was wird wohl die Konsequenz sein?"

Er wird sich schämen und sagen: "Ich bin kein Rom."

Ich wollte Ihnen damit vor Augen führen, warum es so wichtig ist, daß wir uns nicht nur gegen die negative Berichterstattung in unserer Presse zur Wehr setzen, sondern daß wir gleichzeitig darüber hinaus dem Guten, dem uns Eigenen, Gehör und Beachtung verschaffen, nicht nur im Interesse unserer eigenen Kinder.

Wir leben nicht mehr im Mittelalter - die Majoritätsgesellschaft sollte sich endlich bewußt machen, daß wir auch Menschen sind, und daß wir dasselbe Recht haben, wie alle anderen Menschen.

Erwartungen an die Dokumentation und Edition des Sinti- und Roma - Erzählgutes

Podiumsdiskussion zum Abschluß der Tagung

unter Mitwirkung von Frau Dr. Milena Hübschmannová, Frau Dr. Ines Köhler-Zülch, Frau Margita Reiznerová, Herrn Gejsa Demeter, Herrn Dr. Franz-Heinrich Hackel[1] und Herrn Daniel Strauß,
unter der Leitung von Herrn Andreas Freudenberg

Freudenberg: Ich darf zu Beginn vielleicht noch einmal erinnern, daß Herr Strauß in seinem Eingangsreferat schon einen Blick über den Zaun geworfen hat, indem er nicht nur die Märchensammlungen angesprochen, sondern auch gezeigt hat, wie mit einem Zigeunertypus auch in anderen Gattungen gearbeitet wird, und wie dieser auch in anderen Gattungen ein sehr lebendiges Leben führt, welches sich sehr negativ für die Minderheit auswirkt. Ich denke, hier gibt es eine hohe Verantwortung der Verlage, die diese Verantwortung bezogen auf den Antisemitismus inzwischen, glaube ich, schon deutlicher erfahren und zur Kenntnis genommen haben - zum Teil auch durch schmerzhafte Auseinandersetzungen zur Kenntnis haben nehmen müssen. Bezogen auf Sinti und Roma ist dieser Dialog noch nicht in Gang gekommen. Insofern ist das hier gestellte Thema ein erster Versuch in diese Richtung. Ich möchte jetzt gerne Herrn Strauß als Einstieg in die Diskussion bitten, uns aus seiner Sicht mal die Erwartungen der Minderheit an die Verlage kurz zu skizzieren.

1 Herr Dr. Franz-Heinrich Hackel ist Lektor im Insel-Verlag, Frankfurt am Main und Leipzig. Biographische Angaben der anderen Teilnehmer sind am Endes dieses Bandes vermerkt.

Strauß: Ich würde gerne zunächst meine persönliche Einschätzung dieser Tagung benennen, sagen, was ich gewonnen habe und daraus resultieren natürlich auch Formulierungen und Erwartungen, gerichtet an die Verlage und an die Sammler von Märchen. Wir haben bei dieser Tagung erfahren, daß der Mythos vom 'Zigeuner' Jahrhunderte alt, daß er bis in unsere heutige Zeit weitertransportiert worden ist und zwar nicht von Sinti und Roma, sondern stets von Außenstehenden. Herr Heuß hat dies sehr eindrucksvoll aufgezeigt - auch an dem Beispiel von Johann Knobloch, der als Professor in Bonn gelehrt und dann emeritiert in Innsbruck öffentlich angesehen sein Leben verbracht hat, obgleich er als Referendar 1942 im burgenländischen Konzentrationslager Lackenbach unser Kulturgut gestohlen und diese Märchen in den Jahre 1953 und 1957 ohne in irgendeiner Weise auf die Entstehungssituation hinzuweisen, ohne in irgendeiner Weise dem Kulturgut unseres Volkes Rechnung zu tragen, publiziert hat. Welches Interesse hat das 'Ahnenerbe', welches augenscheinlich einen sehr gewichtigen Schwerpunkt für die Sichtweise des Nationalsozialismus bildete, verfolgt? Es ging um die Sichtung, um den Raub von Kulturgut und in *dem* Augenblick - 1943 - in dem jenes weitgehend dokumentiert war, waren Sinti und Roma nichts mehr wert und sind in die Konzentrationslager geschickt worden. Zwei Drittel unseres Volkes ist ermordet worden und in erster Linie waren es die Schwachen, die nicht mehr arbeiten konnten, die nichts mehr wert waren in den Augen der Nationalsozialisten. Gerade der älteren Personen, die durch Erinnerung Märchen gesichert und durch Erfahrungen ausgeschmückt haben, - und es damit eigentlich mehr als Märchen wurden, nämlich, wie wir sie nennen, 'Geschichten', die für unser Selbstbewußtsein, für viele Situationen des Lebens, des familiären Umgangs miteinander sehr wichtig waren, sind wir beraubt worden. Das heißt, wir haben, als ein Volk, welches stets mündlich überliefert hat, hier einen Bruch. Wir versuchen aber auch zu sichern, angestoßen nicht zuletzt durch die Arbeit von Herrn Professor Mode und durch den Kontakt mit Menschen, wie Frau Hübschmannová. Wir versuchen ferner, die Situation zu analysieren und zu sehen, was es an Märchen bei uns Sinti und Roma noch gibt. Dies hat uns heute hierhergeführt, und darüber bin ich sehr froh. Mein Bruder Adam Strauß hat in seiner Begrüßungsrede treffend formuliert, daß diese Tagung als ein Tor zu begreifen sei, ein Tor in ein Gebiet, welches für uns noch neu ist. Wir kennen die Märchen aus der Familie, aber auch bei uns hat die Generation der letzten zehn Jahre relativ wenig davon. Wir wollen an dieser Tür, an diesem Tor nicht stehen bleiben, nicht das Tor verschließen, sondern wir wollen hindurchgehen und die Dinge für uns persönlich aufzuarbeiten und sie als Besitz erkennen. Während der Tagung ist auch die Verantwortung der Wissenschaft benannt worden, die Verantwortung der Märchensammler, der Literaturwissenschaft, wie von Frau Köhler-Zülch aufgezeigt, heutezutage mit dem Themenbereich anders umzugehen, den Mythos zu durchbrechen, ein Bild zu zeichnen, das der Realität entspricht und gerade bei klischeehaften Darstellungen einen Hinweis zu geben, in welcher Situation eine bestimmte Geschichte aufgezeichnet worden ist. Hier muß der Dialog zwischen der Minderheit und der Wissenschaft geführt werden. Daraus formuliert sich die Forderung, wirklich kontinuierlich das Interesse der Minderheit, die Würde der Minderheit und die Integrität der Minderheit zu wahren. Das ist nach meiner Meinung für eine aufrichtige Märchenforschung im Zusammenhang mit unserer Minderheit eine absolut notwendige Voraussetzung.

Freudenberg: Mich würde vor diesem Hintergrund interessieren, wie Verlage in einem so sensiblen Bereich arbeiten, wie weit Verlage, wenn es um die Publikation oder um die Neuauflage einer Publikation geht, den Kontakt zur Minderheit suchen. Wird der Kontakt zu Wissenschaftlern hergestellt? Wie wird eine Entscheidung vorbereitet und wie wiederum hat die Minderheit die Möglichkeit, sich an einem solchen Entscheidungsprozeß zu beteiligen?

Hackel: Das ist einerseits glaube ich recht einfach zu formulieren, andrerseits ist es relativ delikat. Es hängt davon ab, in welcher Tradition ein Verlag steht und welche Programme er hat. Wir im Insel Verlag haben, was die Märchen betrifft, eine sehr ausgeprägte Tradition. Es begann in etwa mit den Sammlungen der Märchen aus den *1001 Nächten* in den Editionen von Littmann oder auch von anderen. Seit 1949 - bis heute beim wiedervereinigten Insel Verlag Leipzig und Frankfurt - ist eine ganz bewußte Beschäftigung mit den Märcheneditionen, mit bestimmten Bereichen, auch mit den Märchen, die als Thema den Schwerpunkt dieser Tagung gebildet haben, gegeben. Ich denke, daß wir im Insel Verlag ganz bewußt mit dieser Problematik umzugehen versuchen und möchte dies anhand eines kleinen Beispiels verdeutlichen, das das aufgreift, was Sie vorher während der Diskussion nannten - Parallelen, die antisemitischen Tendenzen in Märchen oder auch in Witzen betreffend. Ich komme auf die Sammlung der Grimmschen Märchen zurück, die wir jetzt im letzten Jahr gebunden wieder vorgelegt haben, nachdem sie von Frau Weber-Kellermann schon in den 60er Jahren ediert worden war. Nach langen Jahren, in denen wir diesen Band gebunden und auch in Taschenbuchform vorgelegt hatten, mehr oder weniger unreflektiert, wurde mir eines Tages bewußt (durch eine Leserreaktion), daß ich aktiv werden muß - gegen ein Beispiel antisemitischer Tendenz in dem Märchen *Der Jude im Dorn*. In diesem Märchen ist der Inhalt, die Aussagekraft wirklich eindeutig antisemitisch, so daß man hier im Nachhinein eine Fußnote anbringen mußte, damit der heutige Leser diese Situation wieder zurechtgerückt bekommt und auf die Problematik aufmerksam gemacht wird. Dies als Beispiel des Umganges mit alten Editionen, die wir nachauflegen. Was jetzt den Umgang mit neuen Editionen betrifft, so möchte ich zwei Beispiele benennen, einmal eine Ausgabe der Grimms-Märchen, die wir im Deutschen Klassiker-Verlag gebracht haben. Diese Ausgabe weist konzentriert ganz bewußt auf die Problematik von Minderheiten, auf Antisemitismus in den Anmerkungen hin. Zum anderen auf die Edition, die hier vorliegt innerhalb einer 12-bändigen Märchenausgabe, die Edition von Herrn Mode und Frau Hübschmannová, ediert im Leipziger Insel Verlag. In diesen beiden Ausgaben ist ganz bewußt gearbeitet worden, und ich denke, dies ist ein Ansatz, den wir in unserem Bereich im Blick auf Umgang mit Märchen von Minderheiten auf jeden Fall weiterverfolgen wollen.

Köhler-Zülch: Ich denke, die Situation bei der Edition von Sinti- und Roma-Märchen ist komplizierter. Wenn Sie als Beispiel für antisemitische Tendenzen das Grimmsche Märchen *Der Jude im Dorn* nennen, so ist offensichtlich: Nicht Juden haben es erzählt, sondern es wurde über sie erzählt. Die Diskussion, die wir jetzt führen, geht auch darum, wie man mit Texten verfährt, die als typische Zigeunermärchen ausgegeben werden, aber es oft nicht sind. Im Fall *Der Jude im Dorn* weiß der Leser, dies hat Wilhelm Grimm herausgegeben, bzw. Nicht-Juden erzählen solche Geschichten über Juden. In unserem Falle ist dies dem Leser meist nicht präsent. Wir haben es mit verschiedenartigsten Editionen von sogenannten 'Zigeunermärchen' zu tun, die den Anspruch erheben, die Kultur der Roma zu repräsentieren, die aber fast ausschließlich bis heute von Nicht-Roma publiziert wurden. Geht man quellenkritisch vor, dann erweist sich oft, daß es sich um keine authentischen, repräsentativen Zeugnisse handelt, daß die Quellenlage ungesichert ist. Und da die literarischen Traditionen der Roma mündlich waren und überwiegend sind, ist dieser Bereich besonders sensibel zu behandeln. So stellt sich die Frage, wie verfahren Sie bei diesen Märchenpublikationen? Können Sie einen Angehörigen der Gruppe, einen Teil der Minderheit einbeziehen? Das ist die eine Sache und die zweite ist der Einbezug der Wissenschaft. Nicht weil ich irgendwelche Kollegen reinwaschen will - ich denke aber, es gäbe wiederum ein falsches Bild, zu behaupten, Erzählforscher wären für diesen Mißstand verantwortlich. Im vorigen Jahrhundert und auch heute wird 'Zigeunerisches' oft von Fachfremden publiziert. Es waren Oberstudiendirektoren, Obergerichtsräte, Kriminalisten, Leute, die von der journalistischen Seite her kamen, oder Sprachwissenschaftler, die nicht mit den Kontexten mündlicher Erzähltraditionen vertraut waren. Nun frage ich: Wie können heutzutage wieder Editionen aufgelegt werden, die alte Texte und Vorurteile reproduzieren, obwohl in der Wissenschaft bekannt ist, daß diese Texte nicht zuverlässig sind? Dennoch tauchen sie immer wieder auf. Behält man im Sinn, daß viele Märchenausgaben nicht von Fachleuten gemacht wurden und die Kommentare fehlerhaft sind, und daß es sich um das komplizierte Problem von Selbstäußerung und Außenbild handelt, noch einmal die Frage: wie sieht es mit der Beteiligung der betroffenen Gruppe aus?

Hackel: Ja, die Beteiligung der betroffenen Gruppe ist in diesem Falle, bei der Leipziger Edition, natürlich ganz eindeutig gegeben gewesen.

Köhler-Zülch: Das ist nun eine sehr gute Ausgabe.

Hackel: Das ist keine Frage. Die Originaledition ist vierbändig gewesen und wird auch sukzessive in der Neuausgabe erscheinen. Wenn Märcheneditionen bei uns geplant werden, ist es selbstverständlich, daß versucht wird, in wahrem Sinne des Wortes kompetente Beteiligte zu finden. Ich würde auf gar keinen Fall einen Herausgeber suchen, der nicht den geringsten Bezug hat, weder was die Volkskunde betrifft noch andere Bereiche, der also dann sozusagen von außen kommend als Herausgeber fungieren würde - das ist ziemlich auszuschließen. Ein kleines Problem ergibt sich, was die Zielrichtung des Verlages anbetrifft und die Intentionen eines Herausgebers, der es rein vom wissenschaftlichen Standpunkt aus sieht. Zusammenstellung ist kein Problem, Kommentierung ist natürlich oftmals ein Problem, weil bei populären Ausgaben viel Kommentar eher lesehemmend ist und man dann von Verlagsseite eher geneigt ist zu sagen, man sollte das, was man kommentieren möchte, in einem Essay, in einem Nachwort prägnant zusammenfassen.

Köhler-Zülch: Ich bin nicht ganz einverstanden. Sicher ist es ein Unterschied, ob man eine wissenschaftliche Märchensammlung ediert, oder ob man ein Buch verkaufen will. Aber ich denke, gerade bei dem Themenkreis Sinti und Roma ist es besonders wichtig, keine Kompromisse einzugehen. Ich habe einmal mit einer Kollegin zusammen eine Märchen-Anthologie herausgeben zum Themenkreis 'Frau', und wir hatten Auseinandersetzungen mit dem Verlag, um unsere Kommentare hineinzubekommen. Als Autoren haben wir die Position vertreten, entweder die Kommentare werden aufgenommen, oder wir ziehen alles zurück. Und siehe da, es war möglich und hat sich darüber hinaus auch beim Verkauf dieses Buches als außerordentlich gut erwiesen, da das Buch auch wegen der Erläuterungen und Erklärungen gekauft wird.

Freudenberg: Ich möchte noch einmal auf einen Punkt hinweisen: Das Thema Antisemitismus und auch die Sensibilität für Antisemitismus hat nicht die Mehrheit aus sich heraus entwickelt, sondern die Sensibilität für den Antisemitismus entstand aus einem langen Prozeß der Auseinandersetzung und des Dialogs mit der Minderheit nach den Schrecknissen des Holocaust. Ich denke, das vorurteilsvolle Bild über Sinti und Roma, die Problematik, daß wir den Zigeunertypus immer wieder reproduzieren gerade auch über Literatur, auf diese Problematik sind wir gleichfalls nicht von der Mehrheitsperspektive aus gestoßen, sondern auf dieses Problem werden wir gestoßen durch die Minderheit. Augenscheinlich ist selbst die Wissenschaft allein nicht in der Lage, aus sich heraus die kritische Sicht zu entwickeln, sondern sie braucht den Dialog mit der Minderheit. Möglicherweise war es in der Vergangenheit für die Verlage schwierig, sich Gewährsleute, Gesprächspartner, kritischer, sensibler Persönlichkeiten zu versichern. Meine Frage ist, wie kann die Minderheit sich dort ins Gespräch bringen, nachdem es dieses Interesse seitens Ihres Verlages gibt?

Demeter: Sie haben gesagt, daß sie jetzt bei weiteren, neuen Editionen Fachleute einbeziehen, die tatsächlich etwas von der Materie verstehen, was verstehen Sie unter 'Fachleuten'?

Hackel: Da bin ganz sicher, daß es dann natürlich ein Rom sein muß und ich werde mit Sicherheit, wenn ich eine zukünftige Edition plane, mit Frau Hübschmannová Kontakt aufnehmen, werde um Rat bitten, wen ich fragen kann, wer der geeignete Herausgeber für eine solche Sammlung wäre - das ist für mich einfach der Ansatzpunkt.

Freudenberg: Versuchen wir einmal die Diskussion über Ihren Verlag hinaus zu lenken. Wir wissen zum Beispiel, daß der Rowohlt Verlag im Rahmen seiner Taschenbuchreihe die Diederichs Märchen neu herausgibt. Darin enthalten ist eine sehr problematische Sammlung von 'Zigeunermärchen'. Das würde für uns bedeuten, angesichts der ökonomischen Interessenlage des Verlags, daß wieder über Jahrzehnte möglicherweise diese problematische Edition weiter verbreitet wird und zudem in einer sehr populären Form ihre Leser findet.

Solms: Auch die 'Zigeunermärchen aus Ungarn', 1975 bei Fischer erschienen, dürften so eigentlich nicht wiedererscheinen.

Hackel: Rowohlt, Diederichs, Fischer und Insel - also 1991 war ein Märchenjahr für die Verlage. Man könnte es pointiert formulieren, bei den Märchen boomt es wie nie zuvor - das ist nicht nur pointiert formuliert, das ist einfach so. Märchenausgaben sind ganz große, erfolgreiche Ausgaben. Ich hatte in den letzten Monaten viele Presseanfragen, habe viele Interviews gegeben. Das war einfach ganz aktuell und ist aktuell und ist natürlich auch dadurch aktuell geworden, daß viele parallele Editionen in mehreren Verlagen erschienen sind. Mit Blick auf die Konkurrenz kann ich nicht negativ formulieren. Ich will versuchen, den Mechanismus ganz objektiv zu erklären - darum geht es uns ja. Wenn ein Taschenbuch-

Verlag wie der Rowohlt-Taschenbuchverlag eine Märchenedition von einem anderen Verlag in Lizenz nimmt, dann kauft er, je nachdem, die Lizenz für diese gesamte Edition oder für einen einzelnen Band. In diesem Falle hat Rowohlt von Diederichs sämtliche für Rowohlt interessante Märchen für die Taschenbuchausgabe gekauft. Dies beinhaltet folgenden Mechanismus: Wenn der Vertrag abgeschlossen worden ist, dann übernimmt der Verlag auf photomechanischem Wege diese Edition, in der Regel unverändert. Das ist eine rein technische Angelegenheit. Unverändert aufgrund des Arbeitsaufwandes und der Relation 'Kosten - Nutzen'. Arbeiten am Film, also Rausschneiden, Buchstaben, Absätze neu zu setzen ist ein irrsinniger Kostenaufwand und steht in der Relation zu dem Nutzen eigentlich in einem Mißverhältnis. Ich könnte mir jedenfalls vorstellen, daß man gesagt hat - wir übernehmen alles so wie es ist, unverändert, was ja auch wohl vertraglich die Bedingung war und dann wird eine Taschenbuchausgabe vorgelegt. Ein mitdenkender Lektor oder ein Verleger, der ganz bewußt solche Dinge miterlebt, wie das bei uns der Fall ist, der wird sich sicherlich fragen: 'Gibt es bei dieser Reihe problematische Editionen?' Und er wird sich einen Rat holen, er wird mit Sicherheit ein Gutachten zu jedem Band anfertigen lassen. Wie es bei Rowohlt und Diederichs nun letztlich gehandhabt wurde und aus welchen Gründen, kann ich nicht sagen, das weiß ich nicht. Aber so sieht der Mechanismus aus, den ich zu erklären versuche, daß man wirklich von den vertraglichen Bedingungen ausgehend die technische Seite berücksichtigt, Gebundenes im Taschenbuch reproduziert, ohne Änderungen vorzunehmen. Unsere Pflicht ist es, wenn man es verantwortlich nimmt, zu sagen: Gut - wenn die Kosten so extrem sind, daß Änderungen innerhalb des Bandes nicht vorgenommen werden können, dann müssen wir einen Anhang bringen, in dem auf notwendige Änderungen hingewiesen wird, und das mache ich auf jeden Fall bei Büchern, die problematisch sind.

Köhler-Zülch: Darf ich eine kurze Frage einschieben. Ich habe jetzt das erste Mal diese von Ihnen mitgebrachte Ausgabe [*Zigeunermärchen aus aller Welt / hrsg. von Heinz Mode unter Mitarbeit von Milena Hübschmannová. - Frankfurt [u.a.] : Insel. - 1991*] in der Hand und sehe, es ist der erste Band mit dem Vorwort von Heinz Mode. In der ersten Ausgabe [*Zigeunermärchen aus aller Welt / hsrg. von Heinz Mode unter Mitarbeit von Milena Hübschmannová. - Leipzig : Insel-Verlag. - 1983ff*] war doch ein Vorwort von Frau Hübschmannová dabei. Hier nicht. Kommt das an einer anderen Stelle? Oder werden die Ausgaben doch geändert?

Hackel: Das habe ich jetzt nicht vor Augen.

Köhler-Zülch: War es nicht in der alten Ausgabe so, daß erst das Vorwort von Mode und dann diese ausgezeichnete Analyse von Ihnen [*Frau Hübschmannová*] kam? Ich schaue mir jetzt den Band an, und sie ist nicht enthalten - also wird doch geändert bei Ausgaben, die komplett übernommen werden?

Hackel: Das habe ich jetzt ehrlich gesagt nicht genau vor Augen. Das dürfte eigentlich nicht sein, denn dann hätte alles umpaginiert werden müssen - das weiß ich nicht. Verwechseln Sie es vielleicht mit einem anderen Band? Es gibt ja die vierbändige Ausgabe - dies ist nur ein Band der vierbändigen Ausgabe.

Köhler-Zülch: Ja, aber der erste Band!

Hackel: Ich weiß jetzt nicht, in welchem Band es enthalten ist.

Köhler-Zülch: Das weiß Frau Hübschmannová als Autorin vielleicht - in welchem Band war Ihr Vorwort?

Hübschmanonvá: In dem ersten Band.

Hackel: Dann ist es geschehen - warum kann ich Ihnen nicht sagen, das weiß ich nicht. Versuchen wir, dies ein bißchen deutlich zu machen. Die vierbändige Märchenausgabe ist ja in der Verlagstradition des Leipziger Insel-Verlages erschienen. Das heißt, der erste Band kam 1983 heraus. Die nächsten Bände folgten dann einige Jahre später. Ich glaube, erst 1986/87 kam der letzte, der vierte Band, heraus. Als wir diese Ausgabe geplant haben, haben wir gesagt, das ist der Schwerpunkt der Leipziger, wir können nur drei oder vier Märchenbände aus unserer Produktion beitragen, Grimms Märchen, französiche Märchen, '1001 Nacht' und noch eine andere Ausgabe (italienische Märchen) und wir haben die Leipziger Kollegen gebeten, diesen Plan, den sie erarbeitet haben, dann auch zu verwirklichen. Meine Kollegin, die in Leipzig arbeitet, würde Ihnen sicher sagen können, aus welchen Gründen sich das so entwickelt hat.

Köhler-Zülch: Darf ich sagen - ich habe es ja nun eben erst gemerkt - daß es sich wieder einmal um einen typischen Vorgang handelt. Herr Mode gibt den großen historischen Abriß, und Frau Hübschmannová behandelt gerade die realen Umstände des Märchenerzählens und Aufzeichnens bei slovakischen Roma in einer sehr eingehenden Weise. Das heißt hier, es wurden zwar nicht alte Stereotype, aber doch die älteren Geschichten durch das Vorwort von Mode beibehalten - das Interessante, Neue, der folkloristische Zugang, die den Leser über Rom-Kulturen aufschlußgebende Analyse, fehlt.

Hackel: Also so, wie Sie es mir erläutern, kann ich es sehr gut nachvollziehen, und Sie können mir glauben, daß ich mit Sicherheit, sobald ich im Verlag bin, mich erkundigen werde, warum das so geschehen ist. Es ist natürlich sehr bedenklich - von der Außensicht klingt es so, als ob jetzt wieder ein Mechanismus greifen würde. Von der Innensicht des Verlages - ich rechtfertige mich nicht, ich versuche es nur nachzuvollziehen - von der Innensicht des Verlages kann der Mechanismus der sein, daß man gesagt hat, gut, hier haben wir 36 Seiten Vorwort, dann haben wir einen Gesamtumfang von 543 Seiten, das heißt der Bogen ist hier abgeschlossen, wir müßten einen zusätzlichen Bogen noch dazu geben, zusätzlich 32 Seiten. Das ist der Mechanismus, der da greift. Ob dieser formale technische Mechanismus hier nun sozusagen der Zwingende war, das wüßte ich auch selbst gerne. Wenn er der Zwingende gewesen sein sollte, wäre mir das sehr peinlich.

Köhler-Zülch: Ich denke, dies hat bestimmt kein Mensch mit böser Absicht getan.

Hackel: Mit Sicherheit nicht!

Köhler-Zülch: Aber es ist eben symptomatisch. Es geschieht anscheinend vieles, von dem jeder sagt: "Ohne Absicht!"

Hackel: Wenn ich ganz kurz replizieren darf: Hier geht es ja nicht um die ursprünglichen Texte, sondern hier ist es - um das noch einmal deutlich zu machen - ja kein Märchentext, der weggefallen ist. Man muß, glaube ich, differenzieren. Wenn es ein Märchentext wäre, dann würde ich sagen - das ist wirklich sehr, sehr bedenklich. Aber wenn es ein Vorwort ist, ein zusätzliches Vorwort?

Freudenberg: Genau umgekehrt. Es ist deutlich geworden, auch aus Ihren Beschreibungen, daß es zum Verständnis den Kommentar notwendig braucht. Und da sind gerade die Ausführungen von Frau Hübschmannová sehr wichtig, um dem Leser Hinweise zu geben, wie er die Märchen überhaupt lesen und verstehen kann. Wir haben uns mit der Frage beschäftigt, wie werden Sinti- und Roma-Märchen oder Erzählungen von den Lesern wahrgenommen, die selber geprägt sind durch ein bestimmtes Märchengut, welches in sehr elaborierter Form, die Grimmschen Märchen zum Beispiel, vorgelegt worden ist. Das heißt, man trägt unbewußt eine Vergleichsmöglichkeit ständig mit sich. Und vor diesem Hintergrund sind natürlich Ausführungen, wie das Märchenerzählen bei Sinti und Roma eigentlich geschieht, wie diese Märchen erfaßt worden sind, ganz unerläßliches Material - als Information, als Grundlage, als Voraussetzung zum Lesen für den Leser. Ich will versuchen, auch noch einmal an einem anderen Punkt nachzufassen. Sie haben davon gesprochen, daß ein bestimmter Aufwand in keiner Relation zum Nutzen steht - jetzt für den Verlag gesprochen. Wenn ich die Situation von Sinti und Roma bedenke und ihr bisheriges Ausgeliefertsein der Literatur und dem Literaturbetrieb, der Wissenschaft, dann muß ich eigentlich umgekehrt fragen: Wie groß ist der Schaden, den wir anrichten, wenn eine Publikation immer weiter aufgelegt wird, obwohl im Grunde genommen längst auch wissen-schaftlich klar ist, daß sie so nicht haltbar ist und darüber hinaus beigetragen hat zu einer bestimmten Ideologieproduktion in bestimmten Zeiten. Ich denke, wir werden den Rowohlt-Verlag anschreiben, wir müssen den Rowohlt-Verlag anschreiben in seiner Verantwortung bezüglich der Herausgabe dieses Bandes. Das ist aus unserer Sicht eine Notwendigkeit und hat nichts mit Zensur zu tun, sondern ist der Versuch, die Verlage auf eine bestimmte historische Verantwortung aufmerksam zu machen, aus der heraus mit bestimmten Materialien nicht so ungebrochen als freiem Kulturgut umgegangen werden kann. Ich denke, da gibt es auch wirklich einen Unterschied zwischen z. B. den Grimmschen Märchen, bei denen jedem klar ist, daß es sich hier um eine Fremdsicht handelt, und auf der anderen Seite einem Band 'Zigeunermärchen', der sich dem Leser gibt, als sei er in der Lage, authentisches Material aus der Minderheit erhalten zu haben und darüberhinaus diesen fälschlichen Eindruck in den Vorworten verstärkt. Ich weiß nicht, wie weit man in der Diskussion jetzt wirklich kommen kann. Es waren ein paar für uns ganz wichtige Hinweise enthalten, und wir haben vorhin diese ganz sensible Frage von Zensur einerseits, ein Wort, was sehr schnell im Raum steht, und dem Anspruch, den es objektiv gibt, gerade von Gruppen, die in einer langen Tradition Minderheit sind, andererseits angedeutet. Wir müssen uns tatsächlich in einer sehr tiefen Weise überlegen, wie wir einen Raum öffnen können für eine neue Form der Wahrnehmung, für eine differenziertere Form der Wahrnehmung, als es bisher historisch möglich gewesen ist. Die Vorurteilsdiskussion ist historisch ein neues Phänomen, und es gibt ja auch so etwas ähnliches wie eine Art Bewußtseinsfortschritt, der vielleicht auch Hoffnung macht. Ich denke, da haben auch die Verlage eine Chance, ganz anders zu reagieren und damit umzugehen.

Hackel: Da haben sie eine Chance und eine Verantwortung. Abschließend sei angefügt, daß wir im Insel-Verlag mit Sicherheit sehr bewußt zu reagieren versuchen. Daß man nicht fehlerfrei handeln kann, ist ganz offensichtlich. So werden wir auch bei technischen Notwendigkeiten, wie ich sie geschildert habe, bewußt sagen: Wir werden einen Anhang dazu geben, wenn es eine problematische Edition ist. Es wird wenigstens einen Anmerkungsanhang, aber am besten ein Nachwort oder einen Erläuterungsapparat dazu geben, der das Ganze dann ins richtige, in ein nachvollziehbares Licht rücken kann.

III.

Stephan Renner

Zur Problematik von 'Zigeunermärchen'- Sammlungen[1]

eine Besprechung der Sammlung: 'Zigeunermärchen' / hrsg. von Walter Aichele und Martin Block

Die Nachfrage nach Märchen ist ungebrochen, zahlreiche Sammlungen werden neuaufgelegt, darunter auch Sammlungen, die den Titel 'Zigeunermärchen' tragen. Im folgenden soll die Sammlung *Zigeunermärchen / hrsg. von Walther Aichele und Martin Block. - 36. - 37. Tsd. - München : Diederichs. - 1989 - Reihe: Die Märchen der Weltliteratur* näher betrachtet werden, eine Märchensammlung, die seit der Jenaer Erstausgabe von 1926 und einer fast unveränderten[2] Neuauflage 1962, derzeit im Buchhandel erhältlich, und im neuesten Verlagsprogramm[3] ausgewiesen ist.

Diese Sammlung enthält 73 sogenannte 'Zigeunermärchen'. Der laufende Text besitzt einen Fußnotenapparat, vermutlich von den Herausgebern Aichele / Block erarbeitet. Im Anhang findet sich ein *Nachwort* von Walther Aichele aus dem Jahr 1925, desweiteren ein *Nachwort zu*

1 Dieser Beitrag wurde im Rahmen der Arbeit des Dokumentations- und Kulturzentrum Deutscher Sinti und Roma erstellt, mit der Absicht, die während der Tagung und vornehmlich während der Abschlußdiskussion angesprochene Problematik zu aktualisieren.

2 Die Märchentexte, wie die Quellenanmerkungen sind gleichgeblieben. Das *Vorwort* d. Erstausgabe (Walter Aichele, Hamburg, 01.10.1925), S. VII-VIII, wird zum *Anhang* (Walter Aichele, s.l., s.a.), S. 355-356. Die *Einleitung* (Walter Aichele, s.l., s.a.) S. XII-XIX wird zum *Nachwort* (Walter Aichele, s.l., 1925) S. 341-348 - wobei die Texte identisch bleiben. Allein der Beitrag von Martin Block ändert sich inhaltlich, in Teilen: *Zu den Märchen aus 'Alt- und Neurumänien'* (Martin Block, Bukarest, s.a.) S. VIII-XI wird zum *Nachwort zu den Märchen der Zigeuner Südosteuropas*" (Martin Block, s.l., 12.10.1962) S. 349-354

3 Eugen Diederichs Verlag, Frühjahr '92

den Märchen der Zigeuner Südosteuropas von Martin Block, datiert mit 12. Aug. 1962, sowie ein *Anhang* von Walther Aichele (laut der Erstausgabe mit dem Datum 1.10.1925) und *Quellennachweise und Anmerkungen*, zusammengestellt von Landgerichtspräsident Johannes Ipsen, Hamburg, letzteres vor 1926 zu datieren.

Im Folgenden soll versucht werden, nachzuvollziehen, welches Bild des 'Zigeuners' die Texte dieser Sammlung dem Leser bieten. Es soll dabei nicht unberücksichtigt bleiben, daß ein Mitglied der Mehrheitsbevölkerung notgedrungen einem anderen Rezeptionshintergrund unterliegt, als er sich vermutlicherweise für einen Angehörigen der Volksgruppe der Sinti und Roma ergäbe. Die Fragestellung ist spezifisch: Was erfährt ein unterstellter Leser der Mehrheitsbevölkerung aus diesen Texten, was liest er möglicherweise aus ihnen heraus oder in sie hinein. Die Rezeptionsseite bestimmt folglich die Betrachtungsweise und es erscheint aus dem Blickwinkel der Fragestellung sinnvoll, das Vorgehen parallel zum Lesevorgang zu konzipieren.

Es ist darauf zu verweisen, daß die schriftliche Fixierung eines Märchens dieses aus der konkreten Erzählsituation heraushebt und es als Text beliebig vielen kommunikativen Prozessen verfügbar macht. Der Erzählkontext, das Erzählen als einmaliges Ereignis, scheint gänzlich verschwunden, aber der Text bleibt und besitzt als solcher Eigenschaften, die wiederum (in hermeneutischer Hinsicht) das Verständnis[4] bedingen. Nicht nur als Ganzes gibt die Sammlung über ihren Titel 'Zigeunermärchen' dem Leser vor, es handle sich hier um Märchen von sogenannten 'Zigeunern', die Märchen bieten in sich wiederum über die jeweilige Benennung einer handelnden Person als 'Zigeuner' ein eigenes, spezifisches Bild des 'Zigeuners'[5] an.

---

4 auch wenn jeder Text seine letzte Singgebung durch den Leser erfährt.

5 'Zigeuner' ist - dies soll beachtet sein - ein problematischer Begriff. Zum einen kennzeichnet er ein Vorurteil, zum anderen benennt mit ihm die Mehrheitsbevölkerung eine Volksgruppe. Ginge man als Mitglied der Mehrheitsbevölkerung davon aus, daß die Bedeutungsfelder 'Zigeuner' und 'Sinti und Roma' deckungsgleich sind, würde man genau den Begriffs-

In einem ersten Teil sollen nun textimmanent die Textpassagen betrachtet werden, in denen ein 'Zigeuner' explizit auftritt. In einem zweiten Schritt ist der Frage nach der Authentizität dieser Texte nachzugehen. Kritisch zu betrachten sein wird in einem dritten Abschnitt der begleitende wissenschaftliche Apparat. Auf der Grundlage dieser drei Betrachtungen ist zu fragen, welches Bild des 'Zigeuners' in den vorliegenden 'Zigeunermärchen' vermittelt oder gar (als beim Leser bereits vorhandenes) angesprochen wird. Daß sich diese Frage diesem Leser selbst stelle, erschiene mir bedeutsamer, als daß an dieser Stelle eine unvermeidlich reduzierte, singuläre Antwort gegeben würde.

1. Der 'Zigeuner' in den Märchentexten

Der Titel 'Zigeunermärchen' suggeriert, daß zum einen die Märchen nicht nur von 'Zigeunern' stammen, sondern auch von 'Zigeunern' handeln. Letzteres wäre dann nicht zu bezweifeln, wenn die handelnden Personen ausschließlich mit ihren Funktionen (als König, Fee, Hexe, Dieb, etc.) bezeichnet wären. In diesem Fall könnte man eine allgemeine Zugehörigkeit unterstellen, ebenso, wenn sich für das gesamte Personal des Märchens eine pauschale, unspezifische Benennung 'Zigeuner' erwiese. Beide Erwartungen bestätigen sich nicht: Die Texte leisten sowohl im ganzen der Sammlung wie einzeln in sich eine spezifische Bestimmung 'Zigeuner' und diese singulär. Textimmanent kann folglich nicht von vornherein davon ausgegangen werden, daß auf alle weiteren Textsubjekte diese Benennung ebenfalls zutreffend ist. Man wird zudem vermuten dürfen, daß beim Leser, der 'Zigeunermärchen' erwartet, die

---

teil unterschlagen, in dem die Vorurteile gefasst sind. Würde man dagegen beide Begriffe separieren - würde man also so tun, als ob die Mehrheitsbevölkerung mit diesem Begriff nicht die Volksgruppe der Sinti und Roma meinte - affirmierte man das Vorurteil. Der Begriff wird im Folgenden gleichzeitig beibehalten, wie seine Verwendbarkeit in Frage gestellt.

Aufmerksamkeit sich erhöht, wenn bezeichneterweise 'Zigeuner' auftreten.

Daß ein Assoziationsprozeß nicht nur über eine Benennung, sondern auch über eine (unter Umständen als spezifisch erkannte oder unterstellte) Handlung in Gang gesetzt werden kann, ist damit noch nicht berücksichtigt. Vordringlich sind die Textstellen zu befragen, die Märchenpersonen explizit als 'Zigeuner' ausweisen und damit dem Leser zunächst einmal nicht mehr offen lassen, 'um wen es sich handelt'.

Nur in 15 der 73 Märchen der Sammlung 'Zigeunermärchen' findet die Benennung einer handelnden Person als 'Zigeuner' überhaupt Verwendung. Differenziert man hier hinsichtlich der Gewichtung, so tritt der 'Zigeuner' in einem Märchen nur als Objekt und in dreien lediglich als Nebenfiguren in Erscheinung, so daß elf Märchen verbleiben, in denen 'Zigeuner' als Hauptfiguren der Handlung ausgewiesen sind.

1.1. 'Zigeuner' als Objekt der Erzählung

Märchen[6] Nr. 11 erzählt, wie der König einer von Mäusen geplagten Stadt von einem Fremden ein in der Stadt bisher unbekanntes Wesen, eine Katze, erwirbt. Die letzte Äußerung des Fremden, die Katze fresse alles, was auch Menschen zu sich nähmen, wird so mißverstanden, als ob die Katze Menschen verspeise:

"Da gingen sie [*die Untergebenen des Königs*] vor die Stadt hinaus, wo die Zigeuner wohnen und töteten einen Mann von ihnen. Sie warfen ihn der Katze vor. Die Katze aber aß nicht, weil es Zigeunerfleisch war. 'Sie muß ärgerlich sein, man soll noch einen Mann töten.' Sie brachten den Mann. Die Katze aß wieder nicht. Da wurde die Katze an eine Kette gebunden

---

6 wie auch im Folgenden verzichte ich auf die Nennung der Märchentitel, die als nicht vom Erzähler stammend ausgewiesen sind. Ausnahmen bilden lediglich die Märchen Nr. 33 "Der rote und der weiße Kaiser", Nr. 41 "Die Katze" und Nr. 42 "Der Kaiser der Blumen".

und die Tür mit einem Schlüssel verschlossen. Nun legten sie Rindfleisch vor sie und die Katze fraß." [7]

Festzuhalten ist, daß mit 'Zigeuner' eine vom handelnden Personal des Märchens getrennt zu sehende Gruppe bezeichnet ist. Interessant ist des weiteren, daß im Fortgang des Märchens, die Furcht vor der Katze bei der Bevölkerung bestehen bleibt, so als ob diese 'Zigeuner'-Episode gar nicht geschehen wäre, denn das Märchen endet mit der Flucht der Menschen vor der Katze (und dieser vor ihnen). Auf beide Punkte - auf das Verhältnis der Gruppe zum 'Zigeuner', wie auf das anscheinend blinde Motiv dieser 'Zigeuner-Episode' - wird später noch einzugehen sein.

1.2. 'Zigeuner' als Nebenfiguren

In Märchen Nr. 10 nächtigt ein von der Stiefmutter verstoßenes junges Mädchen in einer Mühle:

"Da kamen Bulgaren vorüber und riefen: 'Ha Mädchen, warum bleibst du hier, und warum gehst du nicht fort?' Unter den Bulgaren war ein Zigeuner, der sprach: 'Was hast du hier zu suchen, und warum gehst du nicht. Diese Mühle ist verwünscht. Irgendetwas wird vor dir erscheinen und dich erschrecken.'" [8]

Bezeichnend ist wiederum die Heraushebung des 'Zigeuners' aus einer als 'Bulgaren' gekennzeichneten Gruppe. Die Wiederholung der bereits gestellten Frage durch den 'Zigeuner' betont nur noch die unheilsvolle Vorausdeutung, die der 'Zigeuner' leistet. Weiter ist vom ihm nicht mehr die Rede.

In Märchen Nr. 12 kommt es singulär zu einem Wechsel in der Bezeichnung. Eine ansonsten als 'alte Frau' ausgewiesene Märchenfigur, wird - wie folgend zitiert - zur 'Zigeunerin':

7 siehe: Zigeunermärchen (1989), S. 52

8 siehe: Zigeunermärchen (1989), S. 49

"Der Königssohn geht, haut die Pappel um und spaltet sie in Stücke. Eine alte Zigeunerin sitzt gegenüber. 'Warum gehe ich nicht hin und nehme von dem Pappelholz, um meine zerbrochene Türe auszubessern?' Die alte Zigeunerin nimmt also ein Stück von dem Holz und nagelt es an ihre Tür." [9]

Ganz explizit ist im Märchen Nr. 33 "Der rote und der weiße Kaiser" von Diebstahl die Rede:

"Da aber der rote Kaiser keine Kinder hatte, brachte er eine Bande Zigeuner zusammen, eine Bande von solchen Zigeunern, die mit Zelten herumziehen. Die sollten von der Amme die Kaisertochter [*im benachbarten Reich*] stehlen." [10]

Die bisher aufgeführten Textstellen vor Augen, wird man festhalten müssen, daß das als 'Zigeuner' titulierte Märchenpersonal eher negative bis explizit negative Funktionen erfüllt oder zu erfüllen hat.

Man wird sich fragen, ob die Märchen, in denen die 'Zigeuner' Hauptfiguren sind, diesem ersten Eindruck widersprechen.

1.3. 'Zigeuner' als Hauptfiguren der Handlung

Wie bereits angeführt, handeln nur wenige Märchen explizit von der Person (oder der Figur) des 'Zigeuners'.

Von diesen elf Märchen findet sich in einem der Topos des 'schmutzigen Zigeuners' und in 7 Märchen der Topos des 'armen Zigeuners':

"'Wer hat dich hierhergeführt, du schmutziger Zigeuner?' Der Zigeuner sagte, der Teufel habe ihn hergefügt und fügte hinzu: 'Du bist ja noch schmutziger als ich!'" [11] Des weiteren: "Es lebte einmal ein armer Zigeu-

---

9 siehe: Zigeunermärchen (1989), S. 59

10 siehe: Zigeunermärchen (1989), S. 143

11 siehe: Zigeunermärchen (1989), Märchen Nr. 56, S. 269

ner. Der ging jede Woche einmal zu den reichen Hausherren betteln." [12] Diese Charakterisierung der Märchenfigur, die so als Hauptperson eingeführt und ausgewiesen wird, bleibt auffallenderweise im Weiteren ohne Bezug zur Handlung.

Der 'reiche Zigeuner' findet sich in keinem der Märchen, im Gegenteil, den Eindruck einer Typusbildung 'armer und armbleibender Zigeuner' verstärken zwei andere Texte. Märchen Nr. 61 erzählt von einer Königstochter, um die kein Mann werben möchte außer einem 'armen Zigeuner'. Dieser spricht zur eigenen Ehefrau: "Nun verlasse ich dich und nehme mir eine Deutsche." Das königliche Leben behagt ihm nicht - das Märchen endet mit den Sätzen: "Drum ging er doch wieder heim und schlug seine Frau. Wenn sie nicht gestorben sind, leben sie noch heute."[13]

Der Kommentar der Märchensammlung merkt zu diesem Märchen an: "Ein nicht nur von den Zigeunern erzähltes, sondern dem Charakter ihres Volkes genau angepaßtes Märchen. Es ist ganz vortrefflich geschildert, wie unglücklich und unbehaglich sich der Zigeuner in seiner Stellung als 'Kronprinz' fühlt." [14]

Dieser Kommentar erstaunt zunächst, denn er konstatiert, daß es von 'Zigeunern' erzählte Märchen gäbe, die dennoch in ihrem Sinngehalt von der Welt der 'Zigeuner' geschieden seien, von ihnen erzählte Märchen, die sich gerade nicht mit ihrer eigenen Welt vereinbaren lassen. Wenn dies zutrifft, so stellt sich zwangsläufig die Frage, (die mithin für einen Authentizitätsnachweis grundlegend ist), wann und gegenüber welchen Personen Märchen, deren Märchengehalt auf eine ganz andere Volksgruppe Bezug nimmt, erzählt werden. Und - woran wären diese zu erkennen? Der Kommentar läßt nicht offen, warum nun gerade dieses ein

12 siehe: Zigeunermärchen (1989), Märchen Nr. 28, S. 123, ebenso: Märchen Nr. 30, Nr. 32, Nr. 39 und Nr. 43. Ausnahme hier bei Märchen Nr. 43: der "arme Zigeuner" wird reich, aber nicht zum "reichen Zigeuner"

13 siehe: Zigeunermärchen (1989), S. 286f

14 siehe: Ipsen, S. 384

"dem Charakter ihres Volkes angepaßtes Märchen" ist. Die Unterstellung, daß sich 'Zigeuner' in begüterten, reichen Verhältnissen nicht wohl 'fühlten', steht in Nähe zu dem anhaltenden realen Vorurteil, 'Zigeuner' besäßen kein Verhältnis zum Eigentum. Die Begriffswahl ("angepaßt") weist in selbem Maße auf eine externe Zuordnung.

Im Kontext des 'armen und arm-bleiben-wollenden Zigeuners' steht ebenso Märchen Nr. 63:

"Es war einmal ein Zigeuner und seine Frau. Als der Mann sich einmal vergangen hatte, verhafteten ihn die Gendarmen und sperrten ihn auf ein Jahr ins Gefängnis. Seine Frau aber ging auf die Reise."

Auf dieser 'Reise' tötet die Frau eine die Verkehrswege zur Stadt bedrohende Riesenschlange - als Dank wird ihr Mann, über dessen Vergehen nichts zu erfahren war, freigelassen und darf zusätzlich sich etwas wünschen: "Da wünschte er sich eine Pfeife und ein Paket Tabak. Dreimal fragten sie ihn und dreimal wünschte er sich die Pfeife und den Tabak. Nun sprachen sie zu ihm: 'Nimm die zwei Kreuzer, kaufe einen Strick und hänge dich auf, da du nicht mehr gefordert hast.' Dann brachen der Zigeuner und seine Frau auf, und sie zogen weiter." [15] Das Märchen endet hier und wird mit den Sätzen kommentiert: "Erkennbar eine Erzählung echt zigeunerischer Erfindung. (...) Die Erzählung schildert die Bescheidenheit des daraufhin freigelassenen Mannes, der als Lohn für die Tat seiner Frau weiter nichts als eine Pfeife und einen Tabak sich wünscht. Die Pointe liegt im vorletzten Satz." [16]

In welcher Weise im (oben zitierten) vorletzten Satz, in dem dem 'Zigeuner' nahegelegt wird, sich aufzuknüpfen, eine oder gar die Pointe liegt, wird nicht ausgeführt und mag in der Projektion des Betrachters begründet sein. Der Kommentar lenkt aber, dies ist festzustellen, mit dieser Aussage die Aufmerksamkeit des Lesers auf die Sanktionierung der Bescheidenheit. Bemerkenswert ist gleichfalls, daß auch hier ein be-

---

15 siehe: Zigeunermärchen (1989), S. 291f

16 siehe: Ipsen, S. 385

stimmter Inhalt und nicht etwa eine bestimmte Quelle als Gewähr für die Authentizität angeführt ist.[17]

Es verbleiben drei Märchen, in denen die Hauptpersonen als 'Zigeuner' ausgewiesen sind:

Märchen Nr. 55 erzählt vom Einzelkind, Tochter wohlhabender Eltern: "Da sah sie stolz zu Rosse einen Zigeuner, der war schön, so schön wie sie noch niemals einen Mann gesehen hatte." [18] Dieser spricht zum Vater des Mädchens: "'Ich bin ein Zigeuner und ziehe umher. Ich möchte gern ein Geschäft machen, weißt du keins?' Der alte Mann antwortet: 'Dort drüben, nicht weit von hier, lebt ein Herr, doch er liebt keine Zigeuner.'" Es kommt dennoch zu einem Geschäft, bei dem der 'Zigeuner' seinen Geschäftspartner in hohem Maße übervorteilt. Das Mädchen zieht ohne rechtlichen Bindung[19] mit dem Zigeuner in dessen auch andere beherbergende Zelt: "Da bemerkte sie kleine Hörner an den Köpfen dieser Kinder. Und sie fing an zu weinen, weil diese kleinen, nackten Dinger keineswegs Menschen, sondern leibhaftige Teufel waren. Und sie begann ihren Zigeuner zu bitten: 'O, laß uns zu meinem Vater zu Besuch gehen.'"[20] Dort betrinkt sich der teuflische 'Schwiegersohn' und wird mit Hilfe eines Pfarrers vertrieben.

Märchen Nr. 58 erzählt, wie ein 'armer Zigeuner' auszieht und - ohne dies zu erkennen - dem 'lieben Gott' begegnet: "Der Zigeuner erzählte,

---

17 zum Nachweis von Authentizität über den Inhalt (!) vgl. auch Quellenanmerkung zu Nr. 55: "Das Märchen ist eine von den Zigeunern erfundene Sage, und zwar, wie sein Inhalt ergibt, von Zeltzigeunern, also umherziehenden, in Zelten wohnenden Zigeunern." (Ipsen, S. 381)

18 siehe: Zigeunermärchen (1989), S. 266

19 "Ich möchte, daß du mir deine Tochter ohne die Hochzeitsfeier gibst; ich habe gerade keine Zeit, die Hochzeit zu feiern." (S. 267) - Auffallend nicht allein wegen der 'hinkenden' Begründung, auffällig auch, da in anderen, ohne die Prädikation 'Zigeuner' erzählten Märchen, in denen es zu einer Verbindung von Mann und Frau kommt, die Hochzeitsfeier, das Fest, gerne erzählt wird, und der Erzähler, allein schon um die Authentizität seiner Erzählung zu unterstreichen, vorgibt, dort eingeladen gewesen zu sein.

20 siehe: Zigeunermärchen (1989), S. 268

sein Leben sei ihm verleidet, er und seine Kinder müßten ja doch des Hungers sterben, nun wolle er zuvor noch den lieben Gott totschlagen."[21] Der 'liebe Gott' hilft ihm dennoch wiederholt aus seiner Misere, der 'Zigeuner' aber erweist sich im Verlauf des Märchens, da er ohne zwingenden Grund bis hin zum Meineid in Lug und Trug verharrt, als der Hilfe nicht würdig.

Ipsen merkt in einer Mischung von Vorurteil und eines erneut über den Inhalt begründeten Authentizitätsnachweises an: "Dadurch, daß der Zigeuner auch noch angesichts dieses dritten Geldhaufens leugnet, erhält das Märchen keinen befriedigenden Schluß, vielleicht aber ist es eine unbewußte Selbstcharakteristik der Zigeuner." [22]

Es verbleibt zuletzt ein Märchen, in diesem nun findet die Benennung 'Zigeuner' einen, gemessen am Märcheninhalt[23], wertneutralen Kontext. Märchen Nr. 17 erzählt das aus anderen Volksgruppen ebenso bekannte Märchen zweier sich übertreffen wollender Meisterdiebe. An einer Stelle findet sich die Titulierung 'Zigeuner' anstelle der durchgängigen Benennung 'Dieb' und zwar in dem Moment, als zur Meisterprüfung für den besten Dieb ein Priester zum 'Diebesgut' wird: "'Setze dich hier in diesen Sack', und der Zigeuner ließ den Sack hinunter, und der Pope stieg ein, und der Dieb zog ihn hinauf".[24]

Es sind nun insgesamt die Textstellen der umfangreichen Sammlung sogenannter 'Zigeunermärchen' aufgeführt worden, in denen sich die Benennung 'Zigeuner' zeigt.

---

21 siehe: Zigeunermärchen (1989), S. 273

22 siehe: Ipsen, S. 382

23 und nicht gemessen an der Erfahrung des Vorurteils

24 siehe: Zigeunermärchen (1986), S. 86f

Festzustellen ist, daß die meisten Texte die Benennung 'Zigeuner' nicht verwenden, daß aber dann, wenn sie Verwendung findet, bis auf letztgenannte Ausnahme, ein stets negatives Bild der Personen des Märchens entsteht, die mit dem Begriff 'Zigeuner' bezeichnet sind:
Der 'schmutzige Zigeuner' (Nr. 56), der 'arme Zigeuner', der (und hier beginnt die Qualifikation) mit Reichtum nichts anzufangen weiß und ihn nicht 'verdient' (Nr. 61, Nr. 63), der 'betrügende' (Nr. 55) und 'stehlende Zigeuner' (Nr. 12, Nr. 33 - mit 'Kindesraub-Motiv', Nr. 55), der 'Zigeuner' als 'Teufel' (Nr. 55), als Gegenspieler Gottes (Nr. 58), nicht zuletzt der verfügbare 'Zigeuner', dessen 'Zigeunerfleisch' verschmäht wird (Nr. 11).
Die Märchen bieten dem Leser, der seinen Blick auf den 'Zigeuner' der Texte richtet, ein Bild, welches eine kaum zu übersehende inhaltliche Affinität zu den bekannten realen Vorurteilen der Mehrheitsbevölkerung gegenüber den sogenannten 'Zigeunern' aufweist. Textimmanent - so wird man abschließend feststellen können - wird die Annahme, daß es sich bei den Märchen um Selbstzeugnisse handelt, nicht belegt. Die Frage nach der Authentizität der Quellen stellt sich um so mehr.

2. Zur Authentizität der Quellen

Die Sammlung erhebt den Anspruch auf Authentizität der Texte:
"In der vorliegenden Sammlung haben nur solche Märchen der verschiedenen Zigeunerstämme Aufnahme gefunden, deren zigeunerische Originaltexte uns vorlagen." [25]

25 siehe: Aichele (1925,1), S. 347

Was "zigeunerische Originaltexte" [26] sein mögen, bedürfte einer Klärung, wenn nicht an anderen Stelle diese Aussage schon wieder im Eigentlichen aufgehoben würde:
"Die zigeunerischen Originaltexte, aus denen sie [*die vorliegenden Märchen*] übertragen sind, wurden nicht etwa von Zigeunern, die selten und dann nur mangelhaft sich auf die Kunst des Schreibens verstehen, sondern auschließlich von Europäern, die ihre Sprache verstanden, aufgezeichnet." [27]
Ein Text entsteht erst in und durch die Aufzeichnung, eine mündliche Äußerung kann nicht als Text gekennzeichnet werden. Der Anschein der Authentizität ("zigeunerische Originaltexte") soll hier gewahrt bleiben und seine eigentliche inhaltliche Aufhebung dient einer vorgeblichen Qualifizierung ("nicht etwa von Zigeunern ... sondern ausschließlich von Europäern"). Noch gravierender erscheint eine weitere Einschränkung, die an dritter Stelle vorgenommen wird:
"Wie jedoch die Anmerkungen zeigen, handelt es sich bei den meisten dieser Zigeunermärchen um Entlehnungen aus dem Märchengut des jetzigen oder eines früheren Wirtsvolkes. Immerhin müssen einige wenige Märchen als vollständig eigene Erfindungen der Zigeuner angesehen werden, und zwar die sogenannten 'Kulturmärchen', die erzählt werden, um besondere, den Zigeuner interessierende Dinge zu erklären, z. B. das Märchen von der Erschaffung der Geige; oder solche, die charakteristische Eigenschaften der Zigeuner, ihre Bescheidenheit und Bedürfnislosigkeit, betonen wollen." [28]

---

26 Der Begriff "zigeunerische Originaltexte" scheint von Heinrich von Wlislocki zu stammen, in dessen Einleitung zur Sammlung: "Märchen und Sagen der Transsilvanischen Zigeuner" Berlin, 1886 zu lesen ist: "Die zigeunerischen Originaltexte habe ich diesmal weglassen müssen, um den buchhändlerischen Erfolg des Werkes zu sichern." (a.a.O., S. XV)

27 siehe: Aichele (1925,2), S. 355

28 siehe: Aichele (1925,1), S. 347

Daß vor allem im europäischen Raum nationale Kultur aus der Entlehnung, Übernahme oder Ausbeutung früherer oder anderer Kulturen hervorgegegangen ist, ist bekannt. Eine Anthologie mit der Bezeichnung "Zigeunermärchen", die einige Märchen als "vollständig eigene Erfindungen der Zigeuner" ausgibt, muß gleichwohl diese kulturhistorische Aussage begründen können, gerade dann, wenn, wie im vorliegenden Fall, inhaltliche Kriterien als Garanten für die Authentizität der Quellen dienen sollen. Die Frage scheint nicht unberechtigt, ob der Umkehrschluß gezogen worden ist, ob das, was der eigenen Vorstellung oder dem eigenen Vorurteil entspringt, als Indikator für die Authentizität des Märchens verwendet wurde.

Mit "Bedürfnislosigkeit" und "Bescheidenheit" ist darüber hinaus das verharmlosend und positiv charakterisiert, was sich im Kontext der betreffenden Märchentexte[29] tatsächlich als außerordentlich negativ erwiesen hatte. Hier wird die Verantwortlichkeit dem Text angelastet, während der Kommentar sich mit den zitierten Begriffen versöhnlich gibt.

2.1. Zur Authentizität der Texte

Um den Weg zur Quelle systematisch zu gestalten: Zu unterscheiden sind schon früher in anderer Sprache publizierte Märchen, bei denen in der Bewertung der deutschen Übersetzung auf die Erstfassung zurückgegriffen werden kann und andererseits dem größeren Teil an Märchen, der auf der Grundlage nicht zugänglicher, unter Umständen nicht mehr existenter Manuskripte der Herausgeber, in dieser Märchensammlung zum ersten Mal erschienen sind.

Für die erste Gruppe soll Märchen Nr. 11, mit der eindrücklichen Passage, in der einer Katze ein totgeschlagener Mann als "Zigeunerfleisch" zum Fraß vorgeworfen wird, überprüft werden: Wie oben angeführt, handelt das Märchen von zwei verschiedenen Gruppen, den nicht weiter ge-

29 vgl. vor allem Märchen Nr. 61 + Nr. 63

kennzeichneten Bewohnern der Stadt und den außerhalb der Stadt wohnenden so benannten 'Zigeunern'.

Geht man zur Quelle zurück, so findet sich ein von Bernhard Gilliat-Smith zunächst in einem bulgarischen Dialekt notierter, dann ins Englische übersetzter Erst-Text von 1912. Der Gewährsmann, von dem Gilliat-Smith dieses Märchen gehört hat, ist nach dessen Aussage ein Angehöriger einer Gruppe von "Moslem nomads of Eastern Bulgaria". Diese Gruppe nun wiederum, so berichtet Gilliat-Smith weiter, stand in Konfrontation mit einer Gruppe Ansässiger, "sendenteries" "whom they despise and whose 'Ceribasi' they unwillingly submit to, for motives of policy".[30] Genau auf diese Gruppe der in den Außenbezirken der Stadt wohnenden 'Seßhaften', bezieht sich der Erzähler mit dem Wort 'agore' (on the outskirts / vor der Stadt) in der Märchenpassage: "Da gingen sie vor die Stadt hinaus, wo die Zigeuner wohnen und töteten einen Mann von ihnen." Dieser Kontext, den der Erzähler nach Auskunft des Aufzeichnenden benannt hatte, fehlt nun in der Kommentierung der vorliegenden Märchensammlung völlig, so daß der Märcheneindruck sich in genauem Gegenteil zu der Situation befindet, die der Gewährsmann ausdrückt und auf die er sich bezieht: Der Märchentext in der deutschen Übersetzung bringt einen Konflikt zwischen positiv dargestellten Stadtbewohnern und negativ dargestellten 'Zigeunern' zu Papier - der Erzähler des Märchens dagegen hatte eine Gruppe 'Seßhafter' negativ dargestellt, eine Gruppe Seßhafter von der sich die Gruppe 'nomads', zu denen er sich zählt, in der historischen, realen Lebenssituation diskriminiert fühlte.

Bezüglich dieses Märchens war obig des weiteren festgestellt worden, daß die Episode mit dem der Katze zum Fraß vorgeworfenen 'Zigeunerfleisch' keine Einbindung in das Märchen erfährt und beim Le-

30 siehe: Gilliat-Smith (1912,3), S. 144, ins Deutsche übertragen: "die sie verachteten und deren 'Ceribasi' sie widerwillig sich fügten, aus Gründen der Klugheit"

ser den Eindruck eines eigenständigen, blinden Motivs erweckt. Die in der Regel sehr ausführliche Quellenkommentierung der vorliegenden Sammlung geht auf dieses Problem nicht ein, obgleich die Quelle, aus der das Märchen entnommen wurde, verzeichnet hatte: "It [*the tale*] is incomplete and curtailed owing to the impossibility of fixing their attention upon the sentence they were dictating long enough to enable me to get it on to the paper." [31] Dem fälschlichen Eindruck, daß das Märchen in dieser Form authentisch überliefert sei, tritt die vorliegende Märchensammlung, so muß man unterstellen, wider besseren Wissens, nicht entgegen.

Schwieriger ist es, den Quellen der Texte nachzuforschen, die von den Herausgebern der Zigeunermärchen auf der Basis eigener Manuskripte publiziert sind.

Für diese Texte kann folgendes Minimal-Modell aufgestellt werden: Grundlage ist eine mündliche Erzählung (A) eines als 'Zigeuner' ausgegebenen Gewährsmannes, in der Sprache der Roma von einem Nicht-Roma in einer zweiten Stufe (B) notiert oder transkriptiert. Hiervon existiert eine erste deutsche Übertragung in Manuskriptform (C), aus der sich der Märchentext (D) - als vorgeblich 'authentischer Text' ausgewiesen - ergibt. Bezogen auf die in den 'Zigeunermärchen' abgedruckte Textstufe (nämlich Textstufe D), drängt sich prinzipiell die Frage auf: Wer ist eigentlich der Erzähler oder wer ist der eigentliche Erzähler?

In der Regel ist nur Textstufe D zugänglich, eine Ausnahme bildet das Märchen Nr. 56, für das - abgedruckt 1920 in der Zeitschrift VOX - auch Textstufe B und C vorliegen. Walter Aichele will es von einem "25jährigen Zigeuner Franz Goi, mit Zigeunernamen Nonoka, Pferdehändler in Wandsbek" [32] erzählt bekommen haben. Der dort gegebene,

---

31 siehe: Gilliat-Smith (1912,3), S. 144, ins Deutsche übertragen: "Es [das Märchen] ist unvollständig und verkürzt aufgrund der Unmöglichkeit ihre Aufmerksamkeit dahin zu richten, die Sätze so zu diktieren, daß ich in der Lage sei, sie auf's Papier zu bringen."

32 siehe: Aichele (1920), S. 146

wichtige Hinweis, daß "Franz Goi" ein Pseudonym ist, und daß der Märchentext eine "freie Übersetzung" darstellt[33], fehlt in der Märchensammlung.

Mich interessiert besonders die bei der Sichtung dieses Märchens aufgefallene Stelle vom "schmutzigen Zigeuner", und ich möchte die betreffende Passage beider Textstufen gegenüberstellen:

Textstufe C:

" - und sagte er / wozu von hier bist du gekommen, du häßlicher Zigeuner in den Wald / und auf dieses sagte er / mich der Teufel brachte nach diesem - sagte ihm der Zigeuner / o du häßlicher, mehr häßlich bist du - " [34]

Textstufe D:

"Der [*Drache*] sagte zu dem Zigeuner: 'Wer hat dich hierher geführt, du schmutziger Zigeuner?'. Der Zigeuner sagte, der Teufel habe ihn hergeführt, und fügte hinzu: 'Du bist ja noch schmutziger als ich!'" [35]

Der Märchentext (D) setzt zum einen an die Stelle des Wortes 'häßlich' das Wort 'schmutzig'. Der semantische Unterschied zwischen 'häßlich' und 'schmutzig' hat Wirkungen: Die Betitulierung 'häßlich' angesichts eines Drachens fügt sich in den Kontext: Daß ein Drache 'häßlich' ist, liegt beinahe in der Natur der Dinge. Die Prädikation 'schmutzig' dagegen lenkt die Perspektive auf den 'Zigeuner' - assoziiert man doch eher, daß ein Menschen, denn ein Drache 'schmutzig' sein könnte. Im Besonderen, und hier beginnt die Problematik, entspricht es gerade einem alten, nachweislich verbreiteten Vorurteil gegenüber 'Zigeunern', daß sie 'schmutzig' seien.

---

33 der sich dagegen in den Anmerkungen in VOX finden läßt

34 siehe: Aichele (1920), S. 148

35 siehe: Zigeunermärchen (1989), S. 269

Der Märchentext (D) erfährt zum zweiten gegenüber der Vorlage (C) eine weitere Pointierung: In der ersten Übertragung wurde der Vorwurf des Drachens zurückgewiesen und gesteigert ('mehr häßlich bist du'). In der Übertragung fällt die Zurückweisung gänzlich weg: Im Gegenteil, die Unterstellung, der Vorwurf wird vom 'Zigeuner' akzeptiert. Das Wort 'noch' trägt die entscheidende Bedeutung: Derjenige, der über einen anderen sagt, er sei *noch* schmutziger, hat nicht nur anerkannt, sondern explizit bestätigt, daß er selbst schmutzig ist.
Diese Wendung ist in Textstufe C - aus der D entstanden ist - nicht belegt, so daß man von einem sinnverändernden Eingriff des Überlieferers Aichele ausgehen muß.
Die Übertragung aus dem transkribierten Text (B) zur ersten Übersetzung (C) weist zudem belegbare[36] Unstimmigkeiten auf. Damit ist immer noch nicht geklärt, wie sich die schriftliche Fixierung (B) durch einen Nicht-Sinto oder Nicht-Rom zur Quelle (A) verhält. Diese letztgültige Frage ist solange nicht zu klären, so lange die Vergleichsmöglichkeit von Quelle und Fixierung nicht gegeben ist. Man wird für das hier vorgelegte Beispiel nicht annehmen können, daß eine im Vergleich zu Textstufe C veränderte Textstufe D nun ausgerechnet wiederum der Quelle A entspricht.
Daß Märchen umgeformt wurden und werden, ist spätestens seit dem Bekanntwerden der zahlreichen Bearbeitungen der Brüder Grimm nichts Neues. Interessant zu erfahren wäre allerdings, ob die der Umformung zugrundeliegende Intention der Aufwertung auch bei Bearbeitungen von Märchen der Sinti und Roma feststellbar wäre.

36 nach der mir vorliegenden Übersetzung des überlieferten Romanes-Textes durch einen native speaker

2.2. Zur Authentizität der Erzählsituation

Es ist zu überlegen, ob man bei der Frage nach der Authentizität sich darauf beschränken darf, zu klären, ob der Informant und / oder der Inhalt der Texte authentisch sind, ob das mündliche Erzählgut auch in der schriftlichen Fixierung und Übertragung durch einen nicht der Gruppe der Informanten angehörenden Dritten authentisch erhalten geblieben ist. Wesentlich wäre auch die Klärung und Kennzeichnung der Situation, in der sich Informant und Überlieferer zueinander und gegenüber Dritten befinden. Es erscheint offensichtlich, daß die Erzählsituation Einfluß auf die Erzählart, die Erzählweise und den Erzählinhalt nimmt. Man wird vermuten können, daß das 'Erzählen' bestimmt ist vom Spannungsverhältnis zwischen dem Erzähler, dessen eigener Kreativität, der Dynamik seines Materials und andrerseits den Erwartungen, Forderungen und Reaktionen der Hörer. Die Authentizität der Situation tritt - so eine vorläufige Überlegung - dann ein, wenn alle Anzeichen dafür sprechen, daß dieses Spannungsverhältnis erhalten bleibt und sich nicht nach einer Seite hin auflöst. Man könnte vermuten, daß die Erzählsituation so gestaltet sein müsse, daß ein Erzähler ungezwungen, selbständig bereit ist, zu erzählen, daß der Einfluß des Hörers, in diesem Falle zugleich des Aufschreibenden, nicht derart auf den Erzählenden wirkt oder wirken muß, daß er sein Märchen nur dessen Erwartungen anpaßt. Gleichzeitig müßte gewährleistet sein, daß der Erzählende den Aufschreibenden nicht zu täuschen beabsichtigt. Weitere Merkmale werden sicher hinzutreten, doch erscheinen mir die angeführten konstitutiv.

Die Märchentexte, die der Sammlung des Völkerkundlers Martin Block entstammen, sind als "mündlich durch den Zigeuner Ghitza Jorgulescu bei Targa-Jiu (Rumänien)" [37] bzw. "mündlich vom Zigeuner Patca in

37 siehe: Ipsen, S. 372

Targu-Jiu; niedergeschrieben und übersetzt von Dr. Block" [38] ausgewiesen.

Außer der letzten Textstufe (D) liegen mir keine vorhergehenden Fassungen vor. Wenn gleich es sich nicht nachprüfen läßt, ob es sich um authentische Informanten mit authentischem Material gehandelt, so läßt sich doch in den begleitenden Äußerungen des Aufzeichnenden wenigstens die eine Seite der Erzählsituation, ein Teil der 'story-telling-events', näher fassen.

Im 'Nachwort zu den Märchen der Zigeuner Südosteuropas' dieser Märchensammlung gibt Block an:

"Ich selbst hatte während meines fast zehnjährigen Aufenthaltes in Rumänien Gelegenheit, den ungeahnt reichen Schatz an Märchen, den die walachischen Zigeuner besitzen, zu bewundern und wenigstens einige der Vergessenheit zu entreißen." [39]

Der Kompetenz-Eindruck, der hier erweckt wird, muß korrigiert werden: Block mag sich während seines Lebens insgesamt diese Zeitspanne lang in Rumänien aufgehalten haben, vom Zeitpunkt der Publikation der Märchen aus gerechnet verkürzt sich diese Zeitspanne erheblich. Block bereiste im Auftrag der Armeeverwaltung Mackensen frühestens seit November 1917 Rumänien, um, so die vornehme Umschreibung nachrichtendienstlicher Tätigkeit, "in Zivilkleidung und dem Anschein nach Einheimischer, Volk und Land in Sprache und Kultur (...) in sich auf[zu]nehmen." [40] Der Rückzug des deutschen Militärs fand Ende 1918 statt, so daß man maximal von einem Jahr Aufenthalt ausgehen kann.

1921 reist Block wieder nach Rumänien, diesmal nach Bukarest und ist in ständiger Sorge um seinen Lebensunterhalt, den er sich vor allem als Privatlehrer mühsam verdient. Sein eigentliches Vorhaben, die Abfassung seiner Dissertation, verzögert sich wegen seiner nicht gesicherten ökono-

38 siehe: ebenda, S. 374

39 siehe: Block (1962), S. 351

40 siehe: Block (1923), S. 176

mischen Verhältnisse, so daß er wiederholt um Prüfungsaufschub nachsuchen muß. Es erscheint höchst unwahrscheinlich, daß Block während dieser Zeit Gelegenheit findet, sich um das zeitintensive Sammeln von Märchen der Roma zu kümmern. Die angeführte zehnjährige Erfahrung kann also für die hier gesammelten Märchen in keinem Falle Gültigkeit beanspruchen.

Zur Erzählsituation, in der Martin Block die Märchen erhalten hat, äußert er sich 1962 relativ unpersönlich:

"Nur wer unter Zigeunern gelebt und gesammelt hat, wird ermessen können, welchen Aufwand von Energie, Überwindung und Geduld es kostet, einen wenn auch noch so kleinen Schatz an originalen Märchen aus Zigeunermund schriftlich aufzunehmen. Der Argwohn, den dieses Volk in jedem Fremden, der zu ihm kommt, wittert, muß erst überwunden werden. Zum Erzählen kann man den Zigeuner nicht zwingen. Ein glücklicher Augenblick gebiert eine Erzählstimmung, den muß man abpassen. ... Die guten Erzähler sind in der Gemeinschaft bekannt und werden aufgefordert, dies oder jenes Märchen vorzutragen. Da lauscht dann der 'heimliche' Forscher gleich den ums lodernde Feuer sitzenden und hokkenden Gestalten auf jedes einzelne Wort und läßt sich vom Zauberbann ergreifen." [41]

Dieses Zitat ist, nebenbei bemerkt, auch psychologisch interessant: Der "Argwohn" wird, erstaunlich genug, beim Fremden geortet und den 'Zigeuner', die diesen "wittern" (ein Begriff, den man eher geneigt ist, Tieren zuzuordnen), scheint es aufgegeben, diesen (nicht in ihnen liegenden) "Argwohn" zu zerstreuen.

Die Annahme, daß man den 'Zigeuner' (wie jeden anderen Menschen) 'zum Erzählen nicht zwingen kann' (ohne daß das Eigentliche des Erzählens verloren ginge) - die 'Freiwilligkeit des Erzählens' folglich, wird in der Version von 1962 apodiktisch festgestellt - in der Version von 1926

---

41 siehe: Block (1962), S. 352f

war derselbe Satz interessanterweise noch relativiert worden.[42] Betrachtet man diese frühere Version, so findet sich hier eine weit aus persönlichere Schilderung der Erzählsituation:
"Und wenn dann an mich die Reihe kam zu erzählen - ich galt bei ihnen als ein dem Heeresdienst entlaufener Zigeuner - und ich mit meinen beiden auswendig gelernten Märchen in ihrer Sprache aufwartete, da löste sich ihre Zunge, die letzte Spur von Mißtrauen verschwand ... Alt und jung fiel mir um den Hals und küßte mich. Auf diese Weise gewann ich ihr volles Vertrauen und hütete mich, es nicht wieder zu verlieren, was durch ein unvorsichtiges Hervorziehen eines Bleistiftes oder durch sonst eine unüberlegte unscheinbare Handlung hätte sehr leicht geschehen können; wenigstens bemühte ich mich, ihr Vertrauen so lange nicht zu verlieren, bis ich glaubte, von ihnen nichts Interessantes mehr erfahren zu können. Dann legte ich mein Incognito ab, entfernte mich eines Nachts plötzlich vom Zigeunerlager und holte mir den besten Märchenerzähler und sagte ihm, ich könne lesen und schreiben und wolle diese Märchen mitnehmen, wenn ich wieder zu meinen Brüdern, den Zigeunern in Deutschland, käme, ich müsse jetzt fliehen. Nach langem Hin und Her brachte ich ihn dann endlich zum Erzählen und verschwand dann spurlos nach diesem Auftritt mit meiner Beute, um dann in einer anderen Gegend bei einem anderen Stamme wieder aufzutauchen und dasselbe zu versuchen." [43]
Auffällig ist sicher zum einen, daß der Vorgang, nachvollziehbar gleichsam in der Wahl der Worte, Affinität zum 'Raub oder Diebstahl' besitzt - Vertrauen gewinnen über die Täuschung, es nicht durch unvorsichtige

42 "Zum Erzählen kann man den Zigeuner nicht zwingen, denn dann wird die Erzählung gekünstelt. So etwas kommt spontan. Ein glücklicher Augenblick gebiert eine Erzählstimmung am Herdfeuer. Und wenn einmal das Erzählen beginnt! Dann geht es die Reihe herum, und jeder muß erzählen und sitzt, bis die Sonne die Morgendämmerung verjagt. Da lauscht der 'heimliche Forscher' gleich den malerisch ums lodernde Feuer sitzenden und hockenden Zigeunergestalten auf jedes einzelne Wort." siehe: Block (1926), S. IX
43 siehe: Block (1926), S. X

Handlung, das würde bedeuten durch die Entdeckung der wahren Umstände, wieder zu verlieren, das spurlose Verschwinden mit der Beute. Zum anderen erstaunt die innere Unlogik der Schilderung. Ist für die Erlangung der Märchen die Täuschung notwendig - so wird eingangs suggeriert - erhält Block anscheinend das Märchen doch erst nach der eigenen Dekuvrierung. Wie er sich zunächts vom Lager entfernt haben mag und dann seinen Informanten zu sich geholt, wie dieser nun mitten in den Nacht, nachdem er von der Täuschung erfahren hat und zugleich mit der Geschichte über den 'deutschen Zigeuner' eine nicht viel plausiblere Biographie geliefert bekam, bereit ist, ein 'authentisches' Märchen zu erzählen, liegt nicht auf der Hand.
Festhalten kann man sicher, daß die vormals noch als notwendige ausgegebene Konstante der Freiwilligkeit ("Zum Erzählen kann man den Zigeuner nicht zwingen - ein glücklicher Augenblick gebiert eine Erzählstimmung") - hier nicht gegeben war.
Aber man kann dem Ursprung dieser Schilderung der Erzählsituation noch näher kommen.
Denn diese Version von 1926 entstammt wiederum zu großen Teilen, wie sich durch inhaltlicher Parallelen und wörtliche Entsprechungen belegen läßt[44], dem 1. Kapitel ('Die Methode meiner Zigeunerforschung') der 1923 vorgelegten Dissertation Blocks mit dem Titel: "Die materielle Kultur der rumänischen Zigeuner".

44 Bemerkenswert ist, daß hier nun eine ganz andere Version hinsichtlich des für den 'Erwerb' des Märchens wichtigen Frage des Inkognitos geboten wird: "Ich spreche den Dialekt der Ursari und beherrsche ihn ziemlich gut, mit seinem besonderen Tonfall und seiner eigentümlichen Artikulation. Ich lernte ein [sic] Märchen und einige Lieder auswendig und trug diese vor. Auf diese Weise galt ich überall, wo ich auftrat, als waschechter Ursar [sic] und hatte Zugang zu allen Zigeunergruppen, die 'ursareste', d.h. den Dialekt der Ursari, verstehen. Abends sammelte sich das ganze Lager um ein großes Feuer, um dem 'Zigeuner Andrei' aus der Ferne, wie sie mich nannten, zuzuhören." - siehe: Block (1923), S. 25

Dort wiederum finden sich wieder zum einen die Konstanten der 'Freiwilligkeit des Erzählens' wie die der Zugehörigkeit zur Gruppe oder wenigstens deren Anschein.

"Erfüllt man nun wirklich diese beiden Bedingungen, des Zusammenlebens mit den Zigeunern und der Kenntnis ihrer Sprache, so begegnet man wieder anderen Schwierigkeiten in der Methode des Ausfragens und diese ist besonders schwer bei ihnen. Wie jedes Naturkind ist der Zigeuner voll Mißtrauen und Argwohn gegen den, welcher in einer anderen, von der seinigen verschiedenen Welt lebt. (...) Man muß selber erst Zigeuner werden, um dann als Forscher mit einer umsichtigen Kritik und einem großen Scharfsinn auf der Hut sein zu können, um nicht betrogen und ungeheuerlich angelogen zu werden." [45]

Im Gegensatz zu diesen Bedingungen steht aber auch hier die Schilderung der realen Situation:

"Genau wie Paspatie ging ich zu den Zigeunern. Alkohol und Geld löste ihre Zungen. (...) Nicht immer ist es mir gelungen, ihr volles Vertrauen ganz zu erobern. Mehr als einmal bin ich auch von ihnen davongejagt worden. Geld, Tabak und Alkohol half, wenn auch nur für einen Augenblick, ihr Inneres aufzuschließen. Für jede Fabel mußte Paspatie Geld zahlen. Bald hatte sich im Lager herumgesprochen, daß er Lieder und Märchen für einen hohen Herrn sammele, gleich verlangten sie unglaubliche Summen für jedes unbedeutende Lied. Mehr als einmal hörte ich bei meinem Sammeln von Märchen und Liedern: 'Wir wissen wohl, du willst in der Stadt ein Buch machen und Geld damit verdienen.'" [46]

Deutlich spürbar ist das Bemühen, Prämissen aufrecht zu halten, die Authentizität vorgeben, auch im Folgenden: "Diese Erfahrung [*für jemanden gehalten zu werden, der alle Zigeuner aufschreibe, um sie aus dem Land zu jagen*] lehrte mich, nie mit einem Bleistift bei ihnen zu erscheinen. Notizen machte ich daher fast nie in ihrer Gegenwart, sondern nur, wenn ich

---

45 siehe: Block (1923), S. 20f

46 siehe: ebenda, S. 21

mich unbeobachtet glaubte oder mich außer Sehweite befand." [47] Gleichwohl erweist sich dies - einige Zeilen später - als Täuschung: "Ich sondierte bald diesen, bald jenen als guten 'Belesenen' und nahm ihn anderen Tags besonders vor, wo er mir gegen Tabak und Schnaps seine Märchen und Lieder in die Hand diktieren mußte." [48]
Block hat die Bedingungen für Authentizität benannt und gleichfalls für die Bewertung der eigenen Resultate die Konsequenz dennoch nicht gezogen. Wie trefflich doch sah er das Problem bei seinen 'Kollegen': "Ist man nur auf Ausfragen angewiesen, so wird man, wie man sieht, immer zu falschen Feststellungen kommen und wieviele solcher Entstellungen mag die Zigeunerkunde haben, ohne daß sie es weiß." [49]

3. Zu den beigefügten Texten

Die 'Quellennachweise und Anmerkungen' verdienen erhöhte Aufmerksamkeit, da sie mit dem Anspruch auf Wissenschaftlichkeit antreten und dem Leser gesicherte Erkenntnis suggerieren.
Problematisch erscheint zum einen, daß Aussagen über eine Volksgruppe aus Märchentexten gefolgert und generalisiert werden. So dient ein Märchen über die Erschaffung der Geige der 'Erkenntnis':
"Die Geige ist also nach den Zigeunern ein aus dem Jenseits stammendes Wunschding." [50]
Der Transfer von Ereignissen aus der Märchen- in die reale Welt erfolgt bis zur Absurdität:

47 siehe: ebenda, S. 24
48 siehe: ebenda, S. 25
49 siehe: ebenda, S. 21
50 siehe: Ipsen, S. 370

"Daß der Kaiser, als er von der Geburt des Sohnes hört, in die Schenke geht und sich so betrinkt, daß er stirbt, scheint ein echt zigeunerischer Zug zu sein." [51]

Umgekehrt beeinflußt das Vorverständnis die Kommentierung:

"Bezeichnend für die Mentalität des Zigeuners ist, daß er zunächst mit seinem Reichtum nichts anzufangen weiß und den Wunschstab an Gott zurückgibt." [52]

Der dem Märchen selten fremde Zug der Aufhebung der Zeit (so daß, wie in diesem Falle, "Millionen von Jahren vergangen" [53] sein können), führt zu der generalisierend feststellenden Fußnote:

"Der Zigeuner übertreibt gerne. Er überschätzt stets sein Alter." [54]

Eine aus vielen Märchen aller Völker bekannte Schlußwendung der Belohnung für den Erzähler ("Doch nun muß ich eine große Wurst dafür bekommen, daß ich dir diese Lüge erzählt habe." [55]) dient dem vorgeblichen Beleg des eigenen, diskriminierenden Urteils:

"Die notorische Bettelhaftigkeit der Zigeuner kommt in der [*eben zitierten*] Schlußformel zu [*Märchen Nr.*] 73 zum Ausdruck." [56]

Bemerkenswert ist auch, daß bestimmte Erzähltechniken, wie zum Beispiel die Vorausdeutung des Endes oder dessen inhaltliche Vorwegnahme, die der Literaturwissenschaft eher als Hinweis auf höhere Erzählkunst dienen [57], hier als "interessanter Beleg" der "Erzählweise des Primitiven" [58] disqualifiziert werden.

---

51 siehe: ebenda, S. 369

52 siehe: ebenda, S. 377

53 siehe: Zigeunermärchen (1989), S. 96

54 siehe: ebenda, Fußnote

55 siehe: ebenda, S. 338 / Märchen Nr. 73

56 siehe: Ipsen, S. 362

57 da dem Zuhörer/Leser das Ende bekannt ist und somit weit größere Anforderungen an den Erzähler gerichtet sind

58 siehe: Zigeunermärchen (1989), S. 156, vgl. ebenso S. 160

Es gibt Grundbedingungen für die Authentizität von Märchensammlungen. Man wird heutzutage erwarten dürfen, daß man wortgetreue, in der Diktion der Erzähler notierte Texte geboten bekommt. Zusätzlich wäre es seriös, wenn diese Texte eine Erhebung des Kontextes, d.h. gesicherte Auskünfte über die Gewährsleute, die Erzählsituation, begleiten würden. Die Klassifikation 'Zigeunermärchen' verwendet einen Gattungsbegriff, der sich aus der Person der Erzähler ergibt. Es erscheint mir aufgrund des vorhergehend Festgestellten außerordentlich zweifelhaft, ob diese Klassifikation gültig ist. Bei den Texten, zu denen frühere Textstufen herangezogen werden konnten, hat sich gezeigt, daß die Übertragungen wesentliche Veränderungen aufweisen und somit als Erzähler genau dieses Märchens nicht mehr ein 'Zigeuner' gelten kann.
Jede seriöse Publikation dieser Texte müßte folglich berücksichtigen, daß die Authentizität der Quellen fragwürdig und zumindest in den beiden untersuchten Fällen nicht zu bejahen ist.

Es bliebe, den dritten Teil dieser Publikation, der durch die persönlichen Beiträge der Herausgeber bezeichnet ist, zu untersuchen. Mancher Leser wird gerade aus den beigefügten Vor- und Nachworten gewichtige Meinungen und Informationen erwarten oder erwarten wollen. Möglicherweise wäre, über eine spekulative Motivforschung hinausreichend, ein Zusammenhang zwischen den Eingriffen in die Texte und den Einstellungen der Übermittler ermittelbar: Einer sozialpsycholgischen Untersuchung wäre aufgegeben, nach Parallelen oder Differenzen zum herrschenden Diskurs zu forschen und zu fragen, ob die Autoren den Kontext des mitteleuropäischen Vorurteils gegenüber 'Zigeunern' kritisch reflektierten, oder ob dieser in die eigene Arbeit aufgenommen und reproduziert worden ist.
Zu dieser Problematik sei abschließend aus den beigefügten, in der Buchausgabe des Jahres 1989 kommentarlos verzeichneten Texten der beiden Sammler und Herausgeber jeweils ein zentrales Zitat vermerkt:

Aicheles Nachwort beginnt mit den Sätzen: "Seit mehr als einem halben Jahrtausend zieht rastlos durch die Länder Europas der braune Sohn Indiens, von dem guten Bürger verabscheut und gemieden. Nur durch äußere Verhältnisse gezwungen, geht er allmählich zur Seßhaftigkeit über. Aber auch dann noch lebt er, mißtrauisch gegen seine Umgebung, als Fremder unter dem jeweiligen Wirtsvolk; es fehlt ihm das Verständnis für die ihm wesensfremde Kultur, für deren rechtliche, gesellschaftliche und wirtschaftliche Grundlagen, und mit naivem Staunen bewundert er die Fortschritte der Technik." [59]
Und Martin Block schreibt: "Der Zigeuner weiß sich dem Wirtsvolk gegenüber sozial unterlegen. Bei aller Wahrung der Distanz unterhält sich der einheimische Südosteuropäer mit ihm, macht Witze über ihn, verspottet oder verprügelt ihn, ohne daß in ihm als dem Opfer irgendein Rachegefühl aufkommt. In seiner Ohnmacht läßt er mit Gleichmut alles über sich ergehen. Selbst in den Konzentrationslagern bewahrte er Frohsinn, Tanz und Scherz. Er bleibt stets, was er ist, ein stolzer, selbstbewußter Zigeuner". [60]

Wenn man beachtet, daß - im Gegensatz zu sonstigen Anthologien, die auf Regionen oder Nationen rekurrieren - mit 'Zigeuner' eine Minderheit bezeichnet ist, und wenn man sich der Verantwortung stellt, die sich aus der Tatsache ergibt, daß diese Minderheit jahrhundertelang Verfolgungen aller Art ausgesetzt war, bis zur Vernichtung Hundertausender ihrer Angehörigen, sind - dies sei zuletzt ausgesprochen - Verlage in einem größeren Maße verpflichtet, auf ein Material, welches angetan ist, vorhandene Vorurteile zu bestätigen und zu reproduzieren, sensibel zu reagieren.

---

59 siehe: Aichele (1925,1), S. 341
60 siehe: Block (1962), S. 349f

Literatur

Aichele, Walther (1920): "Zigeuner-Phonogramme" - in: VOX, Nr. 30 (1920), S. 146-172

Aichele, Walther (1925,1): "Nachwort" - in: Zigeunermärchen / hrsg. von Walther Aichele und Martin Block, 36. - 37. Tsd., München, 1989, S. 341-348

Aichele, Walther (1925,2): "Anhang" - in: Zigeunermärchen / hrsg. von Walther Aichele und Martin Block, 36. - 37. Tsd., München, 1989, S. 355-356

Block, Martin (1923): Die materielle Kultur der rumänischen Zigeuner : Versuch einer monographischen Darstellung. Bearb. und mit einer Biographie d. Gelehrten, hrsg. von Joachim S. Hohmann. - Frankfurt a.M. [u.a.], 1991 ; zugl.: Leipzig, Univ., Diss., 1923 u.d.T.: Block, Martin: Die rumänischen Zigeuner

Block, Martin (1926): Zu den Märchen aus Alt- und Neurumänien" - in: Zigeunermärchen (1926) / unter Mitwirkung von Martin Block und Johannes Ipsen hrsg. von Walther Aichele, Jena, 1926, S. VIII-XI

Block, Martin (1962): "Nachwort zu Märchen der Zigeuner Südosteuropas" - in: Zigeunermärchen / hrsg. von Walther Aichele und Martin Block, 36. - 37. Tsd., München, 1989, S. 349-354

Gilliat-Smith, Bernard (1912,1): An sixth Bulgarian Gypsy folk-tale. - in: Journal of the Gypsy Lore Society, Vol. VI, No 1 (1912/1913), S. 3-19

Gilliat-Smith, Bernard (1912,2): An eighth Bulgarian Gypsy folk-tale. - in: Journal of the Gypsy Lore Society, Vol. VI, No 2 (1912/1913), S. 85-90

Gilliat-Smith, Bernard (1912,3): A Gypsy tale from the East Bulgarian moslem nomads. - in: Joural of the Gypsy Lore Society, Vol. VI, No 2 (1912/1913), S. 141-144

Ipsen, Johannes (1926): "Quellennachweise und Anmerkungen". - in: Zigeunermärchen / hrsg. von Walther Aichele und Martin Block, 36. - 37. Tsd., München, 1989, S. 356-388

Wlislocki, Heinrich von (1886): Märchen und Sagen der Transilvanischen Zigeuner. Berlin, 1886

Zigeunermärchen (1926) / unter Mitwirkung von Martin Block und Johannes Ipsen hrsg. von Walther Aichele, Jena, 1926

Zigeunermärchen (1989) / hrsg. von Walter Aichele und Martin Block. - 36. - 37. Tsd., München, 1989

Zigeunermärchen aus aller Welt (1983) / hrsg. von Heinz Mode unter Mitarbeit von Milena Hübschmannova. - Wiesbaden u.a., 1983, S. 7-48

Biographische Notiz

Gejza Demeter, geb. 1947, Schriftsteller, in der Tschechoslowakei für mehrere Roma-Zeitschriften als Herausgeber und Journalist tätig

Andreas Freudenberg, geb. 1951, Diplompädagoge, wissenschaftlicher Mitarbeiter im Dokumentations- und Kulturzentrum Dt. Sinti und Roma, Heidelberg, Referat 'Dialog'

Peter Heuß, geb. 1960, Studium der Geschichte, Politologie und Philosophie, in Frankfurt als freier Historiker tätig

Milena Hübschmannová, geb. 1933, promovierte Indologin, Philologin an der Universität Prag

Ines Köhler-Zülch, geb. 1941, Dr. phil., Studium der Slawistik, Germanistik und Romanistik, Mitglied des Redaktoren- und Herausgeberteams der Enzyklopädie des Märchens, Handwörterbuch zur historischen und vergleichenden Erzählforschung, Göttingen

Reinhold Lagrene, geb. 1950, Vorsitzender des Vereins 'Sinti-Werkstatt', Verein zur Förderung von Kultur, Kunst und Handwerk

Margita Reiznerová, geb. 1945, Schriftstellerin, Vorsitzende des Vereins der Rom-Schriftsteller, Prag

Stephan Renner, geb. 1961, Studium der Politikwissenschaft und Germanistik, Mitarbeiter im Dokumentations- und Kulturzentrum Dt. Sinti und Roma, Heidelberg

Wilhelm Solms, geb. 1937, Prof. Dr. phil., Professor für Neuere deutsche Literatur und Medien an der Philipps-Universität Marburg, Vorstandssprecher der Arbeitsgemeinschaft literarischer Gesellschaften, Vizepräsident der Europäischen Märchengesellschaft.

Adam Strauß, geb. 1947, Vorsitzender des Verbands Deutscher Sinti und Roma, Hessen e.V.

Daniel Strauß, geb. 1965, Leiter des Referats 'Dialog' im Dokumentations- und Kulturzentrum Dt. Sinti und Roma, Heidelberg

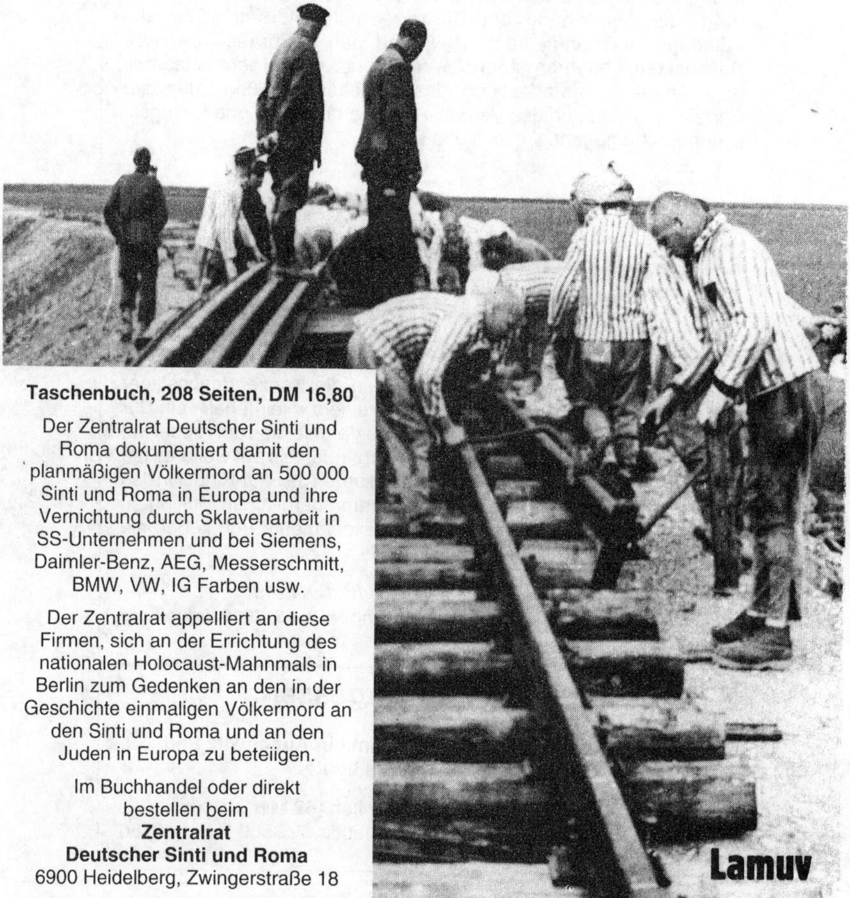
Lamuv